中国历史文化名村

佛山市顺德区北滘镇

碧江志

佛山市顺德区北滘镇碧江志编纂委员会　编

SPM
南方出版传媒
广东人民出版社
·广州·

图书在版编目（CIP）数据

佛山市顺德区北滘镇碧江志 /《碧江志》编纂委员会编 . —广州：广东人民出版社，2020.1

ISBN 978-7-218-14176-3

Ⅰ . ①佛… Ⅱ . ①碧… Ⅲ . ①社区－概况－顺德区 Ⅳ . ① D669.3

中国版本图书馆 CIP 数据核字（2020）第 017069 号

FOSHANSHI SHUNDEQU BEIJIAOZHEN BIJIANG ZHI

佛山市顺德区北滘镇碧江志

佛山市顺德区北滘镇碧江志编纂委员会　编

出 版 人：肖风华

责任编辑：张力平　张竹媛　梁淑娴
封面设计：蔡桂畔　麦文东
版式设计：广州市越秀区科新电脑技术服务中心
责任技编：周　杰

出版发行：广东人民出版社有限公司
地　　址：广州市海珠区新港西路 204 号 2 号楼（邮政编码：510300）
电　　话：（020）85716809（总编室）
传　　真：（020）85716872
网　　址：http://www.gdpph.com
印　　刷：恒美印务（广州）有限公司
开　　本：787 毫米 ×1092 毫米　1/16
印　　张：13　　**插　页：**28　　**字　数：**300 千字
印　　数：1—10000 册
版　　次：2020 年 1 月第 1 版
印　　次：2020 年 1 月第 1 次印刷
定　　价：88.00 元

如发现印装质量问题影响阅读，请与出版社（020-85716849）联系调换。

佛山市顺德区北滘镇碧江志编纂委员会

佛山市顺德区北滘镇碧江志编纂委员会

主任：赵锦荣

委员：李季斌　方志辉　黄建昌　岑坤杰　方志濠　周美银　陈雪芬　彭德权

佛山市顺德区北滘镇碧江志编纂人员（按姓氏笔画排序）

何根侣　麦文东　苏少洁　钟惠洪　梁就发　黄次流　黄礼录　韩建纯

志稿资料提供和点评人员（按姓氏笔画排序）

叶启荣　卢建洪　向志冰　苏　禹　苏小慧　苏　源　苏　邦　苏振中　苏炳坚　李沛均　李满发
李丽仪　陈雪芬　陈柳红　劳联英　肖汉雄　何　富　利锡宏　吴碧珊　林鉴松　周美银　周志锋
欧庆媚　赵　夭　赵敏明　赵锦潮　胡柿恩　郭伟标　郭　金　梁　锡　梁　源　梁金玉　梁燕琼
黄志刚　黄伟民　程远球　程泳镭　黎家活　黎坤洪

摄影

梁　明　钟惠洪　周志峰　利锡宏　简卓君　韩建纯

永兴小学　合成公园
陈村镇初级中学
花城广场
金宇锦园
合成工业路
锦龙别墅区
陈村司法所
顺明轩
港隆花园
海景
南涌社区星光之家
陈村医院
镇西广场
白陈路
锦龙花园
陈村客运站
陈村镇
政和路
陈村地税局
佛陈大道
陈村法庭
陈村水系公园
天星电影城
新君悦酒店
广珠西线高速
金派尔酒店家
新翼片区
陈村

万科缤纷西园
万科缤纷四季
新君江花地湾
陈村客运站
昌泰机械
新路
刚艺家私
承红木
村

镇
万科缤纷四季南区
陈村交警中队
南涌敬老院
襄龙沙
新
富华商行
红木

半岛碧桂园
南海上村大道
陈村涌
荔园悦享星
广佛颐景园
悦峰天誉
嘉年华酒店
君来购物商场
北部汽车城
庆丰车城
维尔利实业有限公司
嘉龙轩红木馆

南涌敬老院
惠润商场
陈村国土所
南涌小学
碧江立交
顺发产业园
红门楼

北滘社区
陈村
园
四季公园
南
南
大
桥
群力花场农庄
S112
艺源坊红木家私展馆

君兰河岸公园
旧广珠路
永泰大楼
陈村海关
陈村公安局交警中队
广珠公路
北滘林场
殡葬管理监察队
祥宁围
北滘都宁岗森林公园
都宁岗
都宁场
广珠城轨
顺德城市垃圾循环资源处理厂
杰凯家具
俊南百货
贯祥阁红木

君兰国际高尔夫生活村
半岛碧桂园南区
嘉濠雅苑
逸豪轩
都宁工业区
广东顺德华隆电器有限公司
都宁岗林场
寨边
西安路
程氏宗祠
村心
西安
都宁卫生站
都宁公园
和兴锦鲤公园

益丰公园
迅发家具
南顺第二联围
顺兴花场
潭洲水道
艺轩红木家私
日日新百货
利创苑
都宁梁场工业区
桃村工业区

林头社区
林头中学
林头小学
明阳学校
英庆商场
联信纸业
涌片工业区
周易坊
启明花场
鸿兴花场
善荣百货
烈士北路
桃西中学
明阳学

林头社区
林苑公园
林头医院
南顺第二联围
群力围
时兴花场

图例

◉ 镇级行政中心		— · — · —	地级行政区界
○ 村（居）委会		— — —	镇级行政区界
学校		········	社区范围线
◇ 医院		········	林场范围线
酒店			高速铁路
客运站			城际轨道及车站
· 景点　· 其他		S43	高速公路及编号
▲ 山峰　○ 林场		G105	国道及编号
林场、绿地		S112	省道及编号

0　　210　　420　　630 米
比例尺 1:21 000
注：本图界线不作为权属争议的依据。

西海村
西海小学
百江购
西海中心公园
西海
西
家家乐百货

顺江社区
潭洲水道

广东省地图院　编制

北滘镇碧江社区地图

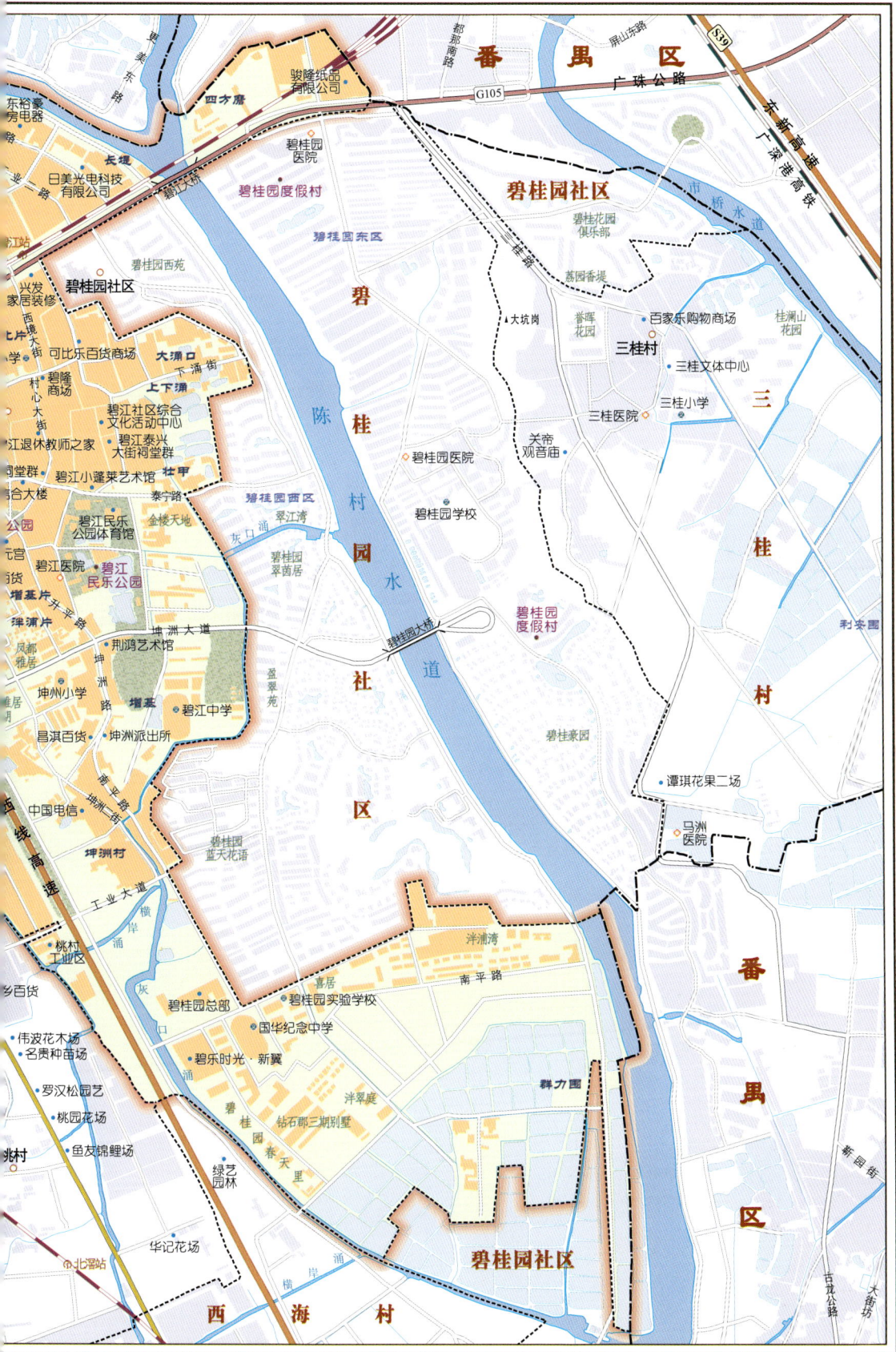

番禺区

屏山东路
都那商路
骏隆纸品有限公司
广珠公路 G105
S19
东新高速
广深港高铁

四方庙
碧桂园医院
碧桂园社区
碧桂园度假村
碧桂园东区
碧桂园俱乐部
荔园香堤
市桥水道
东裕豪房电器
日美光电科技有限公司
长堤
碧江桥
江站
兴发家居装修
七片小学
西境大街
碧桂园西苑
可比乐百货商场
大涌口
下涌街
上下涌
村心大楼
碧隆商场
碧江社区综合文化活动中心
江退休教师之家
祠堂群
哈大楼
公园
碧江小蓬莱艺术馆
碧江泰兴大街祠堂群
壮甲
泰宁路
碧桂园西区
金楼天地
灰口涌
翠江湾
碧桂园翠茜居
碧江民乐公园体育馆
官宏
碧江医院
碧江民乐公园
增基片开平路
津浦片
凤都雅居
坤洲大道
荆鸿艺术馆
碧
桂
村
园
水
道
社

区

大坑岗
誉峰花园
三桂村
百家乐购物商场
桂澜山花园
三桂文体中心
三桂小学
三
桂
村
三桂医院
关帝观音庙
碧桂园医院
碧桂园学校
碧桂园度假村
利安园

盈翠苑
碧江中学
坤州小学
增莱
昌淇百货
坤洲派出所
坤洲二路
坤洲路
坤洲村
中国电信
坤洲三街
碧桂园蓝天花语
线高速

工业大道
横岸涌
桃村工业区
乡百货
灰口涌
伟波花木场
名贵种苗场
罗汉松园艺
桃园花场
鱼友锦鲤场
兆村
华记花场
北碧站

碧桂园总部
喜居
碧桂园实验学校
国华纪念中学
碧乐时光·新翼
泮翠庭
碧桂园春天里
钻石郡三期别墅
绿艺园林

碧桂豪园

谭琪花果二场
马洲医院

泮浦湾
南平路
群力园

碧桂园社区

番
禺
区

西 海 村
横岸涌
古龙公路
大街坊
新园街

审图号：佛 S（2019）007号

▼ 碧江鸟瞰图

▼ 流经碧江的水道

▲ 振响楼

▶金楼

▶金楼内饰

▲ 都宁岗

◀1938 年 5 月 5 日，叶剑英在碧江作抗日救亡演讲

◀碧江社区居委会

▶碧江股份社

▶坤洲股份社

◀都宁股份社

▲ 村心大街（简卓君摄于 20 世纪 80 年代）

▲ 村心大街北端（简卓君摄于 20 世纪 80 年代）

▲ 隔涌大街（简卓君摄于 20 世纪 80 年代）

▲ 德云街（简卓君摄于 20 世纪 80 年代）

▲ 汀涌街（简卓君摄于 20 世纪 80 年代）

▲ 西境大街（简卓君摄于 20 世纪 80 年代）

▲ 壮甲涌（简卓君摄于 20 世纪 80 年代）

▲ 苏氏宗祠风水塘镜湖，又称周康塘（简卓君摄于 20 世纪 80 年代）

◀村心大街古民居

◀20世纪30年代的苏
氏大宗祠（种德堂）

▶20世纪30年代的赵
氏大宗祠圣旨楼

◀20世纪60年代
的燕翼楼

▶尊明苏公祠

▶尊明苏公祠全景

◀慕堂苏公祠

◀慕堂苏公祠照壁

▲ 澄碧苏公祠，现用作蓬莱书院

▶楚珍苏公祠

▶丛兰苏公祠

▲ 丛兰苏公祠与澄碧苏公祠鸟瞰

▶励堂赵公祠（简卓君
摄于20世纪80年代）

◀励堂赵公祠

▶南山苏公祠

▶峭岩苏公祠

▶逸云苏公祠

◀源庵苏公祠

◀ 黄家祠

▶ 程家祠

▲ 李家祠

▲ 冼家祠

▲ 月舫赵公祠

▲ 罗氏宗祠

▲ 蚝壳墙

▲ 岗尾古民居

▶职方第

▶怡堂

▶亦渔遗塾

▲ 德云桥

▲ 三眼桥（又名"杏花桥"）

▲ 光绪年间设立的护涌石碑

▲ 1985 年在象岗出土的汉代陶器

▶ 碧江工业区

◀ 坤洲工业区

▶ 都宁工业区

◀宏石激光技术有限公司

▶日美光电科技有限公司

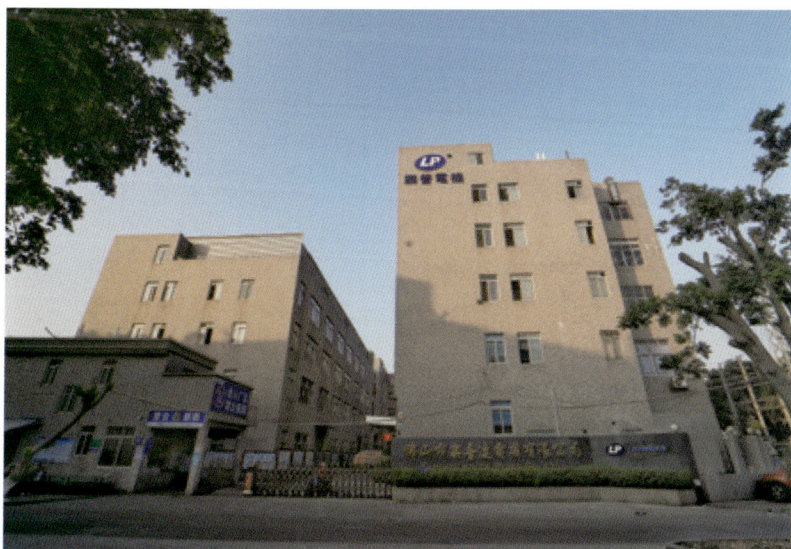

◀乐普达电机有限公司

◀百年同创塑胶实业有限公司

▶碧丽源茶业股份有限公司

◀刚艺家具实业有限公司

▶家具展厅

◀华田电器实业有限公司

▶金派高酒店家具有限公司

▲ 利宝饲料有限公司

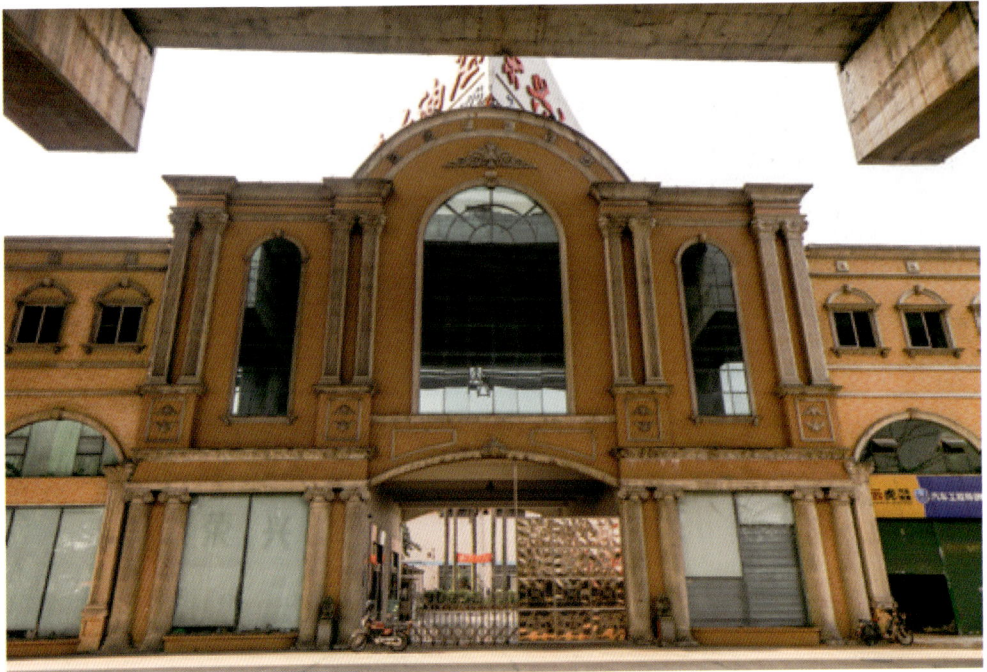

▲ 荣兴锻压设备有限公司

▶广东裕豪厨具电器有限公司

▶恒业合成材料有限公司

▶迪辉实业车间

▶都宁盆桔种植基地

◀20世纪90年代初的现代化养鸡场（北滘镇档案馆供）

▶基塘（摄于2007年）

▲ 万象时尚广场

▲ 新昇酒家

▲ 君盈酒家

▲ 德云居美食一条街

▲ 佛山市首个装有中央空调的农贸市场——德云市场

▲ 碧江汽车商城

▲ 泰宁西路商业街

▲ 坤洲中路商业街

▲ 1931 年的碧江渡口

▼ 广珠城轨碧江站

▲ 国道 G105 线碧江段

▲ 碧江大桥

▲ 碧江荫老院（摄于 2000 年）

▲ 坤洲颐老院（摄于 2004 年）

▲ 都宁变电站

▶ 碧江邮政支局

▶ 坤洲跨线桥

▶ 民乐公园

▲ 民乐公园内景（摄于 2006 年）

▲ 都宁岗森林公园

▲ 都宁北闸站

▲ 都宁西闸

▲ 灰口水闸

▲ 聚龙沙水闸

▲ 龙头滘水闸

▲ 1933年碧江苏氏家族留省学生合照（苏振中供）

▲ 碧江小学

▲ 碧江中学

▲ 坤洲小学

▲ 都宁小学

▲ 碧江幼儿中心

◀坤洲幼儿园

▶都宁幼儿园

◀碧江小学古筝特色教学

▲ 2015 年佛山市村（社区）男子篮球赛总决赛

▲ 民乐公园足球场

▲ 坤洲文武庙庆典（摄于 2018 年）

▼ 碧江飘色

▲ 崇德楼

▲ 碧江兰花展

▲ 都宁观音阁

▲ 碧江图书馆

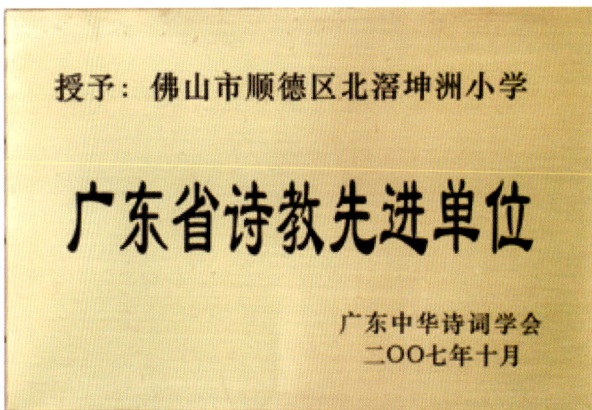

授予：佛山市顺德区北滘坤洲小学

广东省诗教先进单位

广东中华诗词学会
二〇〇七年十月

▶坤洲小学被评为广东省诗教先进单位

授予：佛山市顺德区北滘镇坤洲小学

国家级
诗教先进单位

◀坤洲小学被评为全国诗教先进单位

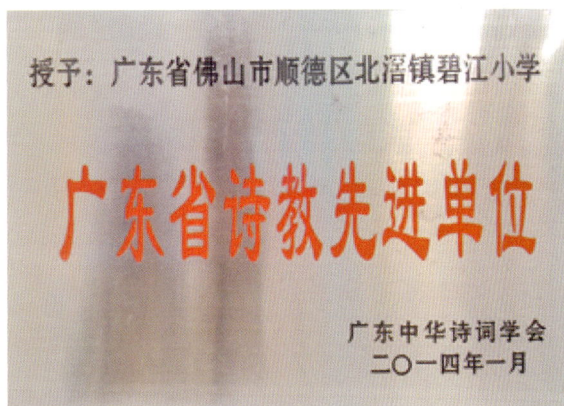

授予：广东省佛山市顺德区北滘镇碧江小学

广东省诗教先进单位

广东中华诗词学会
二〇一四年一月

▶碧江小学被评为广东省诗教先进单位

◀兰花展奖项

◀1993年11月，碧江被评为广东省文明单位

▶2001年3月，碧江被评为广东省卫生村

◀2006年7月，碧江被评为佛山市生态村

▶2015年12月，碧江被评为"佛山市城乡十分钟文化圈建设示范村居"

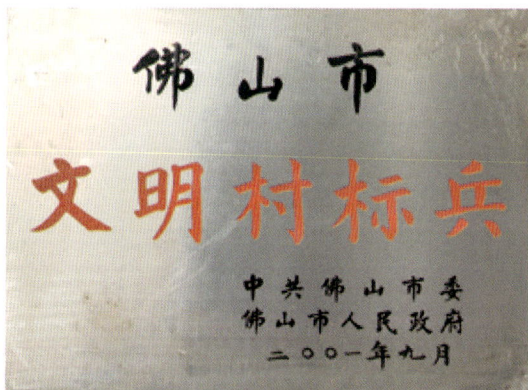

▲ 2001年9月，碧江获"佛山市文明村标兵"称号

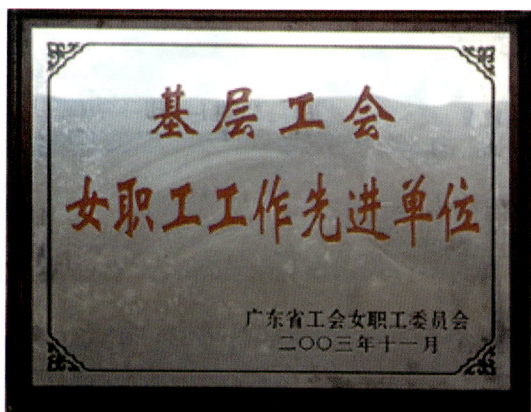

▲ 2003年11月，碧江被评为"省基层工会女职工工作先进单位"

▲ 2017年1月，碧江古建活化项目被评为"广东省宜居环境范例奖"

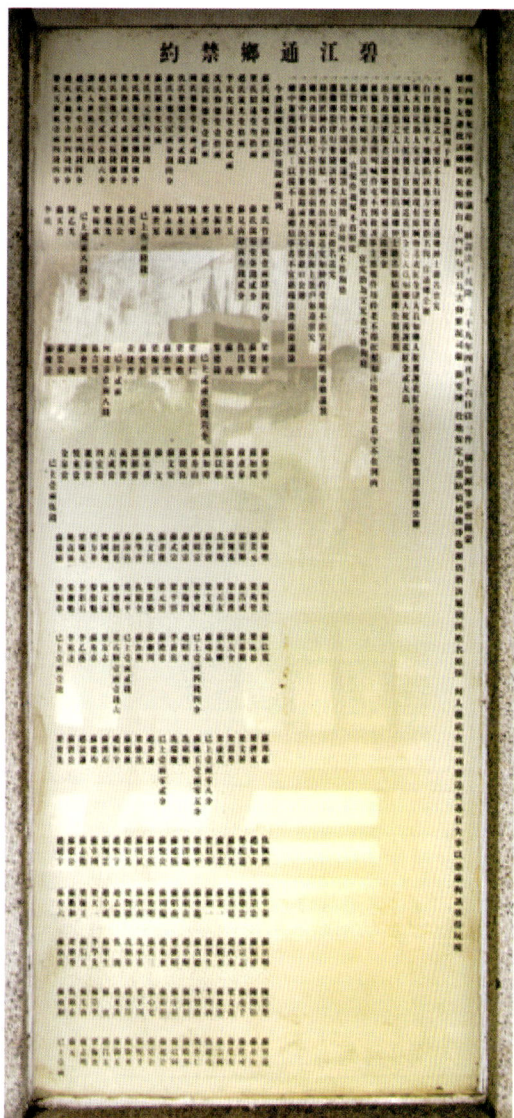

▲ 碧江通乡禁约

自建村以来先后获得一系列荣誉：

· 国际卫生村
· 全国造林绿化千佳村
· 广东省卫生村
· 广东省文明单位
· 佛山市特色文明村
· 佛山市生态示范村
· 中国历史文化名村
· 中国传统村落

▲碧江历年名誉

▲中国历史文化名村匾额

▲中国历史文化名村碧江命名庆典（摄于 2005 年 11 月，北滘镇档案馆供）

▲《佛山市顺德区北滘镇碧江志》编纂委员会（从左到右依次为黄建昌、周美银、陈雪芬、赵锦荣、李季斌、方志濠、方志辉、彭德权）

序 言

国有史，地有志，家有谱。方志是中国传统文化的瑰宝。

政通人和，盛世修志。《佛山市顺德区北滘镇碧江志》是碧江有史以来第一部志书，是碧江政治文化史上的一件大事。本志翔实地记述碧江的地理、政治、经济、人文等历史。身处太平盛世，我们有责任为后人留下一部系统的、翔实的地方史料，为现在乃至将来提供借鉴，为爱国爱乡教育提供乡土教材。

碧江地处珠江三角洲腹地，文化源远流长，人文荟萃，人才辈出。境内象岗和蟹岗的汉代墓葬群，表明 2000 多年前，这里就有人类文明的痕迹。在岁月轮回沧桑更替的历史发展长河中，世世代代的碧江人在这方热土上繁衍生息，艰苦奋斗，从移民垦植步入耕读登仕，再奔向儒商致富之路，进而发展海外贸易，造就了繁荣的内河中途港、手工业造纸基地及粮食加工储运中心（谷埠），富甲一方。

中华人民共和国成立后，在中国共产党和人民政府的领导下，碧江人充分把握机遇和地缘优势，以团结、拼搏、求实、创新精神，自强不息，取得令人瞩目的成就，工业兴旺，商业繁华，文化、教育、卫生等事业蒸蒸日上。2005 年，碧江社区被建设部、国家文物局评为"中国历史文化名村"；2013 年，被住房城乡建设部、文化部、财政部、国家文物局评为"中国传统村落"；2016 年，工农业总产值逾 40 亿元，位居顺德区各村（社区）前列。

修志期间，编写人员历尽艰辛，上调下访，遍搜资料、积累素材，精心构思，伏案笔耕，广征博取，认真核对历史，历经二载，即将付梓。在此，谨向他们及热心协助本志编纂的有关单位和人士深表谢忱。中国共产党第十九次全国代表大会的召开，为建设社会主义新农村指明方向，碧江人民在习近平新时代中国特色社会主义思想理论指导下，热爱碧江，振兴碧江，把碧江建设得更加繁荣、昌盛、康乐、祥和！

張新傑

2019 年 5 月

（作者系中共佛山市顺德区北滘镇委员会书记）

凡　例

一、本志以马克思列宁主义、毛泽东思想、邓小平理论、"三个代表"重要思想、科学发展观、习近平新时代中国特色社会主义思想为指导，坚持辩证唯物主义和历史唯物主义，遵循实事求是的原则，全面系统记载碧江社区自然、经济、政治、文化和社会的历史与现状。

二、本志统合古今，详今略古，立足当代，突出重点。上限追溯事物的发端，下限至2016年，重点记述中华人民共和国成立至2016年情况。人物、图片以及个别特殊事物的记述延伸至2018年。记述区域范围以2016年碧江社区行政区域为准，其地域变革与称谓以历史时期为准。

三、本志采用述、记、志、图、表、录等体裁，以志为主。文体采用语体文，记述体，据事直书。全志设概述。专志设11章，分章、节、目，各分志横排门类，纵述史实，部分篇、章按记述需要设无题小序。

四、机构、会议、文件、职衔等，一般采用全称，名称较长且重复出现者，首次出现时用全称，括注下文所用简称。志中凡简称"党"均指中国共产党；1992—2002年，凡称市委、市政府，均指中共顺德市委、顺德市人民政府，其余年份则指中共佛山市委、佛山市人民政府；凡称区（县）委、区（县）政府，均指中共顺德区（县）委、顺德区（县）人民政府；凡称省委、省政府，均指中共广东省委员会、广东省人民政府。

五、人物篇用传、表等形式记述。传：收录对碧江社会历史有重要影响或有一定知名度的人物，生不立传，籍属不论，按生年排序；表：收录革命烈士、英模人物、荣耀市民等，以生年排序。

六、本志的文字、标点、数字、计量单位等均按国家所制定的规范书写。土地面积单位用"公顷"，但考虑社会实情、习惯及部分历史资料，农作物单位面积产量有的地方保留"亩"；个别地方保留市担、市斤、市两和丈尺等计量单位。

七、历史纪年：辛亥革命前用朝代年号，以汉字书写，括注公元纪年；民国纪年用阿拉伯数字书写，括注公元纪年，或直接用公元纪年；中华人民共和国成立后用公元纪年。志书所述年代，凡未加界定的，均指20世纪的年代。

八、本志数据以北滘镇统计部门资料、档案资料为准，缺乏部分则采用有关部门的数据。小数点后数字采用四舍五入的方法，一般保留2位数字。

九、本志资料来源于档案、报刊、史志、文献、口述、实地调查，以及各单位提供素材，经考订入志，一般不注明出处。

目　录

概　述

　　碧江社区位于广东省佛山市顺德区的东北部，山清水秀，环境优越，锦秀都宁岗林木葱笼。壮阔的潭州水道和陈村水道，在此地汇合流向南海。自宋代开村以来，勤劳智慧的碧江人凭借地理之利，垦辟成繁荣富庶的鱼米花果之乡。到明代，形成果基鱼塘农业生产，各地商人云集，成为顺德繁华的圩市，兴起造纸、纸类加工等手工业。到清末民国初，又兴起粮食机械加工业，成为珠江三角洲地区重要的稻谷集散地，称之为"谷埠"。

　　碧江有底蕴深厚的历史文化。碧江祠堂最具特色，有"顺德祠堂以碧江为最"之说，方圆十几里，到处可见镬耳大屋。村中心被称为"金楼"的古建筑群，是集岭南民间艺术大成的建筑。碧江有着耕读互励的传统氛围，倡教兴学，一代代学人，在科场脱颖而出。这些使碧江成为"中国历史文化名村"和"中国传统村落"。

　　1979年改革开放后，碧江人以"敢为天下先"的精神，开拓创新奋斗，大力发展工业，从最初的"村村点火"到集体经济转制，再到产业升级、"筑巢引凤"、兴建工业园，走出一条以工促农、城乡融合、乡村振兴的路径。

　　随着经济的发展，碧江统一规划乡村建设，进行环境升级。从20世纪80年代中起，村村建起主干道，实现道路硬底化。1995年，村民自来水普及率达99%，家家户户安装电话。1999年后，推进"十年绿化大地"规划，在村心村尾开辟公园，广种树木，建成都宁岗森林公园，整个社区形成青山绿水、绿树成荫的景象。

　　弘扬耕读互励的传统。大力发展教育事业，培育新一代社会主义新农村建设者。兴办碧江中学，对小学校舍全面改造升级，办起一批幼儿园。1997年基本实现普及高中教育和学前教育。碧江中学成为省一级学校，坤洲小学为省义务教育规范化学校。

　　推动传统文化传承和发展。2000年特别是中国共产党第十八次全国代表大会之后，碧江凭借深厚的历史文化资源，推动新一轮全面振兴，加大投入修缮金楼、五间祠、职方第、德云桥等古建筑，建起民乐公园，兴办村史馆、民俗文化展览馆，从而为碧江历史文化建设奠定良好基础。同时，充分结合"美丽文明村居""古村活化"，融入文明文化元素，深挖村内历史文化特色，整合自然资源和历史文化资源，做强古村旅游产业，将美丽文明村居建设与乡村文化涵养相结合，使村民获得更强的文化自信感、生活幸福感。碧江以更加和谐优美的古韵新貌展现在世人面前。

第一章 基本村情

第一节 区 位

碧江社区地处珠江三角洲西、北江下游，位于佛山市顺德区北滘镇镇区东北部 5.8 公里处，地理坐标为东经 113°15′、北纬 22°56′。东接碧桂园社区，南连桃村，西与林头社区隔潭洲水道相望，北与陈村镇隔陈村涌相望。辖区总面积为 8.9 平方公里。

社区中心与北滘镇人民政府驻地（济虹路）相距 8 公里，与顺德区人民政府相距 11 公里，与佛山市人民政府驻地（禅城区）相距 15 公里，距广州市市区 20 公里。水陆相通。广珠城际轨道、105 国道、佛陈公路、群力路及广珠西线高速公路交汇于碧江社区；潭洲水道流经社区西面，往东南方向流向顺德水道；陈村涌流经社区北面，汇入陈村水道；南临陈村水道。

碧江一带在远古为大海，境内岗峦为岛屿。日积月累，西、北江从上游带的泥沙不断在低地堆积，至三四千年前，这里成为古海岸。至秦汉朝（公元前 221—公元 200 年），成为一片地势低洼的冲积平原，开始有人聚居，从事农业和园艺生产活动。1985 年，在碧江象岗和蟹岗考古时，发现汉代墓葬群，出土 2 件汉代陶器，表明 2000 多年前，这里就有人类文明的痕迹。北宋时期，就有人到此地落户。元、明时期，村民沿着河边修筑堤坝，不断有外地人迁入聚居，逐渐形成村落。

碧江地貌以平原为主，地势由西北向东南倾斜，海拔差 0.25—1.7 米。区域内平原属沙田区，组成物质以黏土及淤泥为主，海拔多在 1.5—1.7 米，禾田海拔则在 0.6—0.7 米。

区域内有小部分丘陵和台地，多呈北西—南东走向，分布零散，海拔为 20—50 米。20 世纪 80 年代初，碧江区域有大小山岗 19 个，总面积 6738.6 亩，占北滘镇山岗面积的 70%；都宁岗主峰海拔 87.8 米，为区域最高点；其次是下村岗，海拔 48.8 米。20 世纪 90 年代中后期，部分山岗被炸毁。2016 年，碧江社区有大小山岗 13 座，总面积 1264 亩。

2016 年碧江社区山丘情况表

表 1—1—1 单位：亩、米

山岗名称	面积	最高海拔	山岗名称	面积	最高海拔
都宁岗	767.4	87.8	大岗头	90.3	42
独岗	8.7	28	牛头岗	19.8	27.8
狮岗	84.8	47.4	严家岗	40.8	18.4
下村岗	111.3	48.8	长岗	43.1	26.2
昆岗	32.7	27	羊星岗	29.7	42

续表

山岗名称	面积	最高海拔	山岗名称	面积	最高海拔
睡牛岗	30.5	30.3	珠浮岗	3.32	19.02
凫石岗	1.62	12			

碧江社区属珠江流域，河涌纵横交错，途经社区的潭洲水道、陈村水道水流量分别占北江水量的 6.54% 和 8.21%。

潭洲水道，北起顺德区陈村镇登洲头，经金字沙流向西海口，汇入顺德水道，全长 17 公里，其中都宁河段 1.1 公里。河宽 90—300 米，洪水期水位 2 米左右，非汛期水位 0—1 米。金字沙至西海口段达到 VI 级通航标准，可通航 100 吨级船舶。陈村水道，北起东平水道三山口，南达顺德濠滘口，经紫坭河汇入沙湾水道，全长 22 公里，其中碧江河段 0.6 公里，是广州通往西江的主要航道。河宽 100—200 米，水深 2—4 米，达到 III 级通航标准，可通航 1000 吨级船舶。陈村涌，从金字沙入口至碧江接陈村水道止，全长 6.8 公里，其中碧江河段 3.0 公里，河宽 70—100 米，可通航 100 吨级船舶。

至 2016 年，境内有主干、支干河涌 5 条（见表 1—1—2），总长 9.66 公里。

2016 年碧江社区主干、支干河涌情况表

表 1—1—2

单位：公里

河涌名称	起止位置	长度	河涌名称	起止位置	长度
灰口大涌	灰口水闸—深水氹	3.10	独岗涌	都宁北闸—西河大涌	1.4
彰义涌	聚龙沙水闸—灰口涌口	2.7	新涌	新涌水闸—彰义涌	1.7
龙头滘涌	龙头滘水闸—彰义涌	1.05			

碧江地处北回归线以南，属亚热带海洋性季风气候，气候温和潮湿，夏长冬短，日照充足。年平均气温在 20℃—25℃，最冷月份是 1 月，月平均气温 13.1℃，极端最低气温零下 1.5℃（出现在 1955 年 1 月 12 日）；最热月份是 7 月，月平均气温 28.7℃，极端最高气温为 38.7℃（出现在 2005 年 7 月 19 日和 2008 年 7 月 28 日）；年均日照达 1856 小时，年霜期仅 3—4 天，2016 年 1 月 24 日早晨，碧江降霰，中午 12 时 30 分出现百年一遇的飘雪，历时 20 多分钟。由于地处华南雨区，雨量充沛，年均降水量为 1614 毫米，最多年 2538.6 毫米（1965 年），最少年 1049.5 毫米（1963 年）。降雨量年际变化较大，丰水年是少水年的 1.9 倍；同时年内降雨量不均衡，4—9 月汛期占全年的 80%。年平均相对湿度为 81%，尤以 4 月份最潮湿。

碧江属南亚热带季风气候区，每年 3—11 月往往受台风吹袭。夏季风来自海洋，温暖而潮湿，风向偏南和东南。台风活动集中在 7—9 月，风力多在 8、9 级以上，最强达 12 级以上（1964 年 9 月 5 日）。冬季风来自西北内陆，风向偏北，风速比夏季

风略大。

碧江土地资源丰富。有较好的肥田沃地，为农业生产提供优越环境。1952 年联围筑闸后，碧江的土地总面积是 9.6 平方公里，其中：丘陵地占 0.84 平方公里，河涌占 0.92 平方公里，道路占 0.23 平方公里，住宅区占 2.6 平方公里，耕地 5.01 平方公里。1961 年 5 月，碧江公社辖下碧江、彰义、坤洲、泮浦、都宁、下涌 6 个生产大队，土地面积 8762 亩。

1995 年碧江区域土地情况表

表 1—1—3   单位：亩

管理区	总面积	农业用地	工业用地	宅基地	交通用地	河流	其他
都宁	1893.15	1251.45	60.9	173.4	24	141	242.4
坤洲	5371.5	3753.9	148.2	498.75	18.75	330	621.9
碧江街区	5733.45	3302.1	472.5	1272.15	52.65	316.5	317.55

碧江规划建设用地平衡表（2003—2020 年）

表 1—1—4   单位：公顷

用地代号	名称		面积	用地代号	名称		面积
R	村庄建设用地	居住建筑用地	162.48	M		发展备用地	15.84
C		公共建筑用地	21.61	R		发展备用地	13.17
M		生产建筑用地	31.88	W		仓储用地	7.63
S		道路广场用地	61.18	G		防护绿地	41.9
U		市政工程设施用地	6.79	G		山体	65.89
G		公共绿地	38.26	E	水域和其他用地	农田保护区用地	74.86
T	区域交通用地		91.67			一般农田及水域	152.28
M	镇集约工业区用地		123.86		镇区用地		17.85
合计			927.15				

注：数据来源于《顺德区村庄规划用地平衡表》（2003—2020 年）。

2016 年，碧江社区实际面积 8.9 平方公里，其中农业用地 3.92 平方公里、工业用地 0.25 平方公里、居民生活居住用地 3.96 平方公里、河流 0.06 平方公里、未利用土地 0.71 平方公里。

碧江自然灾害主要以洪水为主，其次是台风，再次是涝灾、干旱。据统计：1822—2000 年一百七十八年间，共发生较大洪涝灾害 61 次；1950—1997 年受强台风影响 92 次；1929—1976 年出现旱灾 6 次。

洪灾最为严重的 1915 年，称之为"乙卯年洪水"，相当于百年一遇。当年农历六月初一至初四，珠江的东、西、北三江水涨，碧江区域的都宁围、林濠围、长丰围

多处缺口，洪涛狂泻，碧江顿成泽国。1947年和1949年夏季洪水，再次重创碧江。

1949年10月中华人民共和国成立后，碧江主要洪涝灾害分别是：1952年6月大水，碧江水位2.21米，受灾面积1600多亩；1953年5月16日晚，群力围沙流涌闸被洪水冲垮，决口2丈多，受灾4000多亩；1956年6月，碧江水位2.32米，群力围全围持续在警戒水位以上近半月；1959年6月，碧江水位达2.88米；1962年7月3日，都宁西闸水位达3.61米，林头桥至都宁西闸堤段崩塌40米，碧江受浸7天，受灾面积1万多亩；1966年6—7月，出现3次大洪峰，7月5日碧江水位达2.97米，水位超出警戒线长达30天；1968年6月，西、北江同时发洪，24日碧江水位达3.27米，水位在警戒线上持续一个月，部分堤段外坡冲损，泮浦北面温鱼岗堤段羊山垣石桩出现塌方；1974年7月22日，碧江水位达3.13米，时逢大潮顶托，多个子围受淹；1983年3月，西、北江早发洪，3日洪水超警戒水位，群力围多处引堤漫顶，是1949以来洪水来得最早的一次；1994年6月20日，遭遇超百年一遇洪水，灰口堤段（虾仔围）出现内塌坡长50米；1998年6月大水，27日群力围达到历史第二高洪水位，为百年一遇；2005年6月大水，24日群力围达到历史最高洪水位，超百年一遇量级；2008年6月16日西、北江洪峰在三水相遇，形成珠江三角洲河网区超50年一遇的洪水，都宁部分堤段洪水漫顶。由于20世纪80年代中期起，北滘镇开展大规模水利建设，堤围基本达到50年一遇洪水防御标准，因此，成功地抗御1994年以后几次特大洪水侵袭。

1949年10月后，给碧江农业生产带来严重损害的风灾分别是：1954年8月29日，台风风力10级以上；1962年9月1日13号台风，风力10级，阵风11级；1964年5月28日、8月9日和9月5日，分别遭受2号、11号和15号台风侵袭，其中15号强台风，风力12级；1975年10月6日13号台风，风力11级，阵风12级；1979年8月2日、9月24日，分别遭受8号和13号台风侵袭，其中8号台风风力11级，阵风12级；1983年9月9日9号台风，风力10级，阵风11级；1993年9月26日18号台风，最大风力10级；2003年9月2日13号台风，最大风力12级；2008年9月25日14号台风，最大风力达11级；2009年7月19日6号台风，风力9级，阵风10级。

20世纪90年代以来，碧江出现高温暴雨特点，尤其是强降水频仍，强度增大，造成社区内涝范围广、渍水深、涝水时间长。1949年10月后较严重内涝主要有：1959年6月连降暴雨，雨量达522.6毫米，严重渍水10天；1960年8月，月降雨量528毫米，严重内涝；1965年9月28—29日，总降雨量达405毫米，渍水严重；1966年6月11日至30日，累计降雨408毫米，导致严重内涝；1993年9月26日8时至27日6时，降雨量198毫米，碧江区域渍水严重，农业受灾面积1802亩，经济损失1100多万元；2006年6月9日，降雨量220毫米，其中强降雨出现在早上4时至中午12时，降雨量达118毫米，最高内水位1.31米，农业受灾面积2500多亩，经济损失1200多万元；2007年6月12日，碧江聚龙沙邻近的顺德区气象站录得2小时降雨107毫米，创下了碧江历史小时降雨新纪录，部分低洼花场及民宅受浸，经济损失60多万元。2008年6月25日10时到26日10时，降雨量逾230毫米，涝渍严重。均对社区造成较大的损失。

1949 年 10 月后，较严重的旱灾主要有：1955 年，1—4 月降雨量较常年偏少八成；1963 年，旱期从 1962 年 11 月中旬至 1963 年 6 月中旬，降雨量仅为同期的 17%；1977 年，旱期从 1976 年 11 月中旬至 1777 年 5 月上旬，降雨量仅为同期的两成；2007 年，入秋后雨量锐减，较常年偏少九成。此外，部分年份旱情也较为严重。如：1960 年冬春连旱；夏旱年有 1967 年、1972 年、1978 年和 2007 年；秋旱年有 1966 年、1969 年和 1989 年。20 世纪 60 年代起，大搞电动排灌站，整治排灌系统，旱灾对碧江影响逐渐降低，干旱年通常导致旱地作物略有减产，但往往带来水稻丰收。

第二节　区域设置

明景泰三年（1452 年）顺德建县后，行政建制为都、堡、图、村四级。据万历十年（1582 年）《顺德县志》卷一记载，碧江区域属西淋都，其中碧江、上龙、下龙、仙洞、泮浦等 5 村属龙头堡管辖，都粘、塘头、墩头、新村、朱村等 5 村分属都粘堡管辖。

清初，碧江区域体制沿袭明制。乾隆二年（1737 年）起，顺德由县丞、典史和马宁、江村、都宁、紫坭巡检司分别管辖。碧江区域属西淋都，碧江、上龙、下龙、仙洞、泮浦等 5 村属龙头堡，归紫坭巡检司管辖；都粘、塘头、墩头、新村、朱村等 5 村属都粘堡，归都宁巡检司管辖。光绪三十四年（1908 年），顺德调整行政区域，碧江区域有碧江、泮浦、都宁 3 村，属第三区。

民国前期，沿袭清制。民国 21 年（1932 年），顺德调整行政区域，碧江区域仍属第三区，内分达德、彰义、南平、凤鸣、泮浦、都宁等 6 乡；民国 29 年，顺德 10 个区合并为 3 个区，碧江区域的碧江乡属第一区；民国 36 年 7 月，扩大乡镇保甲编制，顺德设 6 个指导区，碧江区域的联德乡属第二指导区，辖 31 堡、334 甲；民国 38 年 9 月，顺德重新分为 10 个区，碧江区域的联德乡属第三区。

中华人民共和国成立后，顺德多次调整行政区域。1950 年，顺德设 10 区，辖 57 乡。碧江区域属第三区，内有彰义、都粘、泮浦 3 个乡；1952 年 8 月，顺德设 10 区，辖 106 乡。碧江区域的碧江乡属第三区；1954 年，顺德将 106 乡合并为 79 乡，碧江乡仍属第三区；1956 年 4 月农业合作化时期，顺德分设十区，碧江属陈村区碧江乡；1958 年 10 月，碧江区域属陈村人民公社碧江生产大队；1959 年 5 月北滘人民公社成立后，碧江生产大队属北滘人民公社，辖有彰义、碧江（中心）、坤洲、泮浦、都宁、下涌 6 个生产队及碧江圩；1961 年 5 月，北滘人民公社调整为北滘区，下设 4 个人民公社。碧江人民公社辖 8 个生产大队，其中碧江区域的有碧江（中心）、彰义、坤洲、泮浦、都宁、下涌 6 个生产大队；1963 年 1 月撤销区建制，碧江区域属北滘人民公社碧江生产大队。1970 年 1 月 18 日，碧江生产大队拆分为碧中、彰义、坤洲、都宁 4 个大队。

1983年11月，撤销人民公社，恢复乡镇建制。碧江区域属北滘区，分为碧中、坤洲、彰义、都宁乡和碧江镇；1985年10月，碧中乡、彰义乡并入碧江镇；1987年2月顺德撤区建镇，碧江区域分属坤洲管理区、都宁管理区、碧江街区。坤洲管理区辖隔涌、上涌、新地、红楼、增一、红湾、坤一、坤二、南平、里基、合成村；都宁管理区辖寨边、周易、村心、西安村；碧江街区辖彰义、德云、中心居民区以及中一、中二、中三、东成、下涌、上涌、甘境、西境、彰义、新路、聚龙村。1999年，顺德改革农村行政区域，管理区改为村，村改为村民小组。碧江区域设有坤洲村、都宁村、碧江街区。2000年12月，撤销碧江街区，改为碧江社区。2001年9月，顺德进行区域重组，碧江、坤洲、都宁合并为碧江社区。

第三节　自然村落

碧江　始建于南宋初年，由南迁移民聚居而形成。相传在村心三兴巷后面的伏龙岗有两块土岗相互挤迫，而得名"迫岗"，后改用粤语谐音"碧江"。2005年被建设部、国家文物局评为"中国历史文化名村"，2013年被住房城乡建设部、文化部、财政部、国家文物局评为"中国传统村落"。

2016年末，户籍人口15082人，其中男性7981人，女性7101人；80岁以上人口75人，最年长者101岁（男）；主要姓氏有苏、赵、梁、陈、冯等。非户籍外来人口14658人。

明代中叶，碧江已是繁华的圩镇，商贾云集，粮食、茶叶、生丝等远销京津、江浙、云贵等地，还出现珠三角最早的造纸手工业。清代手工业进一步发展，形成了缫丝、酿酒等产业，成为顺德对外出口的重要商埠，土纸、干果、蚕丝等大量输往海外。村民还采用"果基鱼塘"的耕作模式，遍种荔枝、龙眼、柑、橘、橙等果树，鱼塘养殖"四大家鱼"。20世纪80年代初，大搞优质鸡养殖，引领北滘养鸡业的发展；80年代中期起，优质水产养殖和花卉种植发展迅速，兴办起五金电子、塑料制品、饲料生产等厂企；2016年，第三产业兴旺，计有宾馆、商铺和食肆等460多家。集体经济收入6289万元，集体分红人均3365元/年，人均年收入29240元，约700户有房屋租金收入。

现存宗祠16座，寺庙3座，古桥1座，私塾1座，广府民居291间，其中碧江金楼、职方第、泥楼、亦渔遗塾、怡堂、砖雕照壁、慕堂苏公祠、尊明苏公祠8处建筑入列省级文物保护单位，何求苏公祠、丛兰苏公祠、德云桥等10处建筑入列市级文物保护单位。

村中办有碧江小学和碧江幼儿园，建有民乐公园、德云公园、承德公园、下涌公园和彰义公园，设有老人活动中心、退休教师之家、妇女之家等多个活动场所以及藏书约4500册的农家书屋。有2棵百年榕树，1棵100多年的朱砂桔。

碧江人杰地灵，涌现众多文人墨客，如：为官刚直的苏之奇，有"惠门四俊"之称的学者、书法家苏珥，女学者李晚芳。

新聚 由聚龙和新路村组成。聚龙是由沙土堆积，形状像一条龙，故取名聚龙；新路村，清代从昆岗渡口新建一条道路，连接至旧街长宁巷，取名新路，以作区分，村名沿用路名。1992年两村合并而取名新聚村。

2016年末，户籍人口922人，其中男性475人，女性447人；80岁以上26人，最年长者91岁（女），主要姓氏有黄、梁、何、冯、郑等。非户籍外来人口852人。

明代中叶，聚龙一带已是碧江区域主要的商贸码头，货运繁忙。清朝后期，商铺林立，延绵数百米，码头驳艇日均接驳拖渡（电船）70多艘。1949年10月中华人民共和国成立后，以农业生产为主，主要农产品有水稻、甘蔗、塘鱼和生猪。20世纪80年代中期起，大力发展花卉种植业。1990年，设立碧江工业区，逐渐发展成一个以家电、机械、塑料化工、家具、造纸、服装等行业为主的工业制造区。2016年，集体分红人均3365元/年，人均年收入29240元，120户有房屋租金收入。

现存广府民居6座，建有公园2个，篮球场2个。

都宁 始建于南宋末年。据《顺德县志》记载，宋帝赵昺于南宋祥兴二年（1279年）在崖门投海后，宋军苏刘义率残部到达潭洲水道河岸岗边安营，拥立将士中宋室的宗亲为帝，就地建都，称"都宁"，取"定都于此，永得安宁"之意，但遭元军追剿，壮志未酬。之后，宋军的残部及家属在此地定居，逐渐形成村落，并沿用"都宁"为村名。

2016年末，户籍人口1396人，其中男性679人，女性717人；80岁以上人口24人，最年长者101岁（男）；以李、程、罗、陈、林等姓为主。非户籍外来人口2032人。

都宁村民传统以饲养奶牛，生产的牛乳远近驰名。1949年10月中华人民共和国成立后，农业以种植水稻、甘蔗和养鱼为主，养生猪为辅。20世纪80年代中后期起，转向种柑桔和栽培兰花等阴生植物为主，种植蔬菜、饲养优质鸡、生猪为辅，并建起象岗鸡苗场，年产鸡苗逾200万只，成为顺德鸡苗重要的繁育基地。2016年，集体经济收入920万元，集体分红人均5460元，人均年收入29460元。173户有房屋租金收入。

现存宗祠5座，分别是李氏宗祠、程氏宗祠、罗氏宗祠、南庄罗公祠和云溪罗公祠；寺庙5座，其中建于2007年的观音阁是北滘镇唯一的佛教活动正式场所；广府民居25间。村中还有幼儿园1所、篮球场4个、公园2个，百年细叶榕2棵，其中都宁岗森林公园占地69.6公顷。

都宁流传着神仙大脚板和建三忠庙纪念文天祥、陆秀夫、张世杰随宋帝赵昺蹈海殉难的故事。此外，今周易坊一带曾设有官道，用白麻石铺设，宽1.5米、长约2000米，以桃村横岸曹家祠为起点，途经桃村、绿道、都宁周易坊、寨边，至三忠庙（旧址），现被埋地下。

坤洲 明代起有百姓沿河旁沙洲建房而形成村落。因河网纵横，旧封建势力不准当地架桥，只许用船只往来，故以"坤甸"这一木材命名为坤洲。2016 年底，户籍人口 1443 人。其中男性 720 人，女性 723 人；80 岁以上 29 人，最年长者 93 岁（女）；以梁、黎、李、郭、周等姓为主。非户籍外来人口 1200 人。

清朝和民国时期，坤洲以种桑、养蚕为主，兼养鱼。1949 年 10 月后以稻谷、甘蔗、塘鱼、生猪生产为主。80 年代初，兴起养鸡热潮，并开发岗边荒地种植柑桔橙。80 年代后期，优质水产养殖和花卉种植规模逐渐扩大。同时，以家具制造、五金加工、木器制造为主的工业经济亦得到快速发展。2016 年，集体经济收入 266 万元，集体分红人均 2400 元/年，年人均收入 26360 元。约 180 户有房屋租金收入。

现存的文武庙始建于清宣统元年（1909 年），2012 年起逢文武诞（农历二月二十日）开庆典、设盛宴。村中办有坤洲幼儿园，建有公园、篮球场等休闲体育设施。有 6 棵百年龙眼树，1 棵百年细叶榕。

泮浦 始建于南宋淳熙年间，有梁姓人家在此聚居而逐渐形成村落。泮浦村原位于龙头堡的最南端，东临沙湾水道，北枕睡牛岗、羊星岗两座小山，因地处河畔，而取名泮浦。2005 年起整体搬迁至泮浦新村。

2016 年末，户籍人口 716 人，其中男性 355 人，女性 361 人；80 岁以上 12 人，最年长者 96 岁（女）；主要姓氏有梁、黄、郭、陈、冯等。非户籍外来人口 687 人。

泮浦村地处珠江三角洲平原。明朝时期，村民在新冲积出来的滩涂上围垦种竹，因造纸原料丰富、水路交通便利，清朝后期造纸业成为村中的支柱产业，纸类加工和贸易造就了许多铺号和家庭作坊，其生产的玉扣纸和朴纸具有易燃、灰烬成片不碎的优点，是制作冥镪的上好材料，加工成金纸元宝后远销东南亚各国。1949 年 10 月后，传统经营以水稻、甘蔗、塘鱼、生猪生产为主。80 年代中期起，农业生产逐渐转向优质、高值产物，1987 年建立坤洲集体养殖场，实行"上养鸡猪，下养优质鱼"，至 1997 年养殖面积达 735 亩。2016 年，集体经济收入 176 万元，集体分红人均 2400 元/年，人均年收入 26360 元。约 70 户有房屋租金收入。

据老人回忆，村中曾建有树庵禅寺，由高僧藏经大师主持，直接受罗浮山佛门领导，后毁于战火。

泮浦重文兴教，人才辈出。明万历年间，村民梁维屏在村中建起泮浦书院，聘请老进士讲学，教育人才。重文兴教之举名噪一时，南海状元伦文叙亦曾求学泮浦。据《顺德县志·选举卷》记载，出生在泮浦的进士有 2 人、举人 16 人，故村中曾建有"十八学士"牌坊。

隔涌 清康熙初期由梁姓人开村，先民聚居而逐渐形成村落。因村北有一条河与碧江相隔，顺德俗称"河"为"涌"，故取名隔涌。

2016 年末，户籍人口 1006 人，其中男性 521 人，女性 485 人，80 岁以上有 19 人，最年长者 91 岁（女）；主要姓氏有梁、何、钟、周、郭等。非户籍外来人口 1087 人。

清朝和民国时期，隔涌传统经济以种桑、养蚕为主，兼养鱼。1949 年 10 月中华人民共和国成立后，以稻谷、甘蔗、塘鱼、生猪生产为主。80 年代初，村民普通饲养商品鸡，80 年代后期，优质水产养殖规模逐渐扩大。2016 年，集体经济收入 276 万元，集体分红人均 2400 元/年，人均年收入 26360 元，约 120 户有房屋租金收入。

仅存的奇峰苏公祠，始建于清光绪年间，重修于 2007 年，现用作坤洲星光老人活动中心。寺庙 3 座，分别是三元宫、四圣宫庙和龙母庙。此外，还有四角亭 1 座，广府民居 12 间。

南平　始建于南宋淳熙年间，有一些流浪谋生的人在此定居而逐渐形成村落。因村中曾有一个码头，取名"坝头"，后因地处碧江南面平地而改名为南平。

2016 年底，户籍人口 314 人。其中男性 155 人，女性 159 人；80 岁以上 5 人，最年长者 88 岁（女）；主要姓氏有梁、黄、郭、卢、霍等。非户籍外来人口 122 人。

清朝和民国时期，南平传统经济以种桑、养蚕为主，兼养鱼，村中办有理发铺、米机。1949 年 10 月后以稻谷、甘蔗、塘鱼、生猪生产为主。20 世纪 80 年代初，兴起养鸡热潮。80 年代后期，优质水产养殖迅速发展。2016 年，集体经济收入 86 万元，集体分红人均 2400 元/年，人均年收入 26360 元，约 40 户有房屋租金收入。据清咸丰《顺德县志》记载，乾隆五十五年（1790 年），创办萃文书院。

现存古桥 1 座，名为三眼桥，又名杏花桥，桥长 15 米，宽 2 米，桥梁采用三段式结构，由 12 条石条组成。

增基　明代，有冼姓先民迁入定居而逐渐形成村落。因村民常把渔网放在基岸晾晒，渔网又称为"罾"，故取村名为罾基，又因罾与增同音，改名为增基村。

2016 年末，户籍人口 825 人，其中男性 396 人，女性 429 人；80 岁以上 10 人，年最长者 93 岁（女）；主要姓氏有冯、梁、黄、陈、叶等。非户籍外来人口 819 人。

清朝和民国时期传统经营以种桑、养蚕为主，兼养鱼。1949 年 10 月后以稻谷、甘蔗种植以及塘鱼生产为主。1984 年后，农业生产转向以家庭为单位饲养家禽，部分家庭承包岗边土地种植柑橘；工业办起家具制造、五金加工、木器制造等厂企。2016 年，集体经济收入 275 万元，集体分红人均 2400 元/年，人均年收入 26360 元。约 100 户有房屋租金收入。

现存的冼家祠始建于明万历年间，重修于清道光二十年（1840 年）；宗祠后有 1 棵百年木棉树。区域内的坤洲小学，2007 年获"广东省诗教先进单位"称号；建有增基篮球场。

增基冼氏祖先冼一龙为南宋宝祐元年（1253 年）中进士，授翰林院历官兵部尚书。

第四节 人口状况

一、人口

民国时期，碧江人口达4万人。1938年10月，日本军队侵略顺德，碧江沦陷期间惨遭破坏，人口锐减。

1959年，碧江生产大队户籍人口7000多人。1964年后，许多家庭为追生男孩，户籍人口呈连续上升态势，普通家庭生育孩子2—3人，有的甚至4人以上。1979年，碧江地区户籍人口达2916户11518人，其中碧江圩898户2904人，碧中大队761户3046人，彰义大队374户1474人，坤洲大队661户3096人，都宁大队222户998人。

1980年起，国家实行"一对夫妇最好只生一个孩子"的计划生育政策，严格控制人口出生，碧江人口保持低水平增长趋势。1984年，碧江地区户籍人口达3846户12225人，其中碧江镇1698户4209人，碧中大队802户2873人，彰义大队313户1130人，坤洲大队773户2955人，都宁大队260户1058人。

20世纪80年代中期起，随着经济迅速发展，碧江外来人口不断增加。1990年全国第四次人口普查，碧江地区常住人口3137户13146人，其中碧江街区2071户（其中家庭户2012户、集体户59户），常住人口8519人（其中户籍人口7982人，外来人口537人）；坤洲管理区791户（其中家庭户786户、集体户5户），3407人（其中户籍人口3259人、外来人口148人）；都宁管理区275户（其中家庭户261户、集体户14户），1220人（其中户籍人口1108人、外来人口112人）。1998年，碧江地区常住人口18776人，其中户籍人口4137户13948人，外来人口4828人。至2016年，碧江社区常住人口34883人，其中户籍人口4253户15149人，外来人口19734人。

1986—1998 年碧江地区户籍人口基本情况表

表 1—4—1

单位：户、人

年份	碧江地区				碧江街区				坤洲乡（管理区）				都宁乡（管理区）			
	总户数	农业户	总人口	农业人口	户数	农业户	人口	农业人口	户数	农业户	人口	农业人口	户数	农业户	人口	农业人口
1986	4479	1987	12467	7000	3489	997	8582	3115	725	725	2836	2836	265	265	1049	1049
1987	2995	1974	12611	7216	1975	954	8656	3261	750	750	2894	2894	270	270	1061	1061
1988	3953	1963	12711	7294	2926	936	8694	3277	755	755	2946	2946	272	272	1071	1071
1989	3978	1976	12862	7445	2942	940	8778	3361	765	765	3002	3002	271	271	1082	1082
1990	—	—	—	—	—	—	—	—	—	—	—	—	—	—	—	—
1991	4128	2153	13152	8055	3033	1058	8743	3646	810	810	3293	3293	285	285	1116	1116
1992	4081	2197	13220	8378	2973	1089	8692	3850	825	825	3394	3394	283	283	1134	1134
1993	4035	2232	13398	8670	2898	1097	8696	3968	858	856	3564	3564	279	279	1138	1138
1994	4119	2300	13525	8835	2966	1147	8777	4087	870	870	3608	3608	283	283	1140	1140
1995	4096	2316	13705	8926	2918	1138	8902	4123	885	885	3629	3629	293	293	1174	1174
1996	4001	2527	13742	9643	2818	1353	8867	4785	884	881	3683	3678	299	293	1192	1180
1997	4081	2563	13907	9744	2874	1374	8975	4840	902	892	3726	3712	305	297	1206	1192
1998	4137	2608	13948	9795	2884	1378	8975	4856	939	925	3753	3734	314	305	1220	1205

注：资料来自 1986—1998 年《北滘镇（区）农村基本情况统计表》；1990 年资料缺失。

2003—2016 年碧江社区户籍人口基本情况表

表 1—4—2   单位：户、人

年份	户数	人口	其中		年份	户数	人口	其中	
			男	女				男	女
2003	4170	14086	7001	7085	2010	4111	14392	7204	7188
2004	4104	14167	7059	7108	2011	4137	14532	7256	7276
2005	4062	14205	7088	7117	2012	4172	14599	7281	7318
2006	3974	14245	7118	7127	2013	4208	14680	7317	7363
2007	4005	14287	7152	7135	2014	4223	14768	7351	7417
2008	4039	14320	7170	7150	2015	4229	14889	7411	7478
2009	4058	14356	7189	7167	2016	4253	15149	7530	7619

2006—2016 年碧江社区外来人口基本情况表

表 1—4—3   单位：人

年度	总数	男	女	年度	总数	男	女
2006	15921	9900	6021	2012	17230	9304	7926
2007	16474	9554	6920	2013	18125	10150	7975
2008	16879	9621	7258	2014	18753	10127	8626
2009	17255	10320	6935	2015	18064	9935	8129
2010	16539	9096	7443	2016	19734	10853	8881
2011	17964	10052	7912				

二、民族结构

碧江地区人口以汉族为主，苏、赵、梁、黄、黎、冯等大姓先祖均是汉族人氏。1964 年第二次全国人口普查，碧江大队总人口 6337 人，均为汉族。1982 年第三次全国人口普查，仅碧江街区有壮族 1 人。1990 年全国第四次人口普查，碧江街区有汉族 8515 人、壮族 3 人、回族 1 人，坤洲管理区有汉族 3406 人、瑶族 1 人，都宁管理区有汉族 1215 人、白族 4 人、土家族 1 人。2016 年，碧江社区（户籍人口）有汉族 15130 人、壮族 7 人、土家族 4 人、瑶族 4 人、苗族 3 人、回族 1 人。

三、性别结构

20 世纪 60 年代初，碧江人口性别女多于男。1964 年第二次全国人口普查，碧江大队总人口 6337 人，其中男性 3103 人、女性 3234 人。1972—2016 年，碧江户籍总人口性别比先后呈现女多男少、男女平衡、男多女少、女多男少的变化。1972 年，碧江地区总人口 10498 人，其中女性占总人口 51.42%，男性占总人口 48.58%，性别比例为 105.8（男 = 100）。1982 年，女性占总人口 51.73%，男性占总人口 48.27%，性别比例为 107.2（男 = 100）。1990 年，女性占总人口 50.2%，男性占总人口 49.8%，性别比例为 100.8（男 = 100）。2000 年前后，女多于男渐变为男女平衡，再逐渐发展为男多女少。2003 年，男性占户籍人口 49.69%，女性占户籍人口 50.31%，性别比例为 101.2（男 = 100）。2010 年第六次全国人口普查，男性占户籍人口 50.39%，女性占户籍人口 49.61%，性别比例为 101.61（女 = 100）。2011 年起，男性略少于女性。2016 年，男性占户籍人口 49.71%，女性占户籍人口 50.29%，性别比例为 101.18（男 = 100）。

1982 年第三次全国人口普查性别构成表

表 1—4—4 单位：人

名称	总人口	男	女	性别比（男 = 100）
碧江街区	3111	1486	1625	109.35
碧中大队	2852	1362	1490	109.4
彰义大队	1392	669	723	108.07
坤洲大队	3080	1505	1575	104.65
都宁大队	1035	514	521	101.36

1990 年第四次全国人口普查性别构成表

表 1—4—5 单位：人

名称	总人口	男	女	性别比（男 = 100）
碧江街区	8519	4196	4323	103.03
坤洲大队	3407	1719	1688	98.2
都宁大队	1220	632	588	93.04

四、文化结构

1964 年全国第二次人口普查，碧江总人口 6337 人，12 岁以下不在校儿童 1695

人（其中 7—12 岁 429 人），不识字 1658 人（其中 13—40 岁 751 人），初识字 366 人（其中 13—40 岁 223 人），初小 1818 人（其中 13—40 岁 810 人），高小 629 人，初中157 人，高中 9 人，大学 5 人。

改革开放后，碧江村民的文化素质不断提升。1982 年第三次人口普查，碧江地区有大学毕业生 22 人，大学肄业或在校 2 人，高中 494 人，初中 1924 人，小学 5728人，不识字或识字很少的 1913 人（其中 12 周岁以上 1626 人）。至 1990 年第四次人口普查，碧江地区有大学本科 5 人，大学专科 49 人，中专 81 人，高中 749 人，初中3171 人，小学 6038 人，不识字或识很少的有 1505 人（其中 12 周岁以上 1298 人）。

1991 年起，随着经济的发展，教育事业迅速普及。2000 年，碧江社区就业人口文化程度以初中为主，高中及以上文化程度就业人口占比超过 10%。2000—2016 年间，碧江新增大专以上毕业生 1831 人。

2010 年第六次人口普查，碧江 6 周岁以上的户籍人口 14655 人，具有大学（指大专以上）文化程度的有 1236 人，占户籍人口的 8.43%；具有高中（含中专）文化程度的有 2911 人，占户籍人口的 19.86%；具有初中文化程度的有 6187 人，占户籍人口的 42.22%；具有小学文化程度的有 3891 人，占户籍人口的 26.55%；未上过学的人口有 430 人，占户籍人口的 2.93%。

1982 年第三次全国人口普查碧江地区文化构成表

表 1—4—6　　　　　　　　　　　　　　　　　　　　　　　　　　单位：人

名称	总人口	大学毕业	大学肄业或在校	高中	初中	小学	不识字或识字很少		0—5周岁
							合计	12 周岁以上	
碧江圩	3111	20	1	204	604	1560	451	400	271
碧中大队	2852	2	1	127	552	1342	432	386	396
彰义大队	1392	—	—	46	213	647	272	232	214
坤洲大队	3080	—	—	84	410	1598	605	482	383
都宁大队	1035	—	—	33	145	566	153	126	138
	11470	22	2	494	1924	5713	1913	1626	1402

1990 年第四次全国人口普查碧江地区文化构成表

表 1—4—7　　　　　　　　　　　　　　　　　　　　　　　　　　单位：人

名称	总人口	大学本科	大学专科	中专	高中	初中	小学	不识字或识字很少		0—5周岁
								合计	12 周岁以上	
碧江街区	8519	5	46	63	570	2196	3800	928	827	911
坤洲管理区	3407	—	1	11	116	717	1641	437	356	484
都宁管理区	1220	—	2	7	63	258	597	140	115	153
	13146	5	49	81	749	3171	6038	1505	1298	1548

五、姓氏

宋代以前，碧江有甘、丁、马、刘、仇5个氏族，其中甘姓聚居在甘境，仇姓聚居仇地。宋代起，苏、赵、梁、陈、冼、黄、林等氏族先后定居碧江。

2016年，碧江社区有姓氏85个，户籍人口15149人，其中梁姓人口最多，有2172人，其余前九名为：苏、李、郭、何、黄、陈、冯、周、赵。

2016年碧江社区主要姓氏人口情况表

表1—4—8   单位：人

姓氏	人数	姓氏	人数	姓氏	人数
梁	2172	黄	868	黎	467
苏	1511	陈	697	林	449
李	1014	冯	658	吴	302
郭	999	周	647	卢	288
何	996	赵	511	程	248

第五节 行政机构和自治组织

民国17年（1928年）始，碧江各乡设乡委员会，民国19年撤销，改设乡公所，设乡长和董事。甲设甲长（十户为一甲），保设保长（十甲为一保）。民国26年，区、乡机构合并，设联乡办事处。民国34年，恢复乡公所，设乡长和副乡长一至二名，下设民政股、经济股、文化股、警卫股，各股设主任一名。

1949年10月中华人民共和国成立后，顺德县建立人民政权。1949年11月至1952年7月，碧江区域各乡设乡人民政府、设乡长，下设民政、财粮、生产、文教、公安、武装委员、股乡干部二至七名。1952年8月，乡人民政府改称乡人民委员会。1958年10月成立人民公社后，碧江区域各生产大队设立管理委员会，设大队长和副大队长一至二名，委员若干名，负责管理生产、财政、民政、文教、治安和民兵工作。1969年3月10日后，成立大队革命委员会，生产队设革命领导小组。

1980年9月4日，撤销革命委员会和革命领导小组，恢复大队管理委员会建制。1983年11月，撤销人民公社后，恢复乡人民政府建制，街区设办事处。1987年2月，乡人民政府改设村民委员会。1989年，撤村民委员会，改设管理区办事处，为镇人民政府的派出机构。1999年，顺德市推行农村村民自治制度，管理区改为村，成立村民委员会，村委会主任、副主任和委员直接选举。2001年9月，碧江、坤洲、都宁合并为碧江社区，成立居民委员会。

1949年11月至2016年碧江（乡、生产大队、社区）行政机构和居民委员会领导人名录

表1—5—1

时间（年月）	机构名称	正职		副职	
1949.11—1958.9	碧江乡人民政府（人民委员会）	乡长	周章、何金桐	副乡长	梁锡、梁兆明、区明
1958.10—1961.4	碧江生产大队管理委员会	大队长	梁锡	副大队长	李沛均、郭浩坤
1963.1—1969.12	碧江生产大队管理委员会	大队长	冯坤、林星、梁锡	副大队长	何培、何珠、林焯、梁锡、刘洁枝
2001.1—2016.12	碧江社区居委员会	主任	陈生、苏汉基、赵锦荣	副主任	麦锐明、苏汉基、程敬谦、赵锦荣、方志濠、周美银、郭伟标

注：1969年3—12月，撤销管理委员会，改设为革命委员会。

1961—2001年碧江区域各行政机构领导人名录

表1—5—2

时间（年月）	组织名称	正职	副职
1961.5—1962.12	碧中生产大队管理委员会	梁锡	周好
	彰义生产大队管理委员会	何珠	李生、赵兆
	坤洲生产大队管理委员会	郭浩坤	郭浩坤、何权
	都宁生产大队管理委员会	林星	李沛均
	泮浦生产大队管理委员会	许炳	梁汉、黄成
	下涌生产大队管理委员会	林良	林焯、郭伟雄
	碧江街区	苏伟逢	—
1970.1—1980.9	碧中生产大队革命委员会	梁忠、梁锡、郭雄、陈生	梁锡、林良、冼生、郭伟雄、梁忠、陈铨添
	彰义生产大队革命委员会	何珠、林鉴松、梁芬、黎家活	赵善珠、叶启荣、梁芬、何珠、李生
	坤洲生产大队革命委员会	冯坤、林永兆、郭浩坤	梁权、郭浩坤、梁兆伦、刘洁枝
	都宁生产大队革命委员会	林星、杨成	李沛均、程二苏、黎志文
	碧江街区革命委员会	冯坤、苏伟逢	陈锐流、老妹、冼新、林永兆

续表

时间（年月）	组织名称	正职	副职
1980.10—1983.10	碧中生产大队管理委员会	陈生	陈铨添
	彰义生产大队管理委员会	黎家活	梁芬
	坤洲生产大队管理委员会	郭浩坤	梁兆伦
	都宁生产大队管理委员会	黎志文	李苏
	碧江街区管理委员会	苏伟逢	冼新
1983.11—1985.9	碧江镇人民政府	苏伟逢	冼新
	碧中乡人民政府	苏汉基	陈铨添、何坚
	彰义乡人民政府	黎家活	叶鉴泉
	坤洲乡人民政府	郭浩坤	何培、梁兆伦
	都宁乡人民政府	杨成	周旺明
1985.10—1987.1	碧江镇人民政府	林鉴松	苏汉基、赵锦潮、苏维铸
	坤洲乡人民政府	郭浩坤	梁兆伦
	都宁乡人民政府	杨成	周旺明
1987.2—1998.12	碧江街区	陈生	赵锦潮、苏劲、罗福民、叶鉴泉、何根侣、李小玲、李务职
	坤洲管理区	郭浩坤、麦锐明	周润锡、梁巨章、梁润霜
	都宁管理区	李胜甜、李沛均、杨成、程敬谦	周旺明、李胜甜、李满发
1999.1—2000.12	碧江街区	陈生	苏汉基、叶鉴泉、李小玲
	坤洲村	麦锐明	梁巨章
	都宁村	程敬谦	李满发、周旺明

注：行政职务分别为大队长、镇长、乡长、主任；"—"为资料缺失。

第二章 政治

第一节 中国共产党村（社区）组织

1953 年，中共顺德县贯彻中共全国组织工作会议精神，加强党的基层组织建设，碧江成立乡支部委员会。1954 年起，乡党支部积极引导和组织农民走农业合作化道路，培养一批农业合作化运动积极分子加入中国共产党。1958 年 10 月成立人民公社后，碧江乡党支部改为碧江生产大队党支部。1961 年生产大队体制调整，碧江分别设立碧中、坤洲、彰义、都宁、泮浦、下涌、三桂、桃村 8 个生产大队和碧江街区党支部。1963 年 1 月，撤销碧中、彰义、坤洲、都宁等 8 个生产大队和街区的建制，重新设立碧江大队党支部。1965 年，共有党员 174 人。

1966 年 5 月"文化大革命"开始后，碧江生产大队党支部仍能正常开展工作。1967 年 1 月全国开展"全面夺权"后，虽然，党支部主要领导受到冲击，但仍然坚守工作岗位，领导和维持全大队经济和各项工作的运行。1970 年 7 月，通过"开门整党"，党支部恢复正常工作，实行"一元化领导"，党支部书记兼大队革委会主任。随后，恢复碧中、坤洲、彰义、都宁生产大队建制，各生产大队相应设立党的支部委员会。

1979 年起，碧江各党支部坚决贯彻中共十一届三中全会路线，以经济建设为中心，改革农业生产结构，推行家庭生产责任制，农业生产连年丰收，村民生活逐年改善。1982 年起，积极开展"创先进党支部，争当优秀共产党员"活动，引导、激励全体党员奋力开拓，大胆改革，搞活经济，带领群众劳动致富。各支部建立起"党员联系群众"制度。1986 年、1987 年、1991 年，碧江管理区党支部评为镇先进党基层组织；1987 年、1989 年评为顺德县先进党基层组织。

1992 年，碧江党组织带领全体村民开展新一轮农村体制改革，健全各项工作制度，挑选较为年轻并熟悉经济工作的人担任支部书记和委员。1994 年后，积极发展党员，培养后备力量，将高中文化以上，年龄在 35 岁以下的骨干和优秀团员作为党员发展重点对象，至 1994 年，共发展党员 43 人。1999 年后，积极推进村民自治制度，党支部书记兼任村民委员会主任。

2001 年，碧江、坤洲、都宁合并为碧江社区后，成立党总支委员会，并实行"两推一进"换届选举制度，即：由党员民主推荐党支部候选人；由全体党员投票选举产生党总支委员会，并开展创建"五个好"（有好的班子，好的干部队伍，发展经济、服务村民、共同致富的好路子，好的工作制度，好的工作作风）活动。

2002 年，深入推进"固本强基"工程，深入开展共产党员先进性教育，完善党员联系村务工作责任制，密切党组织和村民的关系。2007 年，各建立党员先锋岗、党代表工作室。2012 年，加强新经济组织和新社会组织党的建设，推动"两新"党组织和党员在转型发展中发挥作用。至 2016 年，在"两新"组织中发展党员 22 人。

2014 年 8 月，碧江社区成立党的基层委员会。2016 年，中共碧江社区委员会下设 7 个支部，党员 507 人。其中 35 岁以下 215 人，35—50 岁 102 人，51—60 岁 42 人，61 岁以上 162 人；文化程度：高中 130 人，大专以上 232 人。

1951—2016 年中共碧江基层组织历届领导人名录

表2—1—1

时间（年月）	组织名称	书记	副书记
1951.3—1958.9	碧江乡党支部	周章、梁兆明、罗明	梁锡、周好、周珠、林星、赵善珠、林永兆
1958.10—1961.4	碧江生产大队党支部	梁兆明	罗明、周好
1963.1—1970.1	碧江生产大队党支部	冯坤、梁忠	林星、梁锡、冯坤、梁忠、李沛均、刘洁枝
2001.1—2014.7	碧江社区党支部	陈生、苏汉基、赵锦荣	苏汉基、麦锐明、梁巨章、李季斌、程敬谦
2014.8—2016.12	碧江社区党委	赵锦荣	李季斌

1961—2000 年中共碧江地区基层组织设置及历届领导人名录

表2—1—2

时间（年月）	组织名称	书记	副书记
1961.5—1962.12	碧中生产大队党支部	梁忠	梁锡、周好
	彰义生产大队党支部	何珠	李生
	坤洲生产大队党支部	冯坤	郭浩坤、黎权
	都宁生产大队党支部	林星	李沛均
	泮浦生产大队党支部	何培	许炳
	下涌生产大队党支部	林良	林焯
	碧江街区党支部	苏伟逢、温滔	—
1963.1—1969.12	碧江生产大队党支部	陈岗	冯坤、梁锡、李沛均
1970.1—1983.11	碧中生产大队党支部	梁忠、林鉴松、梁锡	梁锡、梁忠、冼生、郭伟雄、陈生、赵善珠
	彰义生产大队党支部	林鉴松、赵善珠、何珠、梁芬、周志坤	赵善珠、何珠、李生、叶启荣、梁芬、黎家活
	坤洲生产大队党支部	林永兆、霍锡添	霍锡添、梁权、刘洁枝、郭浩坤、麦锐明、
	都宁生产大队党支部	林星、李沛均、陈小洁	李沛均、程自扬、杨成
	碧江街区党支部	冯坤、苏伟逢、冼新	陈锐流、老妹、冼新、林永兆、冯坤

续表

时间（年月）	组织名称	书记	副书记
1983.11 — 1985.9	碧江镇党支部	苏伟逢、林鉴松	冼新
	碧中乡党支部	陈生	苏汉基、梁锡
	彰义乡党支部	廖恒章、赵善珠	黎家活、梁芬
	坤洲乡党支部	霍锡添	郭浩坤、麦锐明
	都宁乡党支部	李沛均	杨成
1985.10 — 1987.01	碧江镇党支部	林鉴松	陈生、冼新、赵善珠
	坤洲乡党支部	霍锡添	麦锐明
	都宁乡党支部	李沛均	李沛均
1987.02 — 1998.12	碧江街区党支部	林鉴松、陈生	陈生、苏汉基、赵善珠、冼新
	坤洲管理区党支部	霍锡添、麦锐明	麦锐明、郭浩坤、霍锡添、梁巨章
	都宁管理区党支部	李沛均、杨成	杨成、李志勤、袁树
1999.01 — 2000.12	碧江街区党支部	陈生	苏汉基、冼新
	坤洲村党支部	麦锐明	梁巨章
	都宁村党支部	杨成	袁树

注："—"为资料缺失。

第二节　人民代表

　　1954年，根据《中华人民共和国宪法》开始实行人民代表制度。1953年9月至1963年6月，碧江选民直接参与第一至五届乡、公社人民代表选举。1980年，根据1979年7月颁布的《中华人民共和国全国人民代表大会和地方各级人民代表大会选举法》，碧江选民积极参与历届县、镇人民代表的选举。碧江历届县、镇人民代表认真履行代表职权，支持和监督各级人民政府工作，参加定期视察活动，提出议案和建议、批评、意见，参加执法检查评议，反映群众的意见。1990年，碧江人民代表提出的建议、批评和意见，涉及对环境保护、卫生清洁、垃圾管理等方面工作。2000年后，人民代表围绕着经济建设、城建环保、农业发展、文化教育卫生、食品安全、社会治安和就业保障开展视察活动。其间，提出整治群力围、建设都宁岗森林公园、建设污水处理厂等议案，受到镇人民政府重视，列入政府工作，加入实施。

1980—2016 年碧江地区镇人大代表名录

表 2—2—1

届次	人大代表名单	选举时间
七	碧中大队：罗业章、苏文祥、梁建平、梁希、李瑞棠、陈根元、郭永洪、梁焯尧、翁淑彩、陈铨、陈生 坤洲大队：梁广明、梁汗珠、周妹、梁浩成、冯波、郭锦坚、吴坚、梁森、黎旺、梁巨章、周培、周珠仔、梁祥仔 彰义大队：麦财、赵能、赵灿、冯桂森、黄伟松、黄珠 都宁大队：梁松、李苏、陈善流、程志忠、梁华	1980 年 6 月
九	碧江镇：陈生、苏伟、徐渭坤、林鉴松、梁培基、李务炽、邹松生、何建军 坤洲乡：郭浩坤、周培、黄金池 都宁乡：杨成、周旺明	1987 年 1 月
十	碧江街区：罗燕欢、苏文亮、方颖、赵善珠、陈生、林鉴松 坤洲管理区：周培、梁祥有、郭浩坤 都宁管理区：黎湛、程四就	1990 年 3 月
十一	碧江街区：赵善珠、冯志均、苏劲、罗福民、罗燕欢、郑洁兴 坤洲管理区：郭浩坤、周珠仔、周裕基 都宁管理区：杨成、苏启樵	1993 年 1 月
十二	碧江街区：罗燕欢、赵善珠、罗志联 坤洲管理区：麦锐明、周美银 都宁管理区：杨成	1995 年 12 月
十三	碧江街区：陈生、李少玲、罗志联 坤洲管理区：麦锐明、周美银 都宁管理区：杨成	1998 年 11 月
十四	陈生、李丽仪、罗志联、翁泽棉、李镜光	2002 年 1 月
十五	苏汉基、李丽仪、翁泽棉、程绮棉	2006 年 9 月
十六	赵锦荣、陈雪芬、李丽仪、何锦钊、杨柳青	2011 年 10 月
十七	梁志刚、郭润锦、郭志伟、何剑国、程远球	2016 年 9 月

顺德区人大代表名单

表 2—2—2

届次	人大代表名单	选举时间
十二	冼新、周美银	1998 年 2 月
十三	苏晓、周美银	2003 年 3 月
十四	冼凤仪	2006 年 11 月
十五	李季斌	2011 年 11 月
十六	苏润林	2016 年 11 月

第三节　村民自治

碧江形成村落后，逐步形成以氏族为体系治理方法。清乾隆二十九年（1764年），村中订立《碧江通乡禁约》，刻在村口石碑，对盗窃犯罪处理作出明确规定。该石碑现存于金楼后花园。

清光绪十七年（1891年），苏懿等几个名乡绅，订出护涌公约，经知县批准立石（现存于民乐公园）。

中华人民共和国成立后，特别是1979年改革开放后，碧江逐步建立起以民主为核心的村民自治方式，实行自我教育、自我管理，根据各时期的特点，订立乡规民约，经村民会议通过后公布，全体村民共同遵守。

80年代开展社会主义精神文明建设，碧江各乡、村普遍制订文明公约，倡导村民爱国爱乡、遵纪守法、敬老爱幼、邻里和睦、卫生整洁、计划生育、婚事新办。

1993年7月，实行政企分离原则，碧江各管理区设立股份合作社，实行股份合作制，民主选举股份合作社负责人，在管理上"统一收入、统一支出、统一分配"，"账目公开"，接受股民监督。

1998年，管理区办事处改设村民委员会后，根据《中华人民共和国村民委员会组织法（试行）》，全面推行村民自治，实行村级民主选举、民主决策、民主管理、民主监督。制定《村民自治章程》，明确村民权利和义务，以及各种村组织关系、工作程序及经济管理、社会治安、村风民俗、婚姻家庭、计划生育等方面的要求；明确村干部薪酬标准、集体经济所得收益的使用，村公益事业支出、土地承包、工程承包、宅基地使用的村务重大事项决定审批程序；确定村委会向村民定期报告工作的制度。

2000年，碧江社区设立后，根据《中华人民共和国城市居民委员会组织法》通过公开招聘、民主选举、竞争上岗结合的方式，选聘居民委员会干部，继续沿袭村委会时期所制约的相关制度，推行村民自治。

2014年5月，碧江社区根据新形势，制订《碧江社区居民自治章程》（以下简称《自治章程》），于当月25日通过居民会议投票通过公布执行。《自治章程》以国家法律为依据，对居民委员会和居民小组设立，主要职责、承担责任、居民会议和居民代表会议职权、议事程序、代表的选举产生、社区管理和民主监督、居民计划生育管理、社区环境卫生管理等方面都有明确的指引和规定，全章共设七章一百条。

2014年6月，碧江社区、坤洲、都宁股份合作经济社也分别制订自治章程。这些自治章程根据农村经济和社会的发展，以完善社组织管理、规范集体经济的收益分配，保障集体和股东的合法权益的基本要求，制定相关规定，共设十二章八十条，充分保护股东民主选举、民主管理、民主政策、民主监督的权利，维护股份合作经济社自主经营、独立核算、自负盈亏、按股分红的权力。

附：

碧江社区居民自治章程
（2014 年 5 月 25 日）

第一章 总 则

第一条 为了进一步保障居民依法实行自治，充分保证居民的知情权、决策权、参与权、监督权，确保居民委员会为居民提供阳光、透明、便捷、优质的公共服务，促进基层民主政治建设，根据法律法规和上级有关规定，结合本社区实际，制定本章程。

第二条 居民委员会是居民自我管理、自我教育、自我服务的基层群众性自治组织，实行民主选举、民主决策、民主管理、民主监督。

第三条 中国共产党在农村的基层组织，按照《中国共产党章程》和《中国共产党农村基层组织工作条例》进行工作，发挥领导核心作用，领导和支持居民委员会行使职权；依照宪法和法律，支持和保障居民开展自治活动、直接行使民主权利。居民委员会应当维护中国共产党社区基层组织的领导核心地位。

第四条 居民会议是本社区最高权力机构，依照法律决定涉及村民利益的重要事项；居民代表会议行使经居民会议授权事项。居民委员会是社区内事项的执行机构，负责执行居民会议和居民代表会议的决议，向居民会议、居民代表会议负责并报告工作。根据法律规定和结合本地实际，本社区设立居务监督委员会作为监督机构，负责居民民主理财，监督居务公开等制度的落实；居务监督委员会向居民会议和居民代表会议负责，其成员可以列席居民委员会会议。

第二章 居民委员会和居民小组

第五条 本社区居民委员会设主任 1 人，副主任 2 人，委员 3 人，居民委员会成员中应当至少有一名妇女成员。居民委员会成员之间不得有夫妻、父母子女、兄弟姐妹关系。居民委员会成员按照《广东省村民委员会选举办法》的规定选举产生。

第六条 居民委员会主任暂缺时，由副主任临时主持工作；主任、副主任都暂缺时，由居民代表会议在现任委员中推选临时主持工作人选，报镇人民政府同意后，由其主持工作。

居民委员会全体成员集体辞职时，由中国共产党在社区的基层组织临时主持居务工作，按照《广东省村民委员会选举办法》的规定选举新的居民委员会成员。

居民委员会成员任期届满未能按时选举产生，自广东省统一换届时间结束之日起其居民委员会成员职务自行终止。居民委员会成员缺位期间，由中国共产党在社区的基层组织暂时主持居务工作，直至选举产生新的居民委员会成员。

第七条　居民委员会根据需要设立人民调解、治安保卫、公共卫生、经济管理、计划生育、公共福利、群众文体、社会建设等委员会，下属委员会成员由居民委员会成员共同讨论确定，居民委员会成员可以兼任下属委员会成员。

第八条　居民委员会的主要职责：

（一）召集居民会议和居民代表会议，执行居民会议和居民代表会议的决定、决议。

（二）依照法律、法规规定管理本社区属于居委会集体所有的土地和其他财产，编制并实施本社区经济和社会发展规划及年度计划，教育居民爱护公共财产和设施，珍惜土地，合理开发利用自然资源，保护和改善生态环境。

（三）尊重、支持集体经济组织和其他经济组织依法独立进行经济活动的自主权，维护以家庭承包经营为基础、统分结合的双层经营体制，保障集体经济组织和居民、承包经营户、联户或者合伙的合法财产权和其他合法利益。

（四）支持和组织居民发展各种形式的合作经济和其他经济，承担本社区生产的服务和协调工作，促进本社区生产建设和经济发展。

（五）按照社区规划的要求，组织开展农村生产、生活服务设施建设，引导居民合理建设住宅，整顿村容村貌，搞好公共卫生，改善居住环境。

（六）加强社区管理，促进居民团结和家庭和睦，教育居民尊老爱幼、扶贫帮困，照顾五保户、低保户、军烈属和残疾人；教育和引导多民族居民和非本社区户籍公民加强团结，互相帮助、互相尊重。

（七）依法调解民间纠纷，代表本社区处理与邻村的纠纷，维护村与村之间的团结；协调处理居民小组之间的关系；协助有关部门维护社会治安和生产生活秩序；协助有关部门对社区矫正人员和刑释解教人员进行教育、帮助和监督。

（八）促进社区公共服务，发展公益事业，完善公共服务设施，支持服务性、公益性、互助性社会组织依法开展活动。

（九）发展文化教育，普及科技知识，开展多种形式的精神文明活动，完善社区文化设施的综合服务功能，提高居民思想道德素质和科学文化水平，移风易俗，树立社会主义新风尚。

（十）宣传贯彻宪法、法律、法规和国家政策，教育居民依法履行纳税、服兵役、义务教育、计划生育等义务，贯彻落实男女平等基本国策，遵守居民自治章程和村规民约。

（十一）管理本社区财务、政府拨款和捐赠资金，建立健全民主理财制度，在银行开设基本账户，定期向居民会议或者居民代表会议报告财务收支情况，并报镇人民政府备案。

（十二）协助有关部门开展社区富余劳动力转移就业培训。

（十三）支持和组织居民参加城镇居民基本医疗保险及居民养老保险。

（十四）依法维护异地务工人员就业、经商、居住等权利以及依法享有的公共服务权利和参与社区管理的权利。

第九条　居民委员会及其成员应当遵守宪法、法律、法规和国家政策，遵守并组织实施居民自治章程和村规民约，履行法律法规规定的职责，办事公道，廉洁奉公，热心为居民服务，接受居民监督。

第十条 居民委员会成员实行任期职务补贴。补贴方案根据镇人民政府补贴标准指导意见、社区经济状况和居民委员会成员的工作情况制定，交由居民会议或居民代表会议讨论决定，并报镇人民政府备案。经费由居委会集体经济收益和镇人民政府补贴解决。

第十一条 经镇人民政府批准，本社区下设 12 个居民小组。每个居民小组设组长一人。

第十二条 居民小组组长应当及时收集本居民小组居民的意见和建议，并向居民委员会反映。

第十三条 居民小组在居民委员会领导下开展工作，执行居民会议、居民代表会议、居民小组会议和居民委员会的决定、决议。

召开居民小组会议，应当有本居民小组十八周岁以上的居民三分之二以上，或者本居民小组三分之二以上的户的代表参加，所作决定应当经到会人员的过半数同意。

第十四条 居民小组长的推选由居民选举委员会或者居民委员会主持，由居民小组会议推选产生。居民小组长与本届居民委员会任期相同，可以连选连任。居民委员会成员可以兼任居民小组长。

选举居民小组长的居民小组会议，有登记参加选举的本居民小组居民过半数参加投票，选举有效；以获得参加投票居民过半数的赞成票，始得当选。居民小组长当选人数不足应选名额的，不足的名额另行选举。另行选举的，根据前一次投票时得票多少的顺序和差额 1 人确定候选人。另行选举的当选人按照得票多少的顺序确定，但获得赞成票不得少于所投票数的三分之一。选举结果当场公布，并于当日或者次日内在居民委员会和各居民小组所在地公告，同时报镇人民政府备案。

第十五条 居民不能参加推选居民小组长会议的，可以书面委托本居民小组有选举权的近亲属代为投票，但每一居民接受委托投票不得超过三人。采用户的代表投票的，户与户之间不能委托投票。

第十六条 居民小组五分之一以上十八周岁以上的居民或者三分之一以上的户的代表，可以向居民委员会提出罢免本居民小组长的要求。罢免要求应当书面提出，并列明罢免理由。居民委员会应当受理并在三十日内召开居民小组会议或者户代表会议进行无记名投票表决，并在居民小组会议后五日内公告决定。

第十七条 居民小组长可以向居民委员会书面提出辞职，由居民委员会受理。居民委员会应当自收到辞职申请之日起三十日内召开居民小组会议进行审议，决定是否接受其辞职，并在五日内公告。

第十八条 居民小组长出现缺额时，居民委员会应当在三十日内召集居民小组会议进行补选并予以公告。补选的居民小组长的任期至本届村民委员会任期届满时止。

居民小组长任期届满未能按时选举产生，自广东省统一换届时间结束之日起其小组长职务自行终止。居民小组长缺位期间，由居民委员会暂时主持本小组居务工作，直至选举产生新的居民小组长。

第三章 居民会议和居民代表会议

第十九条 居民会议由本社区十八周岁以上的居民组成。

居民会议一般每半年举行一次。居民会议由居民委员会召集；居民委员会不召集的，由居务监督委员会召集。有十分之一以上的居民或者三分之一以上的居民代表提议，应当在三十日内召开居民会议。召集居民会议，应当提前十日通知村民。

召开居民会议，应当有本社区十八周岁以上的居民的过半数，或者本社区三分之二以上的户的代表参加，居民会议所作决定应当经到会人员的过半数通过。法律、法规对召开居民会议及作出决定另有规定的，依照其规定。

召开居民会议，根据需要可以邀请驻本社区的企业、事业单位和群众组织代表列席。

第二十条 居民会议行使下列职权：

（一）制定和修改本社区居民自治章程、村规民约，并报镇人民政府备案审查；

（二）依法选举、罢免和补选居民委员会成员，审议决定居民委员会成员的辞职请求；

（三）听取、审查和批准居民委员会的工作报告、财务收支计划和执行情况报告，审议决定本社区建设规划、经济和社会发展规划及年度计划；

（四）审议决定本社区集体经济项目的立项、承包方案，决定从居委会集体经济所得收益的使用；

（五）审议决定本社区公益事业的兴办和筹资筹劳方案及建设承包方案；

（六）审议决定集体所有土地的征收征用以及各项补偿费的使用和宅基地的分配方案；

（七）决定聘用或者辞退本社区财会人员和其他居务管理人员，决定本社区聘用人员和享受补贴人员的报酬标准；

（八）审议居民委员会主要负责人任期经济责任审计报告，听取居务监督委员会工作报告，评议居民委员会成员的工作；

（九）撤销或者变更居民代表会议、居民委员会、居民小组会议不适当的决议、决定；

（十）审议决定居民会议认为应当由其决定的涉及居民利益的其他事项。

法律对讨论决定居委会集体经济组织财产和成员权益的事项另有规定的，依照其规定。

第二十一条 根据本社区实际，本社区设立居民代表会议。居民代表会议由居民代表、居民委员会成员组成。根据需要，本社区设居民代表97人，其中中心居民小组代表18人，东北居民小组代表13人，东成居民小组代表12人，彰义居民小组代表9人，新聚居民小组代表7人，隔冲居民小组代表10人，增基居民小组代表5人，坤洲居民小组代表8人，泮浦居民小组代表4人，南平居民小组代表2人，都宁一居民小组代表4人，都宁二居民小组代表5人。居民代表的任期与本届居民委员会的任期相同，可以连选连任。

居民代表的推选，由居民选举委员会或居民委员会主持，召开本居民小组会议按照分配代表名额数推选产生。选举居民代表的居民小组会议，有登记参加选举的本居民小组居民过半数参加投票，选举有效，以获得赞成票多者确定当选。选举结果当场公布，并于当日或者次日内在居民委员会和各居民小组所在地公告，同时报镇人民政府备案。

第二十二条 居民代表会议可以讨论决定本章程第二十条第（二）项规定的居民委员会成员辞职、补选的事项。居民会议授权，居民代表会议讨论决定本章程第二十条第一款第（三）至第（九）项规定的事项。

居民代表实行联系户制度，每名代表根据本居民小组户数分工负责联系若干户。居民代表要向所联系的户负责，真实反映联系户居民的意见，接受居民监督。

第二十三条 居民代表会议一般每季度举行一次。有五分之一以上的居民代表提议，应当召集居民代表会议，居民委员会应当自受理之日起十五日内召集居民代表会议成员召开居民代表会议。居民委员会不召集的，居务监督委员会应当督促居民委员会召集；经督促居民委员会仍不召集的，由居务监督委员会召集。召集居民代表会议，一般应当提前五日通知居民代表会议成员。如遇救灾等特殊情况可以临时召开。

居民代表会议有三分之二以上的居民代表会议成员参加方可召开，所作决定应当经到会居民代表会议成员的过半数通过；居民代表会议的决定不得与居民会议的决定、决议相抵触。

第二十四条 居民代表会议议事决策程序：

（一）居民委员会或居民代表提出开会建议和议题；

（二）居民委员会讨论确定召开居民代表会议的时间、地点和议题后，书面通知居民代表会议成员和居务监督委员会；

（三）居民代表应在召开居民代表会议前就有关议题向居民收集意见；

（四）居民委员会召集主持会议，居务监督委员会派员列席会议；

（五）提议人说明议题；

（六）与会人员讨论发言；

（七）由居民代表会议成员逐项投票表决有关事项，表决事项实行一事一议；

（八）表决结果应于当日或次日在居民委员会和各居民小组所在地进行公示，公示期为5天。

（九）在公示期内，十分之一以上的居民对表决结果有异议的，居民委员会应在30日内将有关事项提交居民会议重新表决；否则，公示期结束，居民代表会议决议生效，居民委员会应按决议执行。

居民会议和居民代表会议要指定专人、采用专门会议记录册规范做好会议记录。居民会议和居民代表会议的决定、决议应当于会议表决生效后报镇人民政府备案。

第二十五条 居民代表可以向居民代表会议书面提出辞职，由居民委员会受理并召集居民代表会议进行商议，并视商议结果决定是否同意辞职，及时公告。

居民代表的缺额按照原推选得票多少的顺序依次递补或者另行推选。

第四章 居务管理和民主监督

第二十六条 社区内一般事项，由社区党组织、居民委员会集体讨论决定；本章程第二十条规定的重大事项，由社区党组织、居民委员会集体讨论形成共同意见后，应当提交居民会议或居民代表会议讨论决定。

社区党组织、居民委员会集体讨论决定问题时，应当坚持少数服从多数原则。对居民自治范围内的事务，要尊重居民意愿，按照大多数居民的意见办理。社区党组织、居民委员会及居民会议、居民代表会议所作的每一项决定、决议，都不得与党的路线、方针、政策和宪法、法律、法规相抵触。

第二十七条 居民委员会实行居务公开制度。根据要求，本社区在居民委员会设立规范的居务公开栏，同时设置居务公开电子信息平台，及时公布以下事项：

（一）本章程第二十条、第二十二条规定的由居民会议、居民代表会议讨论决定的事项及其实施情况；

（二）落实国家计划生育政策的情况；

（三）救灾救济救助款物、优抚安置款物及国家各种补贴经费的管理使用情况；

（四）组织社会捐赠和接受社会捐赠款物的管理使用情况；

（五）新型城镇居民基本医疗保险的收支情况、参加城镇居民基本医疗保险的居民的医药费用报销情况；

（六）居民委员会协助人民政府开展工作的情况；

（七）本社区财务收支和债权债务情况；

（八）涉及本社区居民利益，居民要求公开的其他事项。

第二十八条 居务公开的时间：

（一）年度计划、年终工作完成情况和财务年度审计在每年年初和每年年终进行公布。

（二）财务收支情况应由居民委员会主任和居务监督委员会主任审核并签字后加盖公章，每月公布一次。

（三）居民委员会的一般性事项每季度公布一次，涉及居民会议和居民代表会议决议情况、涉及居民利益的重大事项（包括征地、工程招投标、居民会议和居民代表会议决定的事项）应及时公布。

居务公开资料一式两份，一份在公布栏公开，一份留档保存。居务公开资料要指定专人进行收集整理，建立居务公开档案，妥善保管，随时接受检查和居民查阅。

各居民小组设立规范的公布栏，对涉及事项进行公开。

第二十九条 居民委员会应当保证居务公开事项全面、准确、真实，并接受居民查询。

第三十条 本社区设居务监督委员会主任1人，委员4人，其成员由居民会议或者居民代表会议在有选举权的居民中推选产生。其中应有具备财会、管理知识的人员。居民委员会成员及其配偶、父母、子女、兄弟姐妹、祖父母、外祖父母、孙子女、外孙子女不得担任居务监督委员会成员。居务监督委员会成员与居民委员会成员任职的具体条件相同，任期与居民委员会的任期相同，可以连选连任。

第三十一条 居务监督委员会主要负责以下工作：

（一）监督社区事务民主决策；

（二）监督居民委员会成员行使职权，定期监督、评议居民委员会及其管理人员工作；

（三）对居民委员会在居务公开方面的事项、内容、时间、程序、形式进行民主监督；

（四）参与审查本社区集体的财务计划和各项财务管理制度，对本社区集体财务活动进行民主监督；

（五）审核财务、账目；

（六）受居民委托，对居民质疑的本社区集体的财务账目进行查阅、审核，并要求有关当事人对财务问题作出解释；

（七）向居民会议、居民代表会议报告居务公开和民主理财情况；

（八）收集、听取居民对居务公开和民主理财的意见和建议。

第三十二条 居民委员会成员由居民或者居委会集体承担误工补贴的其他财务管理、服务人员，应当接受居民会议或者居民代表会议对其履职情况的民主评议。民主评议每年年终进行一次，由社区党组织或居务监督委员会主持。

第三十三条 为扩大社会对居委会事务的参与，以现有居务监督委员会为基础设立议事监事会，本届居务监督委员会成员自然过渡为议事监事会及其财务监督小组的当然委员。为体现公正性和自愿参与，议事监事会委员义务开展工作，不享受任何报酬待遇。具体实施时间按照上级要求执行，议事监事会任期与本届居民委员会的任期相同。自居民代表会议选举产生议事监事会成员，以及表决通过议事监事会章程后生效。

第三十四条 议事监事会主要职责如下：

（一）讨论本章程第二十条第（一）项、第（三）至第（八）项居民会议行使职权事项，提出审议意见和建议；

（二）监督社区事务民主决策；

（三）监督居民委员会成员行使职权，定期监督、评议居民委员会及其管理人员工作；

（四）对居民委员会在居务公开方面的事项、内容、时间、程序、形式进行民主监督；

（五）参与审查本居委会集体的财务计划和各项财务管理制度，对本居委会集体财务活动进行民主监督（仅议事监事会财务监督小组职能）；

（六）每月审核居民委员会财务开支，出具理财报告书（仅议事监事会财务监督小组职能）；

（七）受居民委托，对本居委会集体的财务账目进行查阅、审核，并要求有关当事人对财务问题作出解释（仅议事监事会财务监督小组职能）；

（八）向居民会议、居民代表会议报告居务公开和民主理财情况；

（九）收集、听取居民对居务公开和民主理财的意见和建议。

第三十五条 居民委员会成员、居民小组长实行任期和离任经济责任审计。

居民委员会成员、居民小组长的任期和离任经济责任审计，按照镇人民政府统一部署进行。审计结果应当公布，其中因被罢免或者辞职进行经济责任审计的，审计结果应当在被罢免或者辞职正式生效之日起三十日内公布；因任期届满进行离任经济责任审计的，审计结果应当在下一届居民委员会选举之前公布。居民小组长被提出罢免或者居民小组长提出辞职的，居民委员会应当在自受理之日起三十日内组织对其经济责任进行审计，并公布审计结果。

第三十六条 居委会集体资产每年审计一次，由镇审计小组或委托社会中介组织进行审计，审计结果向居民公布。

第三十七条 居民委员会行政账日常经费开支须先由业务主管批准，然后送主任和书记"两笔会签"，并须提交居务监督委员会审核。其中，书记兼任主任和业务主管的，由副书记、副主任批准后送书记审批；书记兼任主任的，由副书记和书记"两笔会签"；主任或书记兼任业务主管的，由副书记或副主任批准，送主任和书记"两笔会签"；没有设副书记的，先由支部委员批准。

集体资产管理办公室3000元以下（不含3000元）开支实行"两笔会签"制度，其中居委会主任"一支笔"，居务监督委员会"一支笔"，缺少任何"一支笔"均不得入账报销。居委会主任经手的开支，由村（社区）党支部书记审批；社区党支部书记兼任居委会主任经手的开支，由居委会副主任审批。意见不统一、无法"两笔会签"的，提交社区党支部讨论决定。3000元以上的开支在"两笔会签"后须经居党支部同意，由支部书记签名。重大建设、投资项目、15万元及以上的特大额开支，经社区党组织、居民委员会讨论同意后，提交居民会议或居民代表会议讨论决定。

第三十八条 严格执行招投标管理规定。工程造价15万以上的工程建设项目，报镇招投标中心或区建设工程交易中心公开招标；工程造价5万元以上、15万元以下的工程建设项目，居民委员会可自行组织公开招投标，报镇招标投标领导小组备案。

对本居委会集体自行招标投资的项目，由居民委员会提出招标方案，经社区党组织、居民委员会联席会议讨论通过，提交居民会议或居民代表会议讨论决定。经上述程序表决通过的招投标项目，由居民委员会以公告形式向社会公布方案，并按规定时间开标。开标会由竞投者、社区党组织和居民委员会成员、居民小组长、居务监督委员会及受邀居民代表参加，开标结果应当场公布。

第三十九条 按照村级财务管理规定，经居民代表会议讨论通过，决定引入社会中介组织代管本村财务账目，严格实行会计委托代理制度。

第四十条 为维护居民集体利益，完善合同管理，居民委员会、资产管理办公室所签订的经济合同原则上参照镇农业和社会工作局提供的合同样本制定，以书面形式签订，需要作重大修改的，须征询本社区法律顾问意见，由社区党组织负责见证。签订农村经济合同要一式五份，合同双方当事人各执一份，第三份交合同专管员保管，

第四份交会计代理机构备案和入账处理，第五份交镇农业和社会工作局备案。至目前为止所有未到期生效合同，须复印盖章后送镇农业和社会工作局备案。

第四十一条 本居委会集体资产管理受镇公共资源交易管理委员会及其办公室和镇农村集体经济组织管理部门的指导和监督。集体资产交易按照镇政府下发《北滘镇农村集体资产公开交易管理规定》执行。

第四十二条 居民委员会严格执行有关印章管理规定，建立印章使用的审批、登记、备案、移交制度。

印章使用审批和印章保管应当分开，使用印章要做好记录。居民委员会印章保管人由居民委员会提名，并经居民会议或居民代表会议表决决定。印章使用一般由居民委员会主任审批，使用印章应当做好记录，居民委员会主任不得直接保管印章。涉及贷款、承包、租赁、对外签订合同等重大事项需要使用印章时，居民委员会提出意见，经居务监督委员会投票表决通过，再召开居民会议或居民代表会议投票表决通过后，经居民委员会主任签字后方可使用。

换届选举工作结束后，上一届居民委员会应当在十日内向本届居民委员会移交印章。

第四十三条 本社区建立和完善居务档案管理制度。居务档案内容包括：

（一）选举文件资料和选举情况记录；

（二）居民委员会及其下属委员会成员、居务监督委员会成员、居民代表、居民小组长和其他居民组织成员名单；

（三）各种会议记录和文件；

（四）本居委会资金、资产、资源的经营、管理、收益、分配、使用、增值情况和企业、经济组织情况；

（五）土地发包方案和承包合同；

（六）经济合同；

（七）集体财务账目，集体资产登记文件；

（八）基本建设资料；

（九）宅基地使用方案；

（十）各项经费、款项收支情况；

（十一）协助政府开展工作的情况；

（十二）发展公益事业，办理公益事项情况；

（十三）各类社会组织、驻村单位情况；

（十四）居务公开资料；

（十五）居民委员会成员、居民小组长任期和离任经济责任审计报告；

（十六）计划生育情况资料；

（十七）需要保存的其他村务资料。

居务档案管理遵照法律、法规有关规定执行，并做到真实、准确、完整、规范。

第五章 碧江社区居民委员会计划生育管理规定

第四十四条 为依法实行计划生育，根据《中华人民共和国城市居民委员会组织法》《中华人民共和国人口与计划生育法》《广东省人口与计划生育条例》（以下简称《条例》）等法律、法规，结合本居委会实际，制订本规定。

第四十五条 本规定经居民大会审议通过，报镇人民政府备案，在居委会党支部的领导和居委会委会的组织指导下，由居委会计划生育领导小组组织实施，居民代表监督执行。

第四十六条 本规定是本居委会居民和在本居委会区域内居住人员的计划生育行为规范，必须严格遵守。

第四十七条 通过规范居委会居民和在本居委会居住人员的生育行为以及计划生育服务管理工作，确保本居委会计划生育工作基本实现民主参与、民主决策、民主管理和民主监督，居民自我教育、自我管理、自我服务能力得到较大提高。

第四十八条 居民基本形成科学、文明、进步的婚育观，晚婚晚育、少生优生、生男生女一样好、计划生育丈夫有责的新风尚深入民心。

第四十九条 本居委会成立由居委会党支部书记任组长、两委干部任成员的计划生育领导小组。领导小组要定期研究、部署本居委会的计划生育工作，负责本居委会计划生育工作的落实和计划生育队伍建设。

第五十条 居委会免费向居民宣传计划生育政策及优生优育知识、避孕节育知识，积极开展"婚育新风进万家"活动和举办优生优育、生殖健康保健讲座。

第五十一条 居委会有义务向居民提供计划生育手术后的随访服务；组织应检对象参加一年三次的孕情检查和提供已婚育龄妇女妇科常见病普查普治服务；指导已婚育龄群众接受免费婚检和免费孕检服务。

第五十二条 居委会免费提供居民申领《流动人口婚育证明》、广东省《计划生育服务证》和《独生子女父母光荣证》的必要服务。

第五十三条 居委会要协助居民依法享受法律、法规、政策规定的计划生育相关奖励优惠。

第五十四条 股份社股民违反《条例》规定生育子女而未清缴社会抚养费或行政处罚金，违反合同规定未支付违约金，可以停止股份分红和其他集体福利待遇，居委会有权提请和协助有关部门采取综合约束措施，并可委托股份社执行。

第五十五条 股份社股民超过停止股红分配期限仍未清缴社会抚养费或处罚金、违约金等的，居委会可提请股份社从当事人恢复分配的股份分红中扣除。

第五十六条 居委会对检举违反计划生育政策者，查证属实的给予奖励，并为其保密。

第五十七条 居委会与出租（借）房屋给流动人员居住的屋主（包括代管人）签订《房屋出租人（单位）治安、消防、计生、卫生综合管理责任书》，对违反计划生育规定出租（出借）房屋给流动人员居住的，可提请相关部门采取综合措施。

第五十八条 居委会居民有权参与本居委会计划生育的民主决策和民主管理，有

权了解掌握计划生育政策和有关的法律法规，有权监督居委会干部依法开展计划生育服务管理工作。

第五十九条 已婚育龄夫妻应当与居委会签订诚信计划生育合同，自觉遵守和履行合同约定的各项义务。

第六十条 居民办理结婚登记手续后，应在 7 日内告知居委会，自觉参加新婚班学习和享受免费婚检服务，及时领取《计划生育服务证》；怀孕后享受免费孕检服务；按规定办理一胎生育登记或再生育一胎审批手续。

第六十一条 居民生育子女、收养子女的，应在 3 天内报告居委会。

第六十二条 实行计划生育的居民在规定时间内落实计划生育手术的，可享受一次性补助：上节育环 300 元，人流 300 元，引产 300 元；政策内生育在规定时间内落实结扎措施的，按上级有关奖励政策执行，实行一次性奖励 3000 元；按时参加孕情检查的，每次享受误工补助 10 元。

第六十三条 本居委会应参加孕情检查的育龄妇女要按时参加一年三次的孕情检查；外出务工、居住的育龄妇女应当在到达现居住地后 15 日内到当地居委会（居）交验计生证明，并告知居委会流出后的居住地址和联系方式。应参加孕情检查的，要定期寄回由现居住地乡（镇）以上计划生育技术部门出具的孕情检查证明。孕检证明须由本人签名。如发现假证明的，按有关规定处理并需到户籍地参加孕情检查。

第六十四条 不按规定参加孕情检查、落实避孕节育措施、补救措施的，自发出限期改正警告期满之日起，除按《条例》规定处罚外，每天向居委会支付违约金 10 元至落实之日止，属股份社社员的可提交股份社执行。

第六十五条 经审批同意再生育者，怀孕 14 周以上未经区级人口计生部门批准（紧急情况除外）擅自终止妊娠的，取消原再生育指标，再生育的，按超生处理。

第六十六条 居民政策内生育第一胎子女的，应在怀孕后三个月至生育前办理生育登记手续生育。符合条例规定可再生育一胎子女条件，但未经审批而怀孕的，应当补办审批手续；生育时仍未补办再生育审批手续的，停止当事人夫妇双方股份分红及其他集体福利一年。

第六十七条 股份社股民超生第一个子女的，停止超生父母股份分红及其他集体福利十年；超生第二个子女及以上的，停止超生父母股份分红及其他集体福利十四年。

第六十八条 对有违反计划生育行为需缴交社会抚养费而逾期不缴交的，按照《广东省社会抚养费征收管理办法》的有关规定收取滞纳金。

第六十九条 出租（借）屋主应按规定把好租（借）屋人员的计划生育关，严禁将房屋出租（借）屋给违反计划生育规定的人员，否则居委会有权提请相关部门采取综合措施。

第七十条 居民认为居委会在实施计划生育服务管理过程中侵犯其合法权益的，可向居委会计划生育领导小组申诉或依法向人民法院提起诉讼。

第七十一条 违约金由居委会设立专账统一管理。违约金用于实行计划生育居民的慰问、奖励和对检举者的奖励等。居委会应当把违约金管理、使用情况以及本规定的执行情况每季度在计划生育公布栏内进行公布，接受群众监督。

第七十二条 本规定未规定事项，按照上级有关规定执行。执行过程中法律、法规有新规定的，按新规定执行。

第七十三条 本规定由居民代表会议负责修改；居委会负责解释。

第七十四条 本规定自 2014 年 5 月 25 日居民会议投票表决通过之日起生效并执行。

第六章 碧江社区村容环境卫生管理规定

第七十五条 为加强村容环境卫生管理，建设优美、整洁、文明有序的宜居社区，经社区居民大会表决通过，特制定本规定。

第七十六条 本规定适用于碧江社区辖区范围。

第七十七条 碧江社区综治办是本社区村容环境卫生管理的主管部门。对违反《碧江社区村容环境卫生管理规定》的行为，碧江综治办和综治监察队伍按本规定处罚。

第七十八条 对随地吐痰、随地便溺、乱泼污水及乱扔果皮、纸屑、烟头、包装等废弃物的，给予批评教育，责令清除或纠正，并处以 5 元以上 50 元以下罚款。

第七十九条 社区内商铺企业的责任人（单位或个人）应与碧江社区综治办签订《门前三包责任书》，做到"门前三包、门内达标"，并在开业时（包括现时经营的）缴纳 300—1000 元的卫生承诺金，以保证门前卫生责任方案的顺利实施，有关承诺金在企业商铺结业时不计利息返还。不签订《门前三包责任书》的，责令限期签订，并处以 100 元以上 200 元以下罚款；对不履行门前卫生责任的，责令限期改正，逾期不改的每次处以 100 元以上 500 元以下罚款。

第八十条 垃圾必须实行袋装或容器密闭，定时、定点投放或倾倒，违者处以 50 元罚款。向公共下水道、沙井倾倒垃圾的，责令其清理，并每次处以 100 元以上 2000 元以下罚款。

第八十一条 随地乱放、乱倒废弃物的，责令清除，并按污染面积每平方米处以 100 元以上 2000 元以下的罚款，污染面积不足 1 平方米的按 1 平方米计算。

第八十二条 各类车辆污染路面的，责令清除，并按污染面积、污染程度每平方米处以 50 元以上 2000 元以下罚款。

第八十三条 各类车辆在公共用地或沿路倾倒垃圾和建筑废料的，责令其自行清除，并按每立方米处以 2000 元罚款，不足 1 立方米的按 1 立方米计算。

第八十四条 在建筑物、构筑物、树木及其他公共设施上乱贴、乱写、乱画、乱刻、乱拉挂的，责令恢复原状，并处以 100 元以上 1000 元以下罚款，其中不能恢复原状的，从重处罚。

第八十五条 沿街的公共设施及建筑物、构筑物，由产权人和使用人负责保持完好、整洁、美观，不得违章僭建，未履行责任的或违章建设的，责令限期改正，逾期不改正的，处以 100 元以上 2000 元以下罚款，并强制执行或拆除。

第八十六条 有下列行为之一的，责令改正或清除，并按相应规定处罚：

（一）在道路和公共场所施工作业，所产生的废弃物未按规定时间清除，影响村容环境卫生的，处以 100 元以上 1000 元以下罚款。

（二）在道路、公共场地清洗车辆，未经批准的，按每日每处处以 100 元以上 500 元以下罚款，并予以取缔。虽经批准，污染路面的，按每平方米每日处以 50 元以上 500 元以下罚款。

（三）在道路、户外场地、垃圾容器内焚烧树叶、垃圾、杂物的，每处处以 50 元以上 500 元以下罚款，造成事故的交由公安机关处理。

（四）污水污染建筑物、构筑物和道路的，责令限期改正，逾期不改的，每日每处处以 100 元罚款。

第八十七条 经批准的临时摆卖点的村容环境卫生，由主经营单位负责，违者每次罚款 50 元，未经批准摆摊设点的或不按指定范围乱摆卖的，责令其立即撤离或整改，并按每个摊位处以 300 元以上 1000 元下的罚款，情节严重的，可没收经营物品及工具。

第八十八条 违章在街道两侧和公共场地堆放物料的，责令限期清除，逾期不清除的除强行清除或没收物品外，每处处以 100 元以上 1000 元以下罚款。

第八十九条 污水或粪水外溢、排放，影响村容环境卫生的，按污染面积对产权人和使用人处以每日每平方米 100 元罚款。

第九十条 对偷盗、损坏或非法拆除公共设施的（包括偷盗、破坏垃圾桶等），责令其限期修复，并处以 300 元罚款。逾期不修复的，按重置价及有关费用赔偿。（注：破坏、偷盗沙井盖的，由于其情节特别恶劣，严重危害公众安全，因此要处以 5000 元罚款）

第九十一条 对没收、扣押的物品，必须由两名以上执法人员向当事人开具正式物品清单，由当事人在清单上签章；当事人拒绝签章的，执法人员应当在清单上予以注明，并将清单连同物品按规定处理。

第九十二条 对于违反本规定第七十八条至第九十一条情节严重的，可按罚款数额的三至五倍处罚。

本规定的各项行政处罚，可以单独适用，也可以合并适用。

本规定所称"以上"、"以下"，均含本数。

本规定所指的批准人，均为法定批准人。

第九十三条 任何单位和个人均有权对违反本规定的行为进行监督和举报。举报内容经查证属实的，由执法部门给予奖励。

第九十四条 对拒绝、妨碍村容环境卫生管理人员依法执行公务的，由公安机关依照《中华人民共和国治安管理处罚条例》处罚；构成犯罪的，依法追究刑事责任。

第七章 附 则

第九十五条 居民委员会或居民委员会成员作出的决定侵害居民合法权益的，受侵害的居民可以申请人民法院予以撤销，责任人依法承担法律责任。

第九十六条 本章程广泛征求居民意见，在此基础上提交镇人民政府进行审查，再组织居民会议投票表决通过。本章程通过后必须报镇人民政府备案。

第九十七条 本章程由居民委员会具体组织实施，全体居民及居民代表、居务监督委员会委员监督执行。

第九十八条 本章程如与法律法规相抵触，以法律法规为准；本社区原有规章制度、村规民约如与本章程相抵触，以本章程为准。

第九十九条 本章程未规定的事项，由居民委员会依法解释。

第一百条 本章程自2014年5月25日居民会议投票表决通过之日起生效并执行。

附注：属碧江户口的居民凭本人身份证可免费到碧江金楼参观。

第四节 村务管理

1949年后，碧江乡人民政府成立，以民生为重点，开展各项村务管理。

灾害救济 1962年7月，特大洪水造成碧中、彰义、坤洲、都宁、泮浦、下涌等生产大队被淹。灾后，各生产大队积极开展救灾复产工作，迅速将上级拨来的107.5万公斤粮食发给受灾群众，取消当年稻谷、甘蔗、塘鱼、生猪等农产品的上调任务，增加化肥供应。经过一年的努力，1963年碧江农业生产取得大丰收。

1971年3月和1975年5月，坤洲和彰义粮食加工厂先后遭遇火灾。灾后，政府部门立即与农村信用社协商，拨出专项贷款，帮助这两个厂复产。

贫困救济 20世纪70、80年代，各生产大队对特殊困难户，主要解决他们春耕、复耕期间粮食供应和冬天衣着问题。对无依无靠、无劳动能力、无生活来源的人员定期救济和供应口粮。90年代，对困难家庭就以信贷、就业上的帮助，扶持他们通过发展经济，脱贫致富。2006年，碧江社区成立福利会，采取民间捐款筹集办法，解决村民患病、住房、读书等特殊困难，单宗救济款标准1万元左右。对临时生活困难户，如因家庭主要劳动力突然病故，每户一次性救助5000元；对危房维修一次性补助2000—5000元；对贫困子弟上学，每人资助3000—5000元；对低保临界家庭子女上大学，每人补助2000元。2008—2016年，全社区共发出各项救济金额151万元。

2008—2016 年碧江社区救济明细表

表 2—4—1　　　　　　　　　　　　　　　　　　　　　　　　　　　　　　　单位：元

年份	特困户救济		临时困难救济		最低生活保障救济		金额
	户数	人数	户数	人数	户数	人数	
2008	—	—	—	—	127	262	24500
2009	—	—	—	—	106	172	114800
2010	27	54	28	52	58	69	126768
2011	10	12	38	61	41	197	86500
2012	20	32	25	48	33	105	61400
2013	13	26	22	33	16	43	176700
2014	15	30	53	106	11	31	230058
2015	21	32	41	67	29	85	344952
2016	17	30	27	52	32	105	270200

社会福利　　随着改革开放和经济的发展，90 年代中期起，碧江地区居民享受到日益完好的社会福利。一是尽力解决盲、聋、哑、肢残人员的就业，至 2016 年共安排 109 人（次）。对残病人员实行经济补贴，一级每月 150 元，二级 100 元，三级 80 元，四级 50 元。二是尊老敬老。社区给 60 岁以上的长者每月发放长寿金 70 元，重阳节发放慰问金。2007—2016 年，共发放 173.51 万元。设立 2 间敬老院，安置孤寡老人。其中坤洲泮浦颐老院于 1986 年由旅港乡亲梁伟明捐建，碧江荫老院于 1986 年由旅港乡亲苏耀明捐建，两院占地面积共 16674 平方米，建筑面积 4972 平方米。先后共安置老人 56 人。2000 年，北滘整合养老资源，这两间敬老院并入北滘余荫院。三是助学。2006 年至 2016 年 12 月，对品学兼优户籍学生发放奖学助学金 101.46 万元。通过上述活动，将党组织和人民政府的温暖带给群众。

为进一步推动社会福利事业的发展，2006 年 1 月，碧江社区居民委员会发出《倡议书》，向各位居民、乡亲提出倡议："通过筹集善款的形式成立碧江慈善会"，筹得善款"全部用于扶贫济困"，募捐"全凭自愿，多少不拘，绝不摊派"。这一倡议，得到广大居民和海内外乡亲的响应，至当年 8 月，认捐善款超过 100 万元。2007 年 1 月，碧江福利会正式成立，组建首届理事会，会长为梁英伟，副会长为黎锦泉、徐汉棠；通过福利会章程，倡导"我爱人人，人人爱我"的社会互助精神。2012 年，福利会第二届理事会成立，会长为黎锦泉，副会长为苏培、徐汉棠、黎镜波。2016 年 9 月，理事会改选，产生第三届理事会，会长为苏培（法人）。副会长为苏晓、黎锦波、梁智海。2006 年至 2016 年，碧江福利会慈善总收入 2393.07 万元，其中捐款 1498.38 万元，总支出 1357.92 万元，结余 1035.15 万元。为社区社会福利提供有力的经济支撑。

拥军优属　1950 年起，碧江街区和农村组织（合作社、生产大队）就开展拥军优属活动，对烈属和军属实行街区、乡村与国家相结合的办法，安置烈、军属就业，保证优抚对象生活水平不低于当地普通群众的生活水准。

1980 年特别是 1993 年后，碧江进一步完善相关制度。一是召开"八一"春节军烈属退伍军人茶话会，了解烈军属退伍军人情况，解决实际困难，发放节日慰问金。二是组织干部和妇女、民兵代表到军、烈属家庭拜年，送上节日祝福，送去贺年礼品。三是按时发放现役军人优待金，其月标准为 1510 元。凡被大军区授予英雄称号或荣立一等功，奖励 10000 元；荣立二等功奖励 5000 元；义务兵提为军官的，一次性奖励 5000 元。四是从 2014 年起，退役士兵一次性补助安置费 51261 元，并帮助安排就业，扶持他们自主创业。2016 年，全社区共有退伍军人 339 人，其中在企业、事业单位就业 218 人，自主创业 14 人，退休 107 人。

环境保护　2000 年，碧江社区将环境保护列入社区管理重要内容，全面实施"青、碧、蓝"环保工程，设立环境保护管理办公室，其主要职责是：对村级工业园区企业进行环境保护巡查和监督。整理和完善厂企相关的环境保护档案，应对突发性环境污染事故。2002—2006 年，社区居委会加大对环境综合整治，对社区内河涌进行全面清污去淤，继续抓好污染行业整治，禁止超标、超总量排放，定期排查企业内部的环境污染风险隐患。建立环境保护准入制度，对不符合环境保护准入制度的项目不予承租，不准引入。2007 年后，加大对环境保护宣传，推动"绿色社区"建设。在居民中倡导绿色环保风气，适度用水、用电，节约资源，生活垃圾集中分类存放、不使用对环境造成污染的生活用品。2010 年后，进一步健全环境监察，全面统筹社区的环境保护工作，定期对企业进行巡查和监督，全面完成辖区工业园环境整治。2014 年 6 月起，以基建都宁岗森林公园工程为抓手，推动环境再造、生态创建工作取得较大突破。2016 年，碧江社区 36 个企业废水、废气排放基本符合国家限制标准，完善垃圾收运处理、生活污水收集处理，推广使用清洁燃料，全年保持蓝天白云大气环境。

第五节　群众团体

一、农民组织

1950—1953 年，碧江各乡普遍成立农民协会，周佬、何添、黎珠、梁锡先后担任农会主席。农会工作是配合政府处理乡村日常事务，维护地方治安，土地改革期间，组织发动农民清匪反霸、减租减息，清算地主阶级剥削行为，协助工作队没收和征收地主的土地财产，对村属土地进行分配，农业合作化后，农会停止活动。

1965年，开展社会主义教育运动〔即"四清"（清政治、清思想、清组织、清经济）运动〕，根据上级指示，重新组织阶级队伍，碧江各生产大队设立贫下中农协会，生产队设立贫下中农小组，贫下中农协会工作主要是督促干部，参与集体经济管理。"文化大革命"期间，组织群众学习毛泽东著作，参与管理学校、商业、合作医疗、财务和知识青年再教育等工作，发动"农业学大寨"和大搞农田基本建设。1982年，根据县、公社的指示，贫下中农协会停止活动。

二、妇女联合会

1954年，碧江乡设立妇女联合会（以下简称"妇联"）。在中共党组织领导下，碧江妇联团结教育广大妇女珍惜自己的民主权利，贯彻落实国家婚姻法，维护妇女合法权益。在农业合作化中，发动妇女参加夜校，扫除文盲。贯彻"同工同酬"政策，调动妇女参加集体生产积极性。1960—1962年，配合卫生医疗部门，对患有水肿病、妇科疾病的患者，采取有效办法，开展救治工作，保证产妇哺乳期妇女的休假和哺奶时间。1973年后，妇联将妇幼保健工作作为妇女工作的重心，努力创造条件，每个生产队办起托儿所，对全体妇女进行妇科病普查。

1979年后，围绕社会主义现代化重心，开展各项妇女工作。一是引领、激励妇女建功立业，广泛深入开展农业生产女能手大赛活动。80年代初霍结彩年养10万只鸡，被评为全县养鸡能手。二是维护妇女儿童合法权益。80年代，北滘出现"黑心婆"事件，有妇女被诬为"黑心婆"，村里死了人或有人生病，便无中生有说是这个"妇人"带来厄运所造成，令这名妇女身心受到严重创伤。在公社妇联统一领导下，碧江妇联大张旗鼓宣传科学，批判迷信之风，教育、批评有关诬陷者，制止这类事情的发生。1983年后，深入开展新《中华人民共和国婚姻法》，维护妇女合法权益，开展维护妇女儿童合法权益为中心的法制宣传。三是开展文明和睦家庭活动，至1991年，共评比表彰文明和睦家庭23户。1992年3月，碧江街区妇联被评为佛山市先进妇代会。

2000年，碧江妇联紧紧围绕"做世纪新女性"开展各项工作。维护妇女的合法权益，多次与司法、劳动部门一起举办厂企和单位负责人学习班或座谈会，深入宣传贯彻《妇女权益保障法》《女职工劳动保护规定》等法律法规，落实职工婚、产假和计划生育的有关待遇，依法维护妇女的合法权益。组织动员妇女参加各项培训，协同妇女学校，宣传男女平等的基本国策，宣传普及国家有关妇女儿童的法律知识，组织妇女开展科技、环保、妇幼卫生保健、家庭教育、实用技术等知识培训，先后聘请钟宽民老师讲授"学习礼仪服务，塑造完美形象"课程，佛山市第三人民医院心理科王玲教授"现代优秀母亲"课程，开办妇女礼仪班，教育引导妇女发扬自爱、自信、自主、自强精神，提高思想道德素质、科学文化素质和健康素质。促进幼教和妇幼保健工作，大力支持和帮助民营幼儿事业发展。至2016年，碧江有幼儿园3间，开办27个班，935人入学，其中碧江幼儿园是佛山市一级幼儿园，坤洲幼儿园是顺德区一级幼儿园。开展对妇科病的普查防治以及婴幼儿传染病的防治，对查出患病的妇女及时协助治疗。在婴幼儿传染病防治方面，委托碧江社区卫生服务站给婴幼儿按时接种卡介苗，服食糖丸等，促进婴幼儿健康成长。组织"碧江巾帼志愿者服务队"，共有队员142人，其中包括碧江居委会的办事员、幼师、银行职员、退休工人、家庭妇女等人员，为碧江社区公共服务、环保服务，为有需要的社区居民提供法律援助服务，为青少年的成长提供帮助服务，为有需要的长老和残疾人士提供服务。对孤寡老人和困难家庭儿童，实行"一帮一"扶持，定期携带礼物慰问，帮助他们打扫家居卫生，陪伴老人聊天，辅导小孩做功课、游玩，为残疾人开展才艺培训、家居护理。

2016年11月8日，碧江社区第一次妇女代表大会召开，代表70名，其中各行各业代表占80%，专职妇女工作者占20%，选举陈雪芬为社区妇女联合会主席，周美银为副主席。会议通过社区妇联工作报告，提出服务群众，完善组织阵地，改革创新，努力为妇女儿童服务。会议为以后碧江妇女工作明确了前进方向。

三、共青团

1956年，碧江乡设共青团总支委员会。1958年10月后，改设碧江生产大队团支部。1970年1月，碧江行政区域拆分后，分别产生碧中、坤洲、彰义、都宁生产大队团支部和碧江街区团支部。

1956年，碧江团组织成立后，发动广大青年参加合作化运动和扫盲工作。20世纪60年代前期，组织青年突击队，开展科研活动，学习雷锋精神，维护集体利益，相互关心，助人为乐。1979年后，组织广大青年学科学、学文化，把青春和才智投身于四个现代化建设事业。各团支部广泛开展"讲文明、讲礼貌、讲卫生、讲秩序、讲道德"和"心灵美、语言美、行为美、环境美"为内容的"五讲四美"文明活动，创建文明村，整治乡村道路、绿化、卫生设施。20世纪90年代，组织"读书唱歌"、"伟大的祖国，可爱的家乡"等活动，培养团员青年奋发向上精神，开展"争当'八五'、'九五'建设突击手"竞赛，激励广大青年在社会主义新农村建设中建功立业。

2001年10月1日，碧江、坤洲、都宁合并为碧江社区后，随即成立共青团碧江社区总支委员会，由叶鉴泉担任团总支书记，有团员302人。2005年，碧江团总支部换届选举，程泳锵当选为团总支书记，团员发展到352人。2006年5月，开展"做跨世纪的好青年"活动，成立志愿服务队，由周炳强担任队长，队员360多人，有党员、团员，有老年人，有教师等。做好社区各项服务，为困难人士提供志愿服务，为军烈属、五保户、残疾人、孤寡老人等需要帮助的人上门清洁，定期慰问；组织青少年逢年过节到有需要的家庭送春联、送粮油、送围巾等；组织在校大学生和中学生每逢暑假和寒假帮助居委会整理档案，整理社区图书馆的图书和举办书画展等工作；根据青年特点和时代要求，组织各项文化活动，每年国庆节和春节，在碧江民乐公园举办大型的篮球、乒乓球、拔河比赛和粤曲晚会等活动；邀请佛山中医院刘健洪医生到碧江义诊，为乡民服务。

凭借新世纪改革开放的新形势，碧江共青团组织根据各个时期的中心任务，在团员和青年中开展思想政治教育，努力培养"四有（有理想、有道德、有文化、有纪律）新人"，掀起学文化、学技术、学科学等竞赛活动。

四、工会

2000年10月，根据顺德县总工会关于"村村有工会"的指示，碧江社区建立起工会，并召开碧江社区工会第一次代表大会，出席代表42人，苏汉基当选为首届工会主席。2005年12月，召开碧江社区工会第二次代表大会，陈雪芬当选为第二届工会主席。全社区建立工会的企业单位203家，其中基层分会50家、工会小组153家，会员4660人，会员占工人总数的83%。碧江社区工会设有经费审查委员会、女职工委员会、劳动争议调解委员会、劳动法律监督委员会、劳动保护监督委员会。碧江工会成立后，组织职工开展劳动竞赛、经济技术创新工程等活动，动员职工参与企业管理，提出合理化建议，建立民主协商制度。建立职工代表大会制度，组织职工参议企业承包、产品开发、技术引进、劳动用工、工资和分配制度等各项改革方案的讨论、审议和实施，促进厂务公开制度的完善。

2005年，对企业安全生产实施检查监督，处理劳动争议，协调企业、职工利益关系，保障职工的合法权益。同时，配合行政部门开展劳动合同、企业欠薪的检查，对职工群体性劳动争议进行协调。至2016年，碧江社区工会协助镇劳动局、镇维稳办处理拖欠员工薪金问题19宗，涉及职工2862人，金额达1994万元。

碧江社区工会成立后，及时掌握困难职工的生活状况，对困难职工落实帮扶措施，通过帮扶，16户困难户脱贫。至2016年，共解决下岗女职工再就业2031人。每年组织女职工开展"健康普查普治"工作，项目有B超、乳腺、生育检查，做到"普查、预防、治疗"一条龙服务，至2016年，累计参与健康检查妇女25000多人次。

第三章 经济强区

第一节 农 业

碧江地区属于平原水网地带，自然条件优越，农业资源丰富。1985 年，象岗出土的西汉陶器表明，碧江在西汉时期已有居民进行农耕劳作。宋代起，碧江人围垦造田，塞堑为塘，叠土成基，种稻养鱼，植果树桑。至明初，初步形成果基鱼塘农业生产布局。明代中期，所产荔枝、龙眼更是"流俎天下"，明末清初达到全盛时期，碧江、陈村一带有"龙眼、荔枝约数十万株"。清乾隆至光绪年间，两度掀起"挖田为塘，废稻树桑"的高潮，桑基鱼塘取代果基鱼塘，跃居农业生产首位。

民国初期，蚕桑种植面积继续扩大。民国 19 年（1930 年）后，世界经济危机爆发，蚕丝价格暴跌，蚕桑业迅速衰落，大量桑基改植甘蔗、水果、水稻等。民国后期，社会动荡、基塘荒废，农业生产遭受严重破坏。

中华人民共和国成立初期，人民政府通过土地改革，实现"耕者有其田"，并组织农民兴修水利、平整土地、改良土壤、推广良种、改革耕作制度、调整农作物布局，有效促进农业生产的发展。1958 年人民公社化后，农村实行"一大二公"体制，推行统一经营和分配，严重挫伤农民生产积极性，碧江地区农业生产遭到破坏。1962 年起，贯彻国家"调整、巩固、充实、提高"的方针，实行以生产队为基本核算单位的体制，恢复社员自留地，加大农业基础设施投入。1965 年，碧江地区农业产值 91 万元，比 1962 年增长 145%。"文化大革命"期间，开展农业学大寨运动，大搞平均主义，家庭副业、多种经营被视为"资本主义""修正主义"。1976 年碧江地区农业产值 116 万元，比 1965 年仅增长 27.47%。

1979 年起，农村实行家庭联产承包责任制，以市场为导向，改革经济体制，调整农业生产结构，农民有了生产自主权，农业生产进入蓬勃发展阶段。其后，碧江地区依托北滘区农业社会化服务体系，大幅度调整农业生产结构，引导农民从以粮、蔗为主的传统种植业逐步转向以优质花卉、水果、蔬菜种植，优质水产养殖、优质禽畜养殖；扶持"两户一体"（专业户、重点户和个体户），使农业生产从分散型、粗放型转向规模化、集约化。1989 年，碧江地区农业产值 1752.1 万元，其中碧江街区 745.2 万元、坤洲管理区 858.1 万元、都宁管理区 148.8 万元；共办有 2 个集体水产养殖场，建立起 6 个规模化种鸡场（含广源鸡开发中心），年孵化能力达 350.6 万苗，饲料生产厂 1 家；各类规模经营专业户、重点户 200 多户。

90 年代，农业向"三高"（高质、高产、高效）方向发展，大力发展优质水产、优质鸡、优质水果种养业。1993 年，碧江地区全年养殖（生产）塘鱼 2177.5 吨、"三鸟" 242 万只、禽蛋 567.9 吨，生猪 4728 头，农业发展走上商品化、现代化道路。1998 年，碧江地区农业产值 10470 万元，其中碧江街区 6710 万元、坤洲管理区 2588 万元、都宁管理区 1172 万元，分别比 1989 年增长 497.5%、800%、201.6%、687.6%。

1999—2002 年，陆续推进群力围花卉苗绿色产区、坤洲畜禽养殖小区建设，大

搞农田基本建设，共填基平塘 1372 亩、疏河清淤 1836 米，促进农业增效、农民增收和社会经济发展。2006 年起，随着工业化的发展、城市化的加深及房地产业的兴旺，农业逐渐萎缩。2016 年，碧江社区农业产值 3967 万元。

一、种植业

水稻 宋代起，碧江地区逐渐淤积，人口繁衍，修筑堤围，垦沙造田，开始采用水车灌溉，出现双季水稻连作制（俗称"挣藁"，即在早稻秧苗移植后，约经半个月，再把晚稻苗插于早稻行间，而分别在夏秋两季收获的耕作制），粮食生产有一定的发展。明清两代大修水利，修筑大量堤围，耕地面积大量增加，稻谷主要有粘稻和糯稻两个类型。

进入明代中叶，碧江的果基鱼塘崛起，塘鱼养殖和水果种植比例逐渐增大，水稻种植面积随之减少。清代两度掀起"弃田筑塘，废稻树桑"高潮，稻田面积大量减少，加上水利失修，管理粗放，产量低下，稻米生产逐渐不敷自给。至清末，"莳禾之地不及十一，谷之登场亦罕矣"。民国 18 年（1929 年）始，桑蚕业衰落，水稻种植逐渐回升，耕作方法仍采用"挣藁"，主要水稻品种有新兴白、红头赤、夏至白、金风雪、金边赤等。

1949 年后，人民政府改革耕作制，实行双季连作制，俗称"翻耕"，并推广良种，合理密植，提高单位面积产量，水稻种植面积逐年增加。推广的新品种早造有七担种、北江粘、选粘 305、暹黑 7 号，晚造有金山粘、黄壳齐眉、白壳齐眉、大黄粒、金竹 17。1959 年，水稻种植面积达 4800 亩，年产 1713.6 吨，平均亩产 357 公斤，比 1949 年前提高 100 公斤。

20 世纪 60 年代，贯彻"以粮为纲"方针，水稻产量平稳增长。早造引种矮脚南特、广场矮、珍珠矮、江矮早等矮秆种，株高 80—100 厘米，耐肥抗倒，分蘖强；晚造推广广二矮、竹矮、朝阳矮、秋矮等品种。1969 年种植水稻 5155 亩，年产 3111.9吨，平均亩产 603.67 公斤，分别比 1959 年增加 7.4%、81.6%、69.1%。

1972 年，按照国家下达的种植计划增植甘蔗，稻田面积减至 4539 亩。是年，实行稻（水作）蔗（旱作）两年轮种，促进稻、蔗双丰收，效益显著，成为碧江地区农业生产长期采用的耕作制度。同时，推广科六、广二矮、红梅早、协作 69、珍珠矮等早造中迟熟品种。1978 年起，晚造推广广二白矮。1977 年，种植水稻 4812.8亩，比 1969 年减少 342.2 亩，但由于耕作技术提高并推广良种，单位面积产量提高至 685.5 公斤，比 1969 年提高 13.5%。

80 年代，调整农业经济结构及农作物布局，实行低值作物向高值作物转变，边远低产稻田改挖鱼塘，部分稻田改种蔬菜、花卉等经济作物，稻田面积继续减少。其间，早造大面积推广广二 104、特青等品种，晚造推广广秋桂矮，单位面积产量进一步提高。1989 年，水稻种植面积 3695.4 亩，比 1977 年减少 23.2%；总产稻谷3026.5 吨，比 1977 年下降 8.3%；平均亩产 818.99 公斤，比 1979 年提高 19.5%。

90 年代，特别是 1992 年"三高"农业兴起后，碧江迅速调整农业产业结构，

1992 年水稻种植降至 2344.5 亩。随着工业化快速发展和经济作物生产的扩大，碧江街区、坤洲管理区、都宁管理区分别于 1993 年、1994 年、1995 年后不再种植水稻。

1961—1969 年碧江公社（大队）水稻生产情况表

表 3—1—1　　　　　　　　　　　　　　　　　　　　　　　　单位：亩、公斤、吨

年份	种植面积	亩产	总产	年份	种植面积	亩产	总产
1961	4765	367.49	1751.1	1966	5128	568.92	2917.4
1962	5200	244	1268.8	1967	5201	593	3084.2
1963	5261	564.72	2971	1968	4972	614	3052.8
1964	4847	463.01	2244.2	1969	5155	603.67	3111.9
1965	5061	557.79	2823				

表3-1-2

1970—1985年碧江地区水稻生产情况表

单位：亩、公斤、吨

年份	碧江地区			其中 碧中大队			彰义大队			坤洲大队			都宁大队		
	面积	亩产	总产	面积	亩产	总产	面积	亩产	总产	面积	亩产	总产	面积	亩产	总产
1970	4965.7	577.76	2869	1637	554.37	907.5	808.7	591.94	478.7	1803	596.39	1075.3	717	568.34	407.5
1971	—	—	—	—	—	—	—	—	—	—	—	—	—	—	—
1972	4539	675.02	3063.9	1514.3	646.31	978.7	720.5	693.55	499.7	1652.7	684.94	1132	651.5	696.09	453.5
1973	4826	664.05	3204.7	1490	697.45	1039.2	794	663.35	526.7	1823	653.32	1191	719	622.81	447.8
1974	4826	701.41	3385	1490	737.99	1099.6	766	665.93	510.1	1823	701.1	1278.1	747	664.6	497.2
1975	4826	608.29	2935.6	1490	625.03	931.3	766	548.69	420.3	1823	606.8	1106.2	747	639.63	477.8
1976	4812.8	661.84	3185.3	1490	670.74	999.4	752.8	673.62	507.1	1823	666.81	1215.6	747	620.08	463.2
1977	4812.8	685.51	3299.2	1490	700.07	1043.1	752.8	714	537.5	1823	670.21	1221.8	747	665.06	496.8
1978	4656	687.18	3199.5	1490	659.13	982.1	766	688.9	527.7	1653	736.84	1218	747	631.46	471.7
1979	4584.1	763.16	3498.4	1540.8	747.66	1152	707.3	823.27	582.3	1653	762.67	1260.7	683	737.04	503.4
1980	4401.5	793.48	3492.5	1483.2	731.73	1085.3	707.3	778.59	550.7	1538	869.12	1336.7	673	772.36	519.8
1981	4386	588.85	2582.7	1490	553.89	825.3	707	633.04	451.8	1538	602.08	926	651	583.1	379.6
1982	4493.5	741.54	3332.1	1490	745.3	1110.5	707	789.53	558.2	1653	723.77	1196.4	643.5	725.72	467
1983	4541	700.26	3179.9	1490	715.91	1066.7	707	675.81	477.8	1653	696.67	1151.6	691	700.14	483.8
1984	4511	731.19	3298.4	1490	740.67	1103.6	707	753.18	532.5	1655.5	703.96	1165.4	658.5	754.59	496.9
1985	3859	689.19	2659.6	1177.5	772.99	910.2	707	508.49	359.5	1483	690.36	1023.8	491.5	744.86	366.1

注：1971年数据缺失。

佛山市顺德区北滘镇 **碧江志**

表3—1—3

1986—1994年碧江地区水稻生产情况表

单位：亩、公斤、吨

年份	碧江地区			其中								
				碧江街区			坤洲大队（管理区）			都宁大队（管理区）		
	种植面积	亩产	总产	种植面积	亩产	总产	种植面积	亩产	总产	种植面积	亩产	总产
1986	4159.8	749.96	3119.7	1951.8	749.82	1463.5	1648	738.65	1217.3	560	783.75	438.9
1987	4140.4	812.99	3366.1	1924.5	823.07	1584	1650.4	789.81	1303.5	565.5	846.33	478.6
1988	3414.2	747.5	2552.2	1469	732.95	1076.7	1418.2	764.35	1084	527	742.88	391.5
1989	3695.4	818.99	3026.5	1727.2	788.56	1362	1418.2	866.59	1229	550	791.82	435.5
1990	—	—	—	—	—	—	—	—	—	—	—	—
1991	4037	884.82	3572	1985.5	875.85	1739	1540.5	886.08	1365	511	915.85	468
1992	2344.5	737.73	1729.6	663	435.9	289	1281.5	857.04	1098.3	400	855.75	342.3
1993	485	513.4	249	—	—	—	473	505.29	239	12	833.33	10
1994	12	883.33	10.6	—	—	—	—	—	—	12	883.33	10.6

注：1990年数据缺失。

甘蔗 明代，碧江地区已种植甘蔗，品种主要有竹蔗和白蔗（又名紫蔗）。民国23年（1934年），广东省国民政府推行复兴广东糖业计划，碧江地区甘蔗种植面积迅速扩大，陆续引进"东爪哇2725""爪哇2878""爪哇2752""印度290"等糖蔗品种。

中华人民共和国成立后，政府接管糖厂，取缔私营"营蔗行"，农民直接向糖厂出售甘蔗，实行计划种植，统购包销，提高甘蔗收购价格，并在生产资金、生产资料和技术上予以支持。1957年，碧江地区甘蔗种植面积2590亩，总产9248吨，均超过历史水平。同年起，推广耐旱、耐贫瘠、抗风、抗病虫害通力强的"台糖134"良种，该良种成为碧江地区甘蔗种植业的当家品种。1959年，粮食紧张，征购任务重，减少甘蔗种植，全地区种植甘蔗1650亩，年产量3646.5吨，亩产2.21吨。

1963年起，国家提高甘蔗收购价格，实行甘蔗奖售政策，对超产糖实行来料加工、议价收购或换购等办法，调动农民生产积极性。1964年，碧江地区种植甘蔗2371亩，总产7824吨，亩产3.3吨。1968年后，取消糖蔗奖售政策，挫伤农民种植积极性。1969年，碧江地区种植甘蔗2035亩，但亩产仅有2.48吨，总产5050吨。1972年，为恢复甘蔗生产，鼓励社队种植甘蔗，甘蔗收购价由每吨29元提高到33.8元，并恢复奖售政策。当年种植2742.1亩，总产10675吨，其中坤洲大队1098亩、总产4500吨；碧中大队964.7亩、总产3425吨；彰义大队345.4亩、总产1450吨；都宁大队334亩、总产1300吨。1975年起，推广茎粗、产量高、叶软可饲鱼的"粤糖57/423"（俗称"大碌种"）良种。

1981年，实行"核定基数，糖粮挂钩，超过基数，吨糖吨粮，全奖全罚，一定五年"的粮糖挂钩政策。1982年，种植面积达2454亩，总产13246吨，平均亩产5.4吨，达到历史种植的最高峰。其后由于生产资料价格逐年上升，蔗价却多年没有提升，而且价外补贴不多，许多农民逐渐向高值种养业转移，甘蔗种植面积逐渐减少。1987年，种植面积降至1650亩，总产量6713吨，均降至70、80年代的最低水平。1989年，蔗价每吨从75.79元提高到140元，超额售价180元，种植面积略有回升。1991年，碧江地区植蔗1848.5亩，总产12673吨，平均亩产6.86吨，分别比1987年提高12%、88.8%和68.6%，主要种植品种有"粤糖71/210""粤糖65/1279""粤糖65/296"。随后，随着产业结构调整，碧江街区、都宁管理区、坤洲管理区的甘蔗种植业相继消失。

1961—1969年碧江公社（大队）甘蔗生产情况表

表3—1—4　　　　　　　　　　　　　　　　　　　　　单位：亩、吨、吨

年份	种植面积	亩产	总产	年份	种植面积	亩产	总产
1961	1681	2.24	3765.4	1966	2470	2.39	5912
1962	1992	1.75	3486	1967	2275	3.44	7836
1963	2115	4.88	10314.5	1968	2215	2.5	5537.5
1964	2371	3.3	7824	1969	2035	2.48	5050
1965	2420	4.47	10817.4				

表 3—1—5

1970—1985 年碧江地区甘蔗生产情况表

单位：亩、吨

年份	碧江地区			其中											
				碧中大队			彰义大队			坤洲大队			都宁大队		
	面积	亩产	总产	面积	亩产	总产	面积	亩产	总产	面积	亩产	总产	面积	亩产	总产
1970	2192.5	3.83	8407.6	730.5	3.63	2652	268	1.98	530.6	918	4.49	4125	276	4	1100
1971	—	—	—	—	—	—	—	—	—	—	—	—	—	—	—
1972	2742.1	3.89	10675	964.7	3.55	3425	345.4	4.2	1450	1098	4.1	4500	334	3.89	1300
1973	2721	3.93	10704	968	3.83	3710	325	4.06	1321	1098	4.12	4525	330	3.48	1148
1974	2721	4.12	11208	968	4.24	4103	325	4.58	1490	1098	4.14	4545	330	3.24	1070
1975	2721	3.58	9743	968	3.85	3728	325	3.6	1170	1098	3.55	3895	330	2.88	950
1976	2721	3.65	9945	968	4.2	4065	325	3.74	1215	1098	3.16	3475	330	3.6	1190
1977	2581	4.26	10985	918	4.61	4233	305	4.4	1343	1048	3.9	4089	310	4.26	1320
1978	2553	4.42	11291	907	4.92	4461	305	3.61	1100	1029	4.35	4480	312	4.01	1250
1979	2565	3.65	9366	907	3.54	3215	325	2.62	850	1029	3.95	4061	304	4.08	1240
1980	2487.3	4.27	10612	855.3	4.28	3659	325	3.22	1048	1029	4.5	4632	278	4.58	1273
1981	2467	5.36	13228	907	5.53	5016	240	4.41	1059	1029	5.23	5385	291	6.08	1768
1982	2454	5.40	13246	907	5.62	5097	240	5.56	1335	1029	4.98	5125	278	6.08	1689
1983	2457	4.02	9885	907	4.07	3696	240	3.85	925	1009	3.87	3902	301	4.52	1362
1984	2390	5.35	12778	907	4.7	4262	240	7.25	1741	965	5.31	5125	278	5.94	1650
1985	2772	5.16	14303	907	4.31	3910	240	5.8	1391	1212	5.43	6580	413	5.86	2422

注：1971 年数据缺失。

表3-1-6

1986—1993年碧江地区甘蔗生产情况表

单位：亩、吨

年份	碧江地区			其中								
				碧江街区			坤洲大队（管理区）			都宁大队（管理区）		
	面积	亩产	总产	面积	亩产	总产	面积	亩产	总产	面积	亩产	总产
1986	2581	4.65	11991.5	1212	4.32	5237	1029	5.74	5903	340	2.5	851.5
1987	1650	4.07	6713	800	3.45	2763	600	4.66	2796	250	4.62	1154
1988	1740	5.26	9156	790	5.5	4345	680	5.1	3468	270	4.97	1343
1989	2249	4.54	10215	938	5.10	4782	958	4.07	3895	353	4.36	1538
1990	—	—	—	—	—	—	—	—	—	—	—	—
1991	1848.5	6.86	12673	832	6.56	5460	702	7.25	5091	314.5	6.75	2122
1992	899	6.64	5965	306	8.6	2632	402	5.23	2102	191	6.45	1231
1993	304	2.06	627	—	—	—	304	2.06	627	—	—	—

注：1990年数据缺失。

花木 明代初，碧江地区花木生产已有一定发展。明代中叶后进入兴盛时期，花圃密集，出现"稻田利薄"而"每以花果取饶"，主要培育荔枝、龙眼、柑、桔、橙、桂花、盆栽等。明末清初，更是"渔舟曲折只穿花，村前弥望皆为花"。据清代诗人苏鹤《碧江廿四咏》描述："昆岗沙口渡平阳，艇子招摇送客忙。问客买花还买竹？竹场四面卖花香。"清朝后期，聚龙沙已设有水上花市。民国前期，花圃除培育果苗外，还生产米兰、桂花、茉莉花、玉兰、盆景等，远销福建、江浙一带。

1959年，为出口创汇需要，县外贸部门指示碧江重整旗鼓，振兴花木种植业，碧江腾出部分稻田建立花木苗圃场。至1966年，种植面积、品种、产值、创汇的情况。至1966年，碧江花木种植面积105亩，品种以米兰和茉莉花为主。

改革开放后，碧江花木种植进入新的发展时期。1979年，彰义办起集体花木场，年产金桔2000多盆。其后，碧中、坤洲、都宁相继办起集体花木场，种植品种主要有盆桔、米兰、白兰、龙柏、石山盆景等。1981年，碧江地区种植茉莉240亩、柑桔橙73亩、米兰4.5亩。1985年，碧江地区共有花卉场、盆桔场20多个，经营面积达528.6亩，其中茉莉花333.5亩、盆桔160.6亩、其他品种34.5亩。

1992年，碧江地区种植花卉、水果面积达1803万亩。花卉种植遍及全区域，鲜切花和年宵花的种类和数量迅速增加。1996年，为适应"三高"农业需要，改低产、低值塘（地）种植花卉，充分利用主干公路及毗邻陈村花卉世界的优势，在碧桂路、105国道碧江至都宁段两旁开发花卉生产基地。是年，碧江地区花卉种植面积增至1060亩，产值达1975万元，种植规模在2亩以上专业户有65户，占北滘镇的16%，其中20亩以上的有4户，兴隆花木专业生产公司种植规模达150亩。

1999年，建立群力围万亩花卉苗木绿色产区。是年，碧江地区花卉桔果种植面积1551亩，其中坤洲管理区690亩、碧江街区573亩、都宁管理区280亩；花卉场有137个，其中种植规模10—50亩的43个、100亩以上的1个，产值1800多万元，品种主要有盆景、盆桔、兰花、菊花、玫瑰、姜花、桃花、富贵竹等。

2016年，碧江社区花卉种植面积1327.5亩，产值2591万元；种植规模45亩以上的1户；从业花农169户297人；年产盆栽208.8万盆、观赏苗木19.7万株。

水果 碧江地区水果资源比较丰富，主要品种有龙眼、荔枝、柑、桔、橙、柚、桃、石榴、番石榴、葡萄、杨桃、人心果、凤眼果、黄皮、蒲桃、柠檬、枇杷、芒果、香蕉、大蕉等，以香蕉、大蕉、龙眼、柑、桔、橙为大宗。

明初兴起果基鱼塘农业，基面大量栽植龙眼和荔枝，至明代中期达到全盛，产品"荔枝、龙眼诸奇卉果，流俎天下"，村民"垦负郭之田为圃，名曰基，以树果木，荔枝最多……龙眼则树于宅，亦有树于基者"。明万历年后，顺德县各地桑蚕业迅速发展，碧江一带的荔枝、龙眼仍保持较大的种植规模。明末清初最为鼎盛，碧江、陈村一带有"龙眼、荔枝约数十万株"。清代后期，碧江尺九庙附近设有专业龙眼市，乡民以家庭为单位，烘焙"干圆（龙眼干）"。

1949年后，碧江地区水果生产波浪式缓慢前进。1958年大炼钢铁，砍掉大量果树烧炭炼钢，加上粮食紧张，果地多易作粮田。1960年，政府鼓励和支持农民在屋

前屋后种植果树，开辟荒地，碧江地区共有蕉地、果木 146 亩，是年收获总产 74 吨。其后由于粮食短缺，缩小种植面积，水果生产持续下降，1963 年仅有 20 多亩，总产下降至 28.9 吨，其中香（大）蕉 19 亩，总产 28.5 吨，龙眼 1 亩、总产 0.4 吨。60 年代后期，香（大）蕉生产有所恢复，至 1970 年，碧江地区种植大蕉 89 亩，总产 244.5 吨；香蕉 3 亩，总产 1 吨。

1979 年后，香（大）蕉、柑、桔、橙、荔枝、龙眼等水果种植业迅速发展。1981 年，碧江地区水果总产量 74.5 吨，1987 年达到 376.7 吨，增加 4 倍，其中柑桔橙 7.5 吨、香蕉 77.6 吨、大蕉 288.6 吨、其他杂果 3 吨。

20 世纪 90 年代，响应镇发展"三高"农业的号召，增植龙眼、荔枝、芒果等优质水果，1992—1995 年，新种 2 万多株果苗，其中以龙眼为主，荔枝次之。但由于疏于管理，挂果低。1995 年，种植龙眼 1040 亩，收获面积仅 1 亩，总产 0.5 吨。1998 年，碧江地区种植香蕉 167 亩，产量 343 吨；大蕉 133 亩，产量 235 吨；龙眼 1090 亩，收获面积仅 50 亩，产量 4 吨；其他水果 120 亩，产量 12 吨。

20 世纪末至 21 世纪初期，随着花卉价格不断攀升，水果生产走向低谷。2002 年，水果种植面积仅 67 亩，其中香（大）蕉 5 亩，龙眼、芒果等 62 亩。

历史上碧江地区有不少水果名优品种，尤以都宁独核黄皮、鹦嘴甜桃和都宁村心胭脂稔出名。

都宁独核黄皮：特点是味甜、独核，每个果实几乎都只有一个核，清末和民国时期是都宁黄皮鼎盛时期，闻名于省港澳，据说当时的商贩都标榜所卖为"都宁黄皮"。

都宁鹦嘴甜桃：周易坊出产，色美味甜，爽脆可口，个头大。因成熟时果实黄中带红，色似鹦鹉嘴，故称"鹦嘴"。多栽种于房前屋后，每到夏季桃熟时，树上果实压枝。合作化土地归公后桃树逐步消退。

都宁村心胭脂稔：番石榴的一种，特点是个大肉厚，瓢小呈胭脂红色。20 世纪 80 年代始，因虫害严重，番石榴也逐步消退。

蔬菜 宋代以来，农民充分利用涌边、塘边、基边种植蔬菜。至民国，蔬菜品种主要有冬瓜、青瓜、节瓜、苦瓜、丝瓜、水瓜、茄子、西红柿、荷兰豆、白菜、生菜、茼蒿、蕹菜、菠菜、甘蓝（椰菜）、西兰花、芥蓝、红萝卜、葛、姜、芋头、沙葛、茭笋、西洋菜等 9 个种类 59 个品种。

20 世纪 50 年代，碧江四方磨附近设有广东省蔬菜试验基地。1958 年成立人民公社后，蔬菜种植以生产队为主，种植主要在秋冬季，俗称"冬种"，主要有大白菜（黄芽白、绍菜）、芥蓝、白菜、甘蓝（椰菜）、芥菜、菜心、茼蒿、菠菜、豆角等。

1966 年，碧江大队蔬菜种植面积 178 亩，一年三造，总产 344.7 吨。1967 年后，强调粮食生产，蔬菜种植面积降至 70.6 亩，总产 150.5 吨。1970—1977 年期间，蔬菜种植面积维持在 150 亩左右，1976 年总产 623.7 吨。

1979 年，放开蔬菜市场价格，经济效益显著提高，农民种菜积极性大大提高，蔬菜种植逐渐向专业户、重点户发展。同时，不断引进和发展优质高值新品种（油麦菜、意大利生菜），采用塑料薄膜保湿、黑色塑料编织网遮光等技术进行反季节蔬菜生产，提高复种指数，使土地利用率和蔬菜产量倍增。1988 年种植面积 310 亩，总产 1920 吨。1991 年种植面积 360 亩，亩产 10.6 吨，总产 3825.1 吨，创历史最高水平。1992 年起，碧江地区农业生产转向"三高"农业，蔬菜种植多为家庭种植，没有形成规模化种植，逐渐衰落。1998 年，蔬菜种植面积降至 293 亩，总产 2195.1 吨。2016 年，仅余菜地 158 亩，总产 903 吨。

小麦 1970 年起，广东推广稻—稻—麦三熟制，发动各地大种小麦。1973 年，碧江地区种植小麦 1939 亩，平均亩产 40.64 公斤，总产 78.8 吨。其中坤洲大队 702 亩、总产 30.65 吨，碧中大队 634 亩、总产 25.35 吨，彰义大队 360 亩、总产 15.55 吨，都宁大队 243 亩、总产 7.25 吨。70 年代中期，推广墨西哥小麦良种，小麦亩产大幅提高。1977 年，碧江地区种植小麦 1576 亩，平均亩产 62.8 公斤，总产 98.9 吨，亩产较 1973 年提高 54.5%。1979 年起，粮食供应紧张局面缓解，加上大面积连作禾本科作物，土壤肥力消耗大，造成地力下降、土壤板结、酸性增大、病害增加，影响稻谷产量，而终止种植冬小麦。

花生 明末清初，碧江地区开始零星种植藤蔓实生小粒的"龙花生"。1949 年后，农民利用蔗地、塘基、五边地等间种或套种花生。20 世纪 60—70 年代，食油短缺，花生种植面积逐步增加。1966 年，碧江大队种植花生 32 亩，亩产 80 公斤，总产 2.55 吨。1972 年，种植面积增至 572.8 亩，平均亩产 101.3 公斤，总产 58 吨。其中坤洲大队 229.3 亩、总产 21.55 吨，碧中大队 165.6 亩、总产 15.95 吨，彰义大队 90 亩、总产 11.1 吨，都宁大队 88 亩、总产 9.4 吨。1979 年，国家提高花生收购价格，并规定 50 公斤干壳花生可顶征调稻谷 150 公斤，加上北滘人民公社推行花生、晚稻轮作制度，至 1981 年，碧江地区种植花生增至 1196 亩，平均亩产 120.7 公斤，总产 144.4 吨，品种以"粤油 551"和"粤油 187"为主。其中坤洲大队 477 亩、总产 60.15 吨，碧中大队 363 亩、总产 39.4 吨，都宁大队 256 亩、总产 34 吨，彰义大队 100 亩、总产 10.85 吨。1986 年后，食油供应紧张局面缓解，碧江地区花生种植逐年减少。1991 年，坤洲管理区 331.5 亩，总产 33.2 吨；都宁管理区 71.5 亩，总产 10.8 吨。1994 年起，碧江地区不再规模化种植花生。

药材 1965 年开办碧江中药加工厂后，开始种植药材，主要有黄姜、首乌、淮山、金银草等。70 年代，各大队陆续办起种植场。1974 年，彰义大队种植 30 亩，产值 5600 元；坤洲大队种植 8 亩，产值 1290 元。1976 年，碧中大队 22 亩、坤洲 4 亩、彰义 8 亩，产值 3507 元。80 年代起，因种植效益低，药材种植逐渐消失。

二、水产业

传统品种养殖 碧江塘鱼生产可溯源至唐代，农民将鲤鱼种"蓄于池塘间，一

年可供口腹"。明万历年间，碧江基塘农业进入快速发展时期，"堑负廓之田为圃……圃中凿池蓄鱼，春则涸之播秧，大者至数十亩。若筑海为池，则以顷计"，初步形成果基鱼塘生产格局。养殖品种主要有草鱼（俗称"鲩鱼"）、鲢鱼（俗称"扁鱼"）、鳙鱼（俗称"大头鱼"）、鲮鱼，统称"四大家鱼"。此外，还有青鱼（俗称"黑鲩"）、鳊鱼（俗称"边鱼"）、鲤鱼等。

1949年后，主要养殖品种仍以鳙、鲢、草、鲮"四大家鱼"为主，平均亩产达120公斤。1957年，碧江地区鱼塘1050亩，亩产160公斤，总产168吨。

1958年后，实行统购统销，关闭自由贸易市场，塘鱼按牌价由国家收购，加上粮食紧张，饲料短缺，1961年放养面积增加，但总产却比1957年减少37.4吨，平均亩产减少38.5公斤。1963年，实行奖售政策，鱼物挂钩，生产队完成派购任务后，允许在贸易市场出售，塘鱼生产逐渐恢复。1965年，增基生产队实行"三级养殖"法，因地制宜，精青结合，合理放养，全队61亩鱼塘产出15.81吨，亩产258公斤。1966年，碧江大队鱼塘面积1226亩，平均亩产188.99公斤，总产231.7吨，分别比1961年增长14.1%、55.6%、77.4%。

"文化大革命"时期，对塘鱼生产实行"一管二统三派购"政策，由国家统一收购，1966—1978年每50公斤塘鱼平均收购价仅为38元，塘鱼养殖面积增长缓慢。1970年，陆续推广"三级轮养""多级轮养"法，增加放养密度，产量不断增长。坤洲大队、碧中大队鱼塘亩产常年位居公社前列。1978年，碧江地区塘鱼面积1226亩，亩产261.17公斤，总产320.2吨，亩产、总产分别比1966年增长38.1%、38.2%，平均亩产较北滘公社高90.5公斤。其中碧中大队401亩、总产115.5吨、亩产288.03公斤，坤洲大队394亩、总产108.25吨、亩产274.75公斤，彰义大队359亩、总产68.75吨、亩产191.5公斤，都宁大队72亩、总产27.7吨、亩产384.72公斤。

1979年起，取消塘鱼上调任务，开放塘鱼市场，在生产体制上推行联产承包责任制，实行个体承包经营，塘鱼生产进入新的发展阶段。20世纪80年代初，推广科学饲养方法，实行集约化经营，实施"主攻鲩鱼，早育鲮鱼""冬春育鲢，夏秋攻鳙"技术，产量和收益大幅度增长。1979—1988年十年间，碧江地区塘鱼总产从329.25吨增至975.51吨，平均亩产由329.25公斤增至487.15公斤。

80年代中期起，塘鱼生产从传统"四大家鱼"逐渐转向优质、高产、高值鱼类养殖。至1991年，传统品种养殖面积仅有1300多亩，总产916.3吨，占总产的83%，其中鳙鱼191.7吨、鲩鱼236.7吨、鲢鱼90.9吨、鲮鱼397吨。其后，加速开发水产养殖业。1995年，传统家鱼养殖面积1917.5亩（其中坤洲1078.5亩、碧江676亩、都宁163亩），总产1632.7吨，达历史最高峰，占总产的83%，其中鳙鱼199.5吨、鲩鱼230.5吨、鲢鱼56吨、鲮鱼1146.7吨。是年，"四大家鱼"塘头价均值为6200元/吨，产值1012万元，约占当年塘鱼产值的10%。1997年，传统家鱼养殖面积1800多亩，总产702吨，占总产的33.1%，其中鳙鱼190吨、鲩鱼250吨、鲢鱼44吨、鲮鱼218吨，产值353.2万元，占当年塘鱼产值5545.2万元的6.4%。

进入21世纪后，受城市化（征地）、工业化、环境污染、成本上涨等因素影响，传统品种养殖逐渐衰落。2002 年，"四大家鱼"大幅锐减至 700 亩。至 2016 年，传统品种养殖面积仅余 200 亩，总产 173 吨，其中鲩鱼 60 吨、鲫鱼 38 吨、其他传统品种 75 吨，产值 265 万元，养殖面积、总产分别为 1997 年的 11.1%、24.6%。

1961—1969 年碧江大队（公社）塘鱼养殖情况表

表 3—1—7
单位：亩、公斤、吨

年份	面积	亩产	总产	年份	面积	亩产	总产
1961	1074.9	121.5	130.6	1966	1226	188.99	231.7
1962	1139	78.49	89.4	1967	1237	195.07	241.3
1963	1032	111.53	115.1	1968	1267	195.97	248.3
1964	1281	139.89	179.2	1969	1267	199.45	252.7
1965	1226	153.02	187.6				

表3—1—8

1970—1985 年碧江地区塘鱼养殖情况表

单位：亩、公斤、吨

| 年份 | 碧江地区 | | | 其中 | | | | | | | | | | | |
| | | | | 碧中大队 | | | 彰义大队 | | | 坤洲大队 | | | 都宁大队 | | |
	面积	亩产	总产	面积	亩产	总产	面积	亩产	总产	面积	亩产	总产	面积	亩产	总产
1970	1185.9	209.29	248.2	359.9	236.87	85.25	359	176.32	63.3	366	228.83	83.75	101	157.43	15.9
1971	1185.9	211.77	251.14	359.9	238.01	85.66	359	181.62	65.2	366	230	84.18	101	159.41	16.1
1972	1205.4	215.03	259.2	372	236.96	88.15	359	181.34	65.1	380.4	235.15	89.45	94	175.53	16.5
1973	1247	223.46	278.65	401	236.28	94.75	352	190.06	66.9	394	247.46	97.5	100	195	19.5
1974	1247	223.74	279.01	401	242.92	97.41	380	187.63	71.3	394	243.02	95.75	72	202.08	14.55
1975	1247	239.05	298.1	401	258.35	103.6	380	195.26	74.2	394	261.93	103.2	72	237.5	17.1
1976	1247	217.72	271.5	401	247.76	99.35	380	178.95	68	394	230.08	90.65	72	187.5	13.5
1977	1247	237.01	295.55	401	260.85	104.6	380	180.13	68.45	394	256.6	101.1	72	297.22	21.4
1978	1226	261.17	320.2	401	288.03	115.5	359	191.5	68.75	394	274.75	108.25	72	384.72	27.7
1979	1267	259.87	329.25	401	308.98	123.9	359	212.81	76.4	401	256.11	102.7	106	247.64	26.25
1980	1267	196.84	249.4	401	233.54	93.65	359	146.24	52.5	401	203.99	81.8	106	202.36	21.45
1981	1267	239.07	302.9	401	268.83	107.8	359	198.05	71.1	401	244.14	97.9	106	246.23	26.1
1982	1267	286.78	363.35	401	322.94	129.5	359	206.13	74	401	321.2	128.8	106	292.92	31.05
1983	1267	308.60	391	401	343.89	137.9	359	228.97	82.2	401	342.89	137.5	106	315.09	33.4
1984	1375.8	331.92	456.65	509.8	324.64	165.5	359	277.02	99.45	401	382.29	153.3	106	362.26	38.4
1985	1267	365.35	462.9	401	397.26	159.3	359	273.59	98.1	401	393.39	157.75	106	450.47	47.75

表3-1—9

1986—1998年碧江地区塘鱼养殖情况表

单位：亩、公斤、吨

年份	碧江地区			其中								
				碧江街区			坤洲大队（管理区）			都宁大队（管理区）		
	面积	亩产	总产	面积	亩产	总产	面积	亩产	总产	面积	亩产	总产
1986	1304	407.29	531.1	760	405.39	308.1	401	405.61	162.65	143	422.03	60.35
1987	1831	445.64	815.97	1280	446.02	570.9	411	451.51	185.57	140	425	59.5
1988	2002.5	487.15	975.51	1257.4	499.32	627.85	601.1	470.57	282.86	144	450	64.8
1989	1478.6	696.67	1030.1	724	880.94	637.8	605.6	535.01	324	149	458.39	68.3
1990	—	—	—	—	—	—	—	—	—	—	—	—
1991	1615	683.03	1103.1	760	835	634.6	630	558.41	351.8	225	518.67	116.7
1992	3059.1	599.72	1834.6	1631	595.95	972	1197.5	599	717.3	230.6	630.1	145.3
1993	4056.6	536.78	2177.5	1742.9	591.6	1031.1	1617.7	535.20	865.8	696	403.16	280.6
1994	4183	488.88	2045	1920	421.35	809	1501	585.61	879	762	468.50	357
1995	4360	446.03	1944.7	1754	445.27	781	1877	491.58	922.7	729	330.59	241
1997	4370	485.58	2122	1709	504.39	862	1893	512.41	970	768	377.6	290
1998	4075	595.34	2426	1591	622.25	990	1828	597.37	1092	656	524.39	344

注：1990年数据缺失。

名优特水产养殖 1986 年起，碧江地区开始养殖名优特水产品，从少量混养，发展到大面积放养、纯养。主要品种有鳗鲡、鳖、鳜鱼、加州鲈、罗氏虾、龟等。至 1998 年，养殖面积达到 2017 亩，产量 1506 吨，分别占塘鱼养殖面积、产量的 49.4%、62.1%。随着城乡一体化，鱼塘面积逐年缩小，名优特水产养殖也随之减少。至 2016 年，养殖面积仅有 152 亩，总产 93 吨，分别占塘鱼养殖面积、产量的 44.2%、35%，产值 990 万元，其中罗氏虾 105 亩、鳗鱼 36 亩、龟 12 亩，全年放养罗氏虾 73 万尾、鳗鱼 13 万尾、龟 6 万只，产量分别为 52 吨、35 吨、6 吨。

1986 年，北滘区承担国家"星火计划"科技发展项目——特种水产养殖。是年，碧江街区、坤洲大队开始零星养殖鳗鱼。1987 年 7 月 15 日，碧江街区水产养殖场腾出鱼塘 6.3 亩，专门养殖鳗鱼，投入鳗苗 3.1 万尾，成活率达 90% 以上，总产量近 6 吨，产值近 27.9 万元，纯收入 14.4 万元，每亩纯收入 22794.5 元。在这一喜讯鼓舞下，同年年底，坤洲管理区兴办鳗鱼养殖场。1988 年，碧江、坤洲分别投放鳗苗 8.8 万尾、6 万尾，都取得较好效益。1990 年，坤洲鳗鱼养殖场养殖鳗鱼 140 亩，投放鳗苗 55 万尾，捕获量 42 吨，是当时北滘镇乃至顺德县养殖规模最大、上市量最高的养殖场。1992 年底，碧江地区办起的 100 亩以上规模养殖场 6 个，分别为坤洲养殖一场、二场、三场，都宁养殖场，碧江丰产围养殖场，正面咀养殖场，其中坤洲养殖三场基地面积 700 亩，水面面积 400 亩。1994 年，碧江地区养殖鳗鱼 1506 亩，总产 1053 吨，其中坤洲 650 亩、总产 455 吨，碧江 160 亩、总产 160 吨，都宁 696 亩、总产 438 吨。1995 年 4 月至 6 月，鳗鱼价格急升，每吨规格鳗达 12 万元，大鳗 10 万元，小鳗 17 万元。1996 年，碧江地区再兴养鳗热潮，总面积达 1963 亩，其中坤洲 967 亩、都宁 400 亩、碧江 596 亩，成鳗上市 870 多吨。

1996 年起，日本鳗苗短缺价高，鳗鱼生产成本高，1997 年碧江大幅减少日本鳗养殖，开始大范围推广欧洲鳗、美洲鳗的养殖。1998 年，碧江地区养殖鳗鱼 1080 亩，总产 875 吨。1999 年，鳗苗丰收，苗价大幅下跌，导致各地养殖量激增，市场供过于求，农户普遍亏损。为了对应市场的变化，碧江开始减少鳗鱼养殖。至 2002 年，碧江社区鳗鱼养殖面积缩至 575 亩，2007 年降至 312 亩。2016 年，碧江社区鳗鱼养殖面积仅有 36 亩，总产 35 吨。

1993 年，碧江地区开始批量养殖鳖鱼。1994 年后，形成规模化养殖。经过多年的探索积累，1998 年，碧江、坤洲取得鳖自然越冬的经验，这一经验推广后，带动附近地区养鳖业的发展。是年，碧江地区鳖的养殖面积近 200 亩，总产 99 吨。至 1999 年，碧江地区鳖的养殖面积达 392 亩，其中坤洲 305 亩、都宁 52 亩、碧江 35 亩。可是，每吨鳖价格从 1998 年的 10 万元跌至 5 万元，养殖户经济效益普遍不佳，造成养殖面积缩减。至 2002 年，养殖面积降至 70 多亩。2008 年，碧江社区已没有规模养殖。

20 世纪 80 年代末至 90 年代初，碧江地区开始零星养殖加州鲈、鳜鱼（桂花鲈），1995 年，养殖面积扩大至 90 亩，放养鱼苗近 100 万尾，年产加州鲈 27 吨、鳜鱼 8 吨。至 1998 年，加州鲈养殖面积达 766 亩，产量 422 吨，鳜鱼养殖面积 86 亩，产量 50 吨。1999 年，加州鲈、鳜鱼市场供过于求，价格大幅下滑，其中鳜鱼价格下跌2.6万元/吨。1999年，养殖面积下降至263亩，2002年，养殖面积约100亩。2008年，已没有规模养殖。

三、禽畜养殖业

家禽养殖 宋代起，碧江开始饲养群鸡群鸭。至清代，饲养群鸭遍及碧江地区，成为农民副业收入的重要来源。但从总体上看，基本处于自供自足的状态。

1960年，"三鸟"总饲养量仅2万只，1978年缩为1.75万只。

碧江商品性家禽养殖始于改革开放之后。1979年下半年，北滘公社积极发展家禽养殖业，以碧中大队为养鸡示范点，推广科学养鸡，成活率达90%以上，15户试点户上市1.5万只商品鸡，平均每只获利1.5元。其后，人带人、户带户，兴起商品鸡养殖的热潮。1981—1985年，碧中大队共饲养商品鸡51.7万只，总收入达400多万元，纯收入70多万元，碧中大队一度成为全省闻名的"养鸡村"，涌现出陈生、周元、周潮、苏许等一批养鸡能手。碧中大队养鸡致富带动附近各乡养鸡业的迅速发展。

1982年，北滘农业部门建立畜禽服务公司，对专业户进行产前、产中、产后服务，并在资金、种苗、饲料、技术、销售等方面扶持，碧江地区重点户、专业户大幅增加，年底养鸡专业户超过700户。1985—1987年，北滘区公所投入500万元，在象岗一带建立起"广源鸡"生产基地，繁育、饲养优质黄羽肉鸡，引进封闭式种鸡舍2幢，共1500平方米，开放式种鸡舍2幢，共1500平方米，年孵化能力达200万苗。

1989年，碧江地区"三鸟"总饲养量42.3万只，年产鲜蛋22.7吨；规模化种鸡孵化场6个，孵化能力达350.6万苗。1991年增加到165.5万只，年产鲜蛋505.5吨，分别比1989年增长2.91倍、21.3倍。是年，肉鸡专业户有168户，蛋畜专业户45户，其中梁尧基实行"上养（鸡、猪）下养（鱼）"，取得较好效益，受到县农业主管部门的表彰，其经验得到推广。其后六年，碧江地区"三鸟"养殖以小规模大群体发展模式，保持着强劲的发展势头，年均饲养"三鸟"224.3万只。1993年达到高峰，总饲养量达242万只，年产鲜蛋567.9吨，分别占北滘镇的22.6%、32.8%。

1998年起，家禽价格偏低且起伏不定，不少农户退出家禽养殖业。1999年，碧江地区家禽养殖量201万只，比1993年减少17%，2002年降至160万只。2004年6月至2005年9月，肉鸡价格一路走高，2005年，碧江社区"三鸟"养殖又迅速发展，总饲养量达213万只，其中鸡201万只。但是，随着城乡一体化和工业快速发展，家禽饲养业利润增长不大，导致"三鸟"养殖业逐渐萎缩。2016年，碧江社区饲养家禽8.6万只，出栏5.3万只，专业养殖户8户，主要分布在都宁。

表3—1—10

1980—1985年碧江地区"三鸟"饲养情况统计表

单位：万只，吨

年份	碧江地区						其中											
	总饲养量	鸡	鸭	鹅	出栏量	禽蛋量	碧中大队			彰义大队			坤洲大队			都宁		
		其中					饲养量	出栏量	禽蛋量	饲养量	出栏量	禽蛋量	饲养量	出栏量	禽蛋量	饲养量	出栏量	禽蛋量
1980	3.7	3.7	—	—	2.3	—	2	1.3	—	0.4	0.2	—	0.8	0.5	—	0.3	—	
1981	6.3	6.3	—	—	4.6	—	4.4	3.5	—	0.5	0.3	—	0.9	0.5	—	0.5	0.3	—
1982	21.4	19.8	1.6	—	18.6	2.05	17.4	15.5	—	0.5	0.4	—	2.5	1.9	1.35	1	0.8	0.7
1983	15.2	13.5	1.4	0.3	12	4.2	11.3	9.4	2.1	0.5	0.4	—	2.3	1.6	1.3	1.1	0.6	0.8
1984	10.3	8.9	1.4	—	8.8	4.8	6.3	6	1.1	0.5	0.3	0.2	2.7	2	1.8	0.8	0.5	1.7
1985	16.1	14	1.3	0.8	14.6	3.5	12.3	12	0.8	0.5	0.4	0.2	2.3	1.6	1.5	1	0.6	1

表3—1—11

1986—1998年碧江地区"三鸟"饲养情况统计表

单位：万只、吨

年份	碧江地区						其中								
	总饲养量	其中			出栏量	禽蛋量	碧江街区			坤洲大队（管理区）			都宁大队（管理区）		
		鸡	鸭	鹅			饲养量	出栏量	禽蛋量	饲养量	出栏量	禽蛋量	饲养量	出栏量	禽蛋量
1986	21.6	18.3	1.8	1.5	18.3	6.7	14.9	12.7	3.1	5.7	5	2.6	1	0.6	1
1987	29.1	24.5	3.3	1.9	22.4	33.2	21.7	16.6	1.3	6.6	5.4	30.5	0.8	0.4	1.4
1988	34.4	29.2	2.8	2.4	25.5	7.2	25.9	18.2	1.5	7.5	6.8	4	1	0.5	1.7
1989	42.3	36.2	3	3.1	31.8	22.7	33.4	24.9	17.3	7.2	6.9	5.4	1.7	—	—
1990	—	—	—	—	—	—	—	—	—	—	—	—	—	—	—
1991	165.5	158.7	3.2	3.6	148.8	505.5	136.9	124.9	359.9	19.7	16.2	88.1	8.9	7.7	57.5
1992	214.2	211.3	2.2	0.7	169.3	413	174.4	142.5	315	21	18	82	18.8	8.8	16
1993	242	240.5	1.4	0.1	197.6	567.9	193.6	167.7	423.3	23.8	17.1	99	24.6	12.8	45.6
1994	240.1	238.8	1.1	0.2	201	362.4	155.4	137.3	36.5	66.8	50.5	275.8	17.9	13.2	50.1
1995	206.8	198.3	8.4	0.1	163.8	363	132.5	115.8	295	57	34.1	37.5	17.3	13.9	30.5
1996	237.1	235.5	1.4	0.2	202.2	108	150.2	135.2	21	67.9	51.5	61	19	15.5	26
1997	205.5	203.4	2	0.1	170	313	154	134	21	35	22.8	282	16.5	13.2	10
1998	203.6	201.8	1.6	0.2	156.7	—	144.7	111.3	—	32.2	23.6	—	26.7	21.8	—

注：1990年数据缺失。

生猪养殖 明代中叶，碧江商品性农业逐渐兴旺，加上番薯引种和酿酒业兴盛，为养猪提供充足的饲料，大多数农户每年饲养1—2头。清代至民国初年，碧江地区粮食加工业兴旺，农户、酒楼、米铺、粮食加工店均有饲养生猪，据《广东农业概况调查报告书》（1927年）记载：顺德县"各圩市酒米家均有畜养，最多者二十余份，每份十头"。

中华人民共和国成立后，人民政府十分重视养猪业。50年代，碧江地区农业合作社纷纷办起养猪场，养猪业曾一度得到发展。但是1958年10月人民公社成立后，刮起生产浮夸风，不顾客观条件，盲目大建"万头养殖场"，而且限制农民家庭住户养猪，加上1959—1961年，粮食减产，饲料紧缺，仔猪死亡率高，生猪饲养量急剧下降。1961年，全碧江生猪总饲养量1262头，上调和自食248头，死亡猪只387头，其中死亡仔猪353头。

1962年，贯彻落实"合理派购，平衡负担"政策，采取"私养为主，公私并举""公助私养"等措施，实行"购六留四"办法，生猪饲养量开始回升。1966年，生猪饲养量达3006头，出栏（上调和自食）1210头，年末存栏1796头，其中集体存栏554头、社员存栏1242头。1969年，生猪饲养量达4301头，出栏1450头，年末存栏2851头，其中集体存栏900头、社员存栏1951头，分别比1966年增长43%、19.8%、58.7%、62.5%、57.1%。

1974年9月，中共佛山地委养猪现场会议后，执行《关于大力繁殖母猪的决定》，每年牌价供应每头母猪150公斤饲料稻谷、生产仔猪补助饲料粮等奖励。1976年，碧江地区养殖生猪5306头，为历史最高水平。1977年3月，推行"生猪畜病合作制度"，提高仔猪成活率。1978年，碧江地区养殖生猪4868头，其中碧中大队1512头、彰义大队766头、坤洲大队1859头、都宁大队731头。

1980年，生猪派购政策从"购六留四"改为"购五留五"，极大提高农户积极性。1984年，碧江地区饲养生猪2900头，年终存栏1228头，私人饲养占总量的99.7%，家庭养猪成为农民收入的重要来源。

1985年，人民政府取消生猪派购任务和计划供应猪肉制度，实行议购议销，全面放开生猪市场，生猪饲养逐渐从家庭分散零养变为专业户、养殖基地规模性养殖。至1991年，养猪专业户60多户。其间，碧江以"星火计划"为依托，以禽畜服务公司为保障，大力发展瘦肉型猪养殖，建立瘦肉型猪出口基地，并从资金、种苗、饲料、技术、收购、保险六个方面为养猪户提供"一条龙"服务，集约化、专业化程度和饲养技术、管理水平不断提高。1992年，碧江地区生猪全年饲养量达7931头，比1978年增长62.9%；出栏量5722头，比1978年增长164.4%，饲养量和出栏量再创新高。

20世纪90年代中期，由于生猪价格起伏不定，土地租金上涨，养殖效益较水产业、家禽养殖业低，养殖规模逐年减少。1997年，碧江地区饲养生猪3141头，出栏量2522头，分别为1992年的39.6%和44.1%。

2006年下半年，生猪价格飙升，加上省政府出台补贴、奖励政策，扶持养猪业，碧江社区生猪养殖有所发展。2008年，碧江生猪饲养量3862头，出栏量2873头。其后，随着城市化的加深、工业化的发展、环保意识的提升，碧江生猪养殖业逐渐式微。2012 年 9 月，顺德区召开畜禽养殖专项整治工作动员大会，划定畜禽禁养区，实行禁养区"零养殖"。2014 年，碧江生猪养殖业消失。

表3—1—12

1961—1985年若干年份碧江地区生猪养殖情况表

单位：头

年份	碧江地区			其中											
				碧中大队			彰义大队			坤洲大队			都宁大队		
	饲养量	年末存栏	出栏	饲养量	年末存栏	出栏	饲养量	年末存栏	出栏	饲养量	年末存栏	出栏	饲养量	年末存栏	出栏
1961	1262	627	248	—	—	—	—	—	—	—	—	—	—	—	—
1964	—	2104	—	—	—	—	—	—	—	—	—	—	—	—	—
1966	3006	1796	1210	—	—	—	—	—	—	—	—	—	—	—	—
1967	—	1834	—	—	—	—	—	—	—	—	—	—	—	—	—
1969	4301	2851	1450	—	—	—	—	—	—	—	—	—	—	—	—
1970	4370	2791	1579	1529	1162	367	827	516	311	1603	917	686	411	196	215
1972	4906	3337	1569	1602	1298	304	831	546	285	1775	1115	660	698	378	320
1973	5262	3176	2086	1738	1240	498	754	392	362	2038	1156	882	732	388	344
1974	5237	3093	2144	1956	1315	641	811	438	373	1723	940	783	747	400	347
1975	5098	3017	2081	1622	1078	544	771	394	377	1956	1124	832	749	421	328
1976	5306	3380	1926	1817	1284	533	719	467	252	1917	1138	779	853	491	362
1977	5247	3245	2002	1842	1207	635	720	396	324	1884	1152	732	801	490	311
1978	4868	2704	2164	1512	844	668	766	382	384	1859	1035	824	731	443	288
1979	5038	2491	2547	1914	979	935	708	301	407	1737	884	853	679	327	352
1980	4441	2010	2431	1390	538	852	661	306	355	1698	805	893	692	361	331
1981	3897	2281	1616	1465	920	545	676	421	255	1287	746	541	469	194	275
1982	3113	1416	1697	999	407	592	343	149	194	1198	547	651	573	313	260
1983	3202	1410	1792	1204	536	668	287	137	150	1254	502	752	457	235	222
1984	2900	1228	1672	1117	412	705	344	130	214	1007	419	588	432	267	165
1985	3288	1248	2040	1284	274	1010	311	142	169	1122	436	686	571	396	175

注：1961年、1964年、1966—1967年、1969年，各大队数字缺失；1962、1963、1965、1968、1971年碧江数据缺失。

表 3—1—13

1986—1998 年碧江地区生猪养殖情况表

单位：头

年份	碧江地区			其中									
				碧江镇（街区）			坤洲大队（管理区）			都宁大队（管理区）		
	饲养量	年末存栏	出栏	饲养量	年末存栏	出栏	饲养量	年末存栏	出栏	饲养量	年末存栏	出栏
1986	3633	1304	2329	1983	702	1281	1255	357	898	395	245	150
1987	3498	1205	2293	1778	617	1161	1305	383	922	415	205	210
1988	4289	1372	2917	2129	713	1416	1660	499	1161	500	160	340
1989	5398	1767	3631	2094	691	1403	2354	784	1570	950	292	658
1990	—	—	—	—	—	—	—	—	—	—	—	—
1991	5952	1880	4072	3301	811	2490	1888	921	967	763	148	615
1992	7931	2209	5722	3913	698	3215	2988	1081	1907	1030	430	600
1993	4728	1502	3226	1602	476	1126	2103	747	1356	1023	279	744
1994	4666	1520	3146	2160	478	1682	2148	977	1171	358	65	293
1995	3915	778	3137	2100	200	1900	995	383	612	820	195	625
1996	4700	800	3900	2200	200	2000	1700	400	1300	800	200	600
1997	3141	619	2522	2200	200	2000	731	379	352	210	40	170
1998	3679	480	3199	2400	200	2200	1263	280	983	16	—	16

注：1990 年数据缺失。

第二节　工　业

一、产业规模

明代，碧江就出现造纸作坊。据考察，遗存在上下村一带的腌浸造纸材料竹子的灰塘已有五六百年的历史。清代，碧江的造纸和纸类加工工业开始形成，碧江出产的竹纸享誉全省，纸类加工业的金纸、锡纸、元宝、衣纸等拜神产品，远销广西、贵州，出口东南亚。20世纪20—30年代，碧江造纸和纸类加工业进入鼎盛时期，在上下村、上下涌和壮甲一带有造纸工人240人，坤洲有抄纸作坊3家，职工百余人，年产值白银1万元；锡纸加工业有80多家，工人500多人，另家庭加工生产的妇女近千人。主要名铺有盛记栈、嘉大和、思日堂、方成记、协和、显合、泽记、两益记、均昌等，营业额430多万银元。

碧江的机动碾米厂（俗称"米机"），始于清朝宣统年间。据民国元年（1912年）民国农工商部统计，碧江有多家用蒸汽机作动力的碾米厂，他们不仅加工珠江三角洲沙田区的稻谷，而且源源不断从越南、缅甸等国进口稻谷，加以加工，销往广州、佛山、香港等地，银值达500万两。岗北长堤一带全是米机，苏氏怡谋堂是顺德全县最大的米业商家，碧江圩还设米业协会—行有恒堂，会员2000多人。当时，碧江被称为珠三角的"谷埠"。

1938年，日本侵略军入侵碧江，摧毁整个碧江的工业。造纸、纸类加工、碾米等行业厂企毁于一旦，全部倒闭。抗日战争时期，碧江曾发展制糖业，办起江湾街、五间祠、增基三家"糖寮"。抗日战争胜利后，逐渐恢复纸类加工纸，大都是家庭经营。酿酒业也有一定发展，有裕丰、怡丰盛、诚丰、丰盛、远来、城昌等8家酒庄，有工人70多人，年产值约8万银元，产品主要销往广州。这时期，碧江大规模兴办软木生产作坊，主要产品有暖水瓶塞、玻璃塞、救生圈、渔艇水塞，销往全国各地，有永源、权记、潮汇、恒记、张记、荣记、胡记、何大记、永大、永和、祐江等22家生产作坊，工人上千人，其中永源工人200人，生产设备有手锯、风车锯、铡机、锉机。

中华人民共和国成立后，人民政府号召圩市居民参加生产，开展生产自救。碧江乡先后办起农具、农艇、木器、竹器等生产组、坊。1955年，永源、潮汇等22家轻木场、坊分别组建第一、第二轻木合作社，轻木产品生产水平得到提升。1957年，碧江恢复碾米业，坤洲办起粮食加工厂。

20世纪60年代初期，碧江工业集体企业得到快速发展。街区办起玻璃、铁钉、肥皂、五金、电器、木箱、电制板、化工等集体企业。其中规模较大的碧江综合厂，开办于1968年，职工382人，年产值43.93万元、利润9080元，工资20628元，是当时北滘公社颇具规模的企业之一。至1970年，碧江主要工业厂企有粮食、花生油加工厂企 3 家，职工 30 余人；砖瓦厂 16 家，职工 300 多人，产品除供应该村民建房之外，大部分销往广州、佛山等地。轻木厂 7 家，职工 300 多人，主要生产各类瓶塞，产品销往中南各省的保温瓶厂，此时的碧江有"轻木之乡"之称。

1975 年，顺德贯彻中共广东省委提出的进一步发展社队企业的方针。1978 年，全县召开社队企业经验会议，将发展社队企业提高到促进农业高速发展关键的高度。其间，碧江地区各生产大队兴起大办工业的热潮，陆续办起机械、五金、轻木、粮油、饲料等厂、组。是年底，碧江地区各大队所办的企业有 19 间，工人 317 人，年产值 148.2 万元，利润 19.6 万元。

1980 年，随着家庭联产责任制的推行，大批农民"洗脚上田"，为农村工业发展注入活力。碧江办起塑料制造、制鞋、纸箱 3 家较为大型厂企。1984 年，顺德县人民政府贯彻中共中央文件精神，在兴办社队集体企业的同时，鼓励农民个人兴办或联户举办工业企业，允许港澳商人返乡办企业，允许城镇企业与乡村联营办企业。在这一历史背景下，碧江乡镇工业进入高速发展时期。1986 年 5 月，碧江首家港商投资企业——碧江华兴鞋厂正式投产。随后，港资佑威服装厂投产，接着，与省内大型企业联营的荣兴锻压设备厂、广东日美光电科技厂相继投产。其间，碧江工业发生显著变化。一是规模大，新办企业员工普遍有二三百人以上，投资普遍百万元以上；二是产业结构转向家电、塑料、服装、鞋业等为主；三是购置先进的设备和技术；四是实施现代化经营方式。1985 年，碧江工业企业从 1980 年的 30 多家发展到 40 多家，工业总产值达 3875 万元，成为北滘镇最早的千万元村之一。

1990 年后，随着改革开放进一步扩大、社会主义市场经济逐步建立，碧江工业发展速度加速，形成多成分、多层次、多形式发展的新格局，企业从小型分散向现代化大生产转移，出现一批规模企业，兴办一批高新技术企业，三资、民营企业成为经济发展的一大亮点。90 年代，先后办起骏威金属制品、裕豪厨具电器、珠江纸箱、生海电子科技、韦邦、恒业合成材料、泰隆彩印、刚艺家具、瑞国电器、励声音箱、广鑫高尔夫球、顺兴隆高尔夫球、万家信包装、康神医疗设备、华丰饲料、利宝饲料、碧丽源茶业等企业。1996—1997 年，先后建起碧江、坤洲、都宁工业园，把分散企业引入各工业园生产。至 1999 年，碧江有各类工业企业 45 家，工业厂房 50 多万平方米，工人 2950 多人，工业产值 6.3 亿元，上缴税收 1200 万元，其中年产值 500 万元规模企业 14 家。

2000 年后，碧江大力扶持龙头企业和中小企业发展，进一步培育和建设工业园区，提升现代工业生产能力，"筑巢引凤"。至 2005 年，迪辉实业有限公司、粤华电气有限公司、铨盈制冷设备有限公司、美锐彩印包装有限公司、德合包装、尚林音响木业有限公司先后在碧江工业区建立工厂，投资资金达 2880 万元，这些厂拥有先进机械设备，以生产高科技产品为主，如粤华电气有限公司注册资金达 2000 万元，而职工仅 24 人，年生产各类变压器 400 台，产值为 2000 多万元。2005 年，碧江工业总产值 1.45 亿元，外贸出口 1280 万美元。2006—2010 年，到碧江投资办厂的有百年同创塑胶实业有限公司、佰世制冷设备有限公司、华田电器实业有限公司、金派高酒店家具有限公司。其中百年同创投资达 1.92 亿元，隶属美的集团，年产值超亿元。

2010年，碧江各类工厂共有249家，较为闻名产品有利宝、兆宝畜禽水产饲料，以及丰华畜禽水产饲料、刚艺红木家具、韦邦家具、日美广告灯箱、华田电器、裕豪电热开水器、乐普电机、荣兴锻压机、宏石激光切割机、焊接机系列、粤华能变压器、碧江源茶叶。2011年后，碧江出台各项措施，扶持企业做大做强。2012年，佛山市好的制冷设备有限公司投资3880万元，在碧江设厂，生产制冷设备。2014年，宏石激光技术有限公司从外地迁入碧江，扩大生产规模，与西南大学、顺德创新设计研究院开发智能激光切割装备产业。2015年，广东嘉纳仕科技有限公司在坤洲工业区设厂，生产摩托车。

2016年，碧江形成以机械装备、医疗器械、金属材料、家用电器、电子家具、印刷、化工、塑料等行业的工业系统，共有厂企327家。其中500万—900万元年产值工厂42家，1000万元以上的51家，1亿元以上6家，著名产品有利宝饲料、丰华饲料、刚艺红木家具、日美广告灯箱、乐普电机、荣兴锻压机、宏石激光切割机、金派高酒店家具、碧丽源茶叶，当年社区实现生产总值38亿元。

二、工业企业

珠江包装集团公司　位于碧江工业区，为街办集体企业，省外贸出口产品包装生产基地之一。前身是1963年成立的油毛毡厂。1982年改为包装厂，主要生产纸箱。1986年8月，成立珠江包装集团公司，下设造纸厂、纸箱厂；同年，从德国、日本引进80年代最先进的纸箱、纸板生产设备和胶印、自动粘面、自动形成机等设备，实现纸板、纸箱、彩色印刷生产一条龙。1989年，其生产的"中国啤酒""太极酒""电熨斗"包装彩盒分别获全国首届商品包装大赛银质奖、银质奖、优秀奖；彩色瓦楞纸箱、接头瓦楞纸箱获"广东省优质产品"称号。1990年，其生产的珠江牌施乐华冰箱（163升）纸箱获"部优质产品奖"，成为珠江啤酒厂纸箱指定供应商；"珠江牌贝利90-116鞋箱"在CIP90国际包装展览会上获金奖。1991年获评部级先进企业，形成生产瓦楞纸、牛皮长纸、油毡原纸1.8万吨，彩印8000万印次，纸箱4000万平方米的生产能力；有职工750人，其中技术人员73人；厂区占地面积24万平方米，建筑面积9.7万平方米；年产值6623万元，利税200万元，出口产值300万美元。2011年转投成功结业。

区美锐彩印包装有限公司　位于坤洲工业区，2003年1月成立，注册资本150万元。厂房占地面积6000平方米，员工40多人。主要经营产品为彩箱、啡箱、纸盒、坑纸等包装装潢印刷。2016年，年产各类大小彩箱（盒）1000多万个，销售额达3000多万元。

德合包装厂　位于碧江社区长宁南路，2004年10月创办，投资金额30万元。厂房占地面积1000平方米，员工8人。主要从事彩箱印刷，年产各类彩箱70万套。2016年销售额达400多万元。

万家信包装实业有限公司　位于坤洲工业区，成立于 1997 年，注册资金 300 万元，占地面积 6000 多平方米，员工 70 多人，是一家纸箱包装企业，配置有五层高速电脑纸板生产线 2 条、德国进口罗兰世界大型四色电脑彩印机 1 台、全自动高速水墨印刷机 3 台、台湾全自动高速裱纸机 1 台、德国天马世界大型电脑晒版机 1 台，以及美国电脑大型切纸机、模切机和上油磨光机、钉机、粘合机等设备。2016 年，年产彩色印刷纸板 1300 万张、纸箱 980 万套，产值达 4000 多万元。

协和包装材料厂　位于碧江工业区，1981 年创办，占地面积 1000 平方米，有员工 16 人，当年产值 11.8 万元，1991 年产值达 1884 万元。1993 年，旅港乡亲梁伟明与碧江街道联合投资 2000 万元，扩大生产规模，占地面积增至 19000 平方米，有职工 300 多人；配置有 1.5 米纸生产线 1 条、彩色印刷机 4 台、啤机 12 台、钉机 20 台等生产设备，年产纸箱、纸盒 850 万平方米，产值达 3000 多万元。1998 年 6 月，企业转制后结业。

泰隆彩印有限公司　位于碧江工业区，于 1995 年投入 680 万创办，占地面积 4000 平方米，员工 30 多人。主要生产纸巾盒、药盒、烟盒、卡牌、化妆品盒、色带盒以及来纸加工印刷。配置德国海德堡酒精润版 102V 四色机和双色机各 1 台、全自动波拿切纸机 1 台、日本进口全自动单张纸啤机 2 台以及国产粘盒机、贴 PP 膜机等。2016 年，生产各类纸盒 73000 万个，产值 750 万元。

耀铭塑料五金有限公司　1988 年 2 月由港乡亲苏耀明开办，从国外引进生产设备，主要生产珠片（服装装饰品），产品全部出口。开办时，员工只有 50 多人，厂房面积只有 700 多平方米，为钢架结构。90 年代中期，搬进碧江工业区，厂房面积扩大至 8000 平方米，员工达 280 余人，年销售收入 600 多万元。2016 年结业。

顺兴隆高尔夫球制品有限公司　位于碧江工业区。1997 年创办，投资 138 万元。厂区面积 10000 平方米，建筑面积 15000 平方米，拥有冷室压铸机、160t 热室铸机、台湾铝台 650T 冷室压铸机、台湾电火花机、日本等发线切割机、海曙线切割机、油压机、CNC 加工中心先进的高尔夫球头制造生产设备。产品以出口为主，远销欧美、日本等国家和地区。2016 年销售额达 4100 多万元，职工 130 多人，固定资产 3800 多万元。

百年同创塑胶实业有限公司　位于坤洲工业区，于 2006 年投资 19228 万元创办。隶属于美的集团家用空调事业部顺德工厂管理。占地面积 57535 平方米。拥有各类先进的注塑机 70 台，最大吨位 1850 吨，最小吨位 120 吨，员工 600 人，其中大中专以上学历的基层管理人员占 85% 以上。2016 年，产值突破 3 亿元。

德塑实业有限公司 位于坤洲工业区，于 2001 年 1 月投资 50 万元创办。厂房占地面积 5000 平方米，配套一座 1200 平方米、高五层的综合楼。拥有金海螺、双螺杆挤出机等先进生产设备。主要生产 PVC 胶粒、电线电缆粒、玩具粒、软质装饰密封胶条、硬质异型材、软硬复合、磁性复合密封胶条等产品，广泛应用于卫浴、家具、家电、汽车、摩托车、玩具、制鞋、橱柜等领域，并通过欧盟的 ROSH、SVHC（十五种高关注物质）、PFOS、玩具食品包装等多项检测。产品销售遍布全国，出口亚洲、欧洲、美洲等地区。

恒业合成材料有限公司 位于碧江工业区，创办于 1995 年，投入资金 1000 万元，占地面积 10000 平方米，员工 35 人，是一家生产模具塑料、氨基塑料及塑料制品的外资企业，年产能力达 8000 吨。2000 年，被评为全国氨基塑料行业协会副理事长单位。2016 年，年产蜜胺塑料 3000 吨，产值 3000 万元。

南粤塑料织造厂 位于碧江西街，1980 年创立，占地面积 5100 平方米，员工 285 人，是 20 世纪 80 年代碧江地区经济效益较好的队办集体企业，以生产塑料吹膜袋、塑料编织袋为主，年产塑料吹膜袋 40000 吨、塑料编织袋 200 多万套，产品除供应容奇饲料厂外，还远销广州、湛江、南宁、厦门等地。1992 年产值达 370 多万元，1997 年结业。

迪晖实业有限公司 位于都宁工业区，于 2001 年 12 月投资 50 万创办。厂区占地面积 25000 平方米，建筑面积 15170 平方米，员工近 400 人，是美的集团旗下洗涤电器公司、微波炉公司、生活电器公司的核心供应商。2003 年一次性通过 ISO9001：2000 版本认证，是一家以镀金冲压、丝印和粉体静电喷涂专业配套生产为主的企业。2016 年销售额达 7350 万元。

金弘建材有限公司 位于坤洲工业区，2016 年创办，注册资本 300 万元。占地面积 1400 平方米，员工 14 人。是一家高端防水材料、建筑涂料研发、生产及施工的综合性集团公司，同时也是德国巴斯夫（世界 500 强企业）战略合作伙伴，旗下金雨弘防水系列、巴博丽水漆系列，国内拥有上千家销售代理商。2016 年，年产各类涂料 400 吨，销售额达 200 万元。

骏威宝金属制品有限公司 位于坤洲工业区，前身为成立于 1990 年的顺德县骏威五金电器厂，2004 年易名为顺德骏威宝金属制品有限公司，注册资本 50 万元。占地面积 4500 平方米，员工 100 多人。主要制造销售家居五金用品，以升降挂衣架、多功能挂吠架、闭门器、三角支架、趟门轮、家具五金等产品为主，产品远销西班牙、意大利、美国、俄罗斯、波兰、以色列、沙特阿拉伯等国家。2016 年，年产各类家居五金用品 18 万件，销售额达 2500 万元。

荣兴锻压设备有限公司　位于碧江工业区。1987 年创办，注册资本 300 万元（2001 年）。占地面积 23600 平方米，员工 120 人，是一家大型锻压机械生产企业。主要产品有 C 型气压式 OCP、CDP、FCP 系列单、双轴高精密度机械压力机，CTX 系列闭式双点精密压力机，J23、J21、J21S、JAM 等系列机械压力机，及 Y28、Y31、Y34 系列油压机，Q11 系列机械剪板机，WC67Y 系列液压板料折弯机。2016 年，年产各类锻压设备 2425 台，产值达 2011 万元。先后获得广东省名牌企业、国家高新技术企业、ISO9001 认证企业等称号。

利宝饲料有限公司　位于碧江工业区。1999 年 9 月投资 5000 万元创立，厂房面积 20000 平方米，2000 年 6 月正式投产。是一个主要以生产销售利宝、兆宝品牌畜禽水产饲料为主的工业企业。2005 年起先后有 7 个产品荣获"广东省名牌产品"称号。2016 年，销售保持在 50 万吨左右，销售收入达 14 亿元，在全省饲料同行单厂名列前茅；有职工 200 人，其中硕士 1 人、本科毕业生 50 多人；厂房内有 8 台设计先进的全电脑自动配料生产线，时产量达 50 吨。

丰华饲料实业有限公司　1999 年 12 月创办，投资 5000 万元，厂区面积 2 万平方米，厂房建筑面积 1.6 万平方米，是集畜禽水产动物营养研究、病害防治、饲料加工、生产销售的大型现代化饲料企业。2016 年，年产饲料 6000 多吨，销售额达 1.73 亿元，有职工 100 多人；拥有先进的现代化生产设备、具有年产 12 万吨畜产饲料生产线和年产 15 万吨全进口水产膨化饲料生产线的现代化企业，主要生产鸡、猪、鱼颗粒饲料、特种水产膨化配合饲料。

韦邦集团有限公司　位于碧江工业区，创办于 1994 年 10 月，首期投资 5000 万元。2005—2007 年，投资 2 亿多元扩建厂房、更新设备。占地面积 18840 平方米，建筑面积 88000 多平方米。2009 年，有员工近 1000 人，年产高档家具近万套，销售额达 5 亿多元。2008—2009 年，投资 2500 万元，引进德国、意大利全套数控木工设备及大型生产线（CNC、贴皮短周期 UV 线），大幅度提升产品质量，缩短生产周期。产品的甲醛含量控制处于世界先进水平，50% 产品远销美国、德国、英国、意大利、法国等 10 多个国家，属广东省名牌产品，连续十年获得广东省工商行政管理局"守合同重信用企业"，也是"顺德优抚企业成长工程区政府重点扶持企业"。2016 年，年产高档家具 1 万多套，销售额达 4500 万元。

刚艺家具实业有限公司　位于碧江工业区，于 1995 年投资 500 万元创办，占地面积 23335 平方米，员工 65 人，以生产红木家具为主，是中国红木古典家具理事会理事、广东省家具协会会员单位。产品涵括厅堂、书房、矮柜、餐茶、套房等五大系列上百个品种，讲求中国古典文化与现代科技、时尚元素相融合，以求材、艺、韵兼备，实用、观赏、保值、收藏价值共存。在全国 10 多个省市设有直营专卖店，先后荣获"中国名优产品""中国质量信得过产品""中国优秀绿色环保产品""中国红

木家具创新金牌奖""中国红木家具十大创新品牌"等荣誉称号。2016年，年产各类红木家具300套，年销售额达900多万元。

金派高酒店家具有限公司 2010年5月创办，投资1010万元，坐落于碧江工业区，是一家致力于专业生产酒店家具，集研发、设计、生产、销售于一体的现代化大型企业。公司拥有标准厂房3万平方米，设有3600平方米的多功能产品展示厅，配备先进的由德国、意大利、荷兰等国家进口的家具专用生产设备。累计获得国家专利70多项，被评为"广东省著名商标"，获"广东省名牌产品"称号。年生产酒店系列4万多套，产品畅销全国各地及美国、加拿大、俄罗斯、韩国、埃及、印度、爱尔兰和中东等地，年销售额达4500万元。

励声音箱木器厂 位于坤洲工业区，于1997年投资28万元创办，占地面积51328平方米，员工42人，是一家生产音箱外壳为主的企业。主要设备有开料机、吸塑机、冷榨机等。2016年，生产各类大小音箱外壳50万个，产值达700多万元。

尚林音响木业有限公司 位于碧江工业区，成立于2004年，厂房建筑面积9000平方米，员工近100人，其中专业技术人员30多人。拥有德国产"豪迈HOLZMA"电子数控开料锯，CNC数控加工中心、雕刻机、精密推台锯、全自动封边机、高频弯板机、砂光机、钻孔机、多排多轴木工铝床、立式单轴木工镂铣床、UV锟涂线、高洁度装喷房等设备，年产高端橱柜、衣柜、卫浴柜等9500套，动漫游戏机柜9200台。2016年公司销售额达2500万元。

华田电器实业有限公司 位于坤洲工业区，于2009年投资120万元创办。厂房建筑面积5000平方米，员工50人。是一家专业生产电风扇、电暖器、电磁炉、电压力锅、空气清新机为主的家电生产企业。2000年被评为"中国家电行业十大品牌"，2005年被评为"中国知名品牌"。2016年，年产各类家用电器15万台，产值达1200万元。

铨盈制冷设备有限公司 位于都宁工业区，2003年6月投资600万元创办。占地面积2200平方米，员工50人，以生产冰箱蒸发器、冷凝器为主，主要设备有冲床、长U管机、涨管机、数控折弯机等。2016年，年产各类蒸发器、冷凝器30万件，销售额达1800多万元。

佰世制冷设备有限公司 位于碧江社区坤洲工业区，2008年10月投资50万元创办。占地面积1600平方米，员工18人，以生产商用制冷设备及展木柜为主，生产设备有剪板机、折弯机、冲床、发泡机等。2016年，生产商用制冷设备1500多台，销售额达750万元。

好的制冷设备有限公司 位于碧江工业区，2012 年 5 月创办，注册资本 50 万元，投资总额 3880 万元。占地面积 1377 平方米，员工 20 多人。是一家专注于药品储藏冷链环境的研究与生产的公司，旗下品牌华尔药品阴凉柜、华尔药品冷藏柜，具有自动加湿、除湿、自动报警等功能。主要生产设备有剪板机、冲压机、激光切割机、发泡机。2016 年，年产制冷设备 980 台，销售额达 500 多万元。

裕豪厨具电器有限公司 位于碧江工业区，2003 年创办，投资金额 600 万元。占地面积 2 万多平方米，员工 90 多人。是一家高新技术企业，产品先后通过中、英、美国家 ISO9001 - 2008 国际质量管理体系认证、ISO14001 - 2004 国际环境管理体系认证、GB/T28001 - 2001（0HSMS18000）职业健康安全体认证、全国工业产品生产许可（工业和商用电热食品加工设备）QS 生产许可认证、中国产品质量安全认证，获中国节能产品认证、国家质量监督检验检疫总局出口产品"电器产品型式试验合格确认书"、广东省卫生厅"涉及饮用水卫生安全产品卫生许可批件"。参与国家"商用电开水器和液体加热的特殊要求""商用电开水器""商用电开水器节能认证技术规范""商用温开水机"等行业标准起草与制定工作。先后引进德国、日本激光数冲复合全自动生产线，激光切割生产线，激光光纤机械人自动焊接生产线，数控 8 轴折弯加工中心等国际先进全自动成套设备，主要生产发泡保温型、沸腾型、快速步进数控型、净化直饮凉（冷）热型、沸腾温开水型、即开连续型等十大系列数十种规格电开水器饮水设备，产品设计容量有 10 升至 500 升。产品远销港澳、东南亚、中东、美加等地，出口量居行业内之首。企业还获得五十多项发明及实用国家专利、拥有自主知识产权。2016 年，年产各类电开水器饮水设备 10 万台，销售额达 2200 多万元。

宏石激光技术有限公司 成立于 2006 年。2014 年从禅城搬到碧江工业区，并与广东顺德西安交通大学研究院建立长期战略合作关系，形成特色的产学研共同体，与西南大学、顺德创新设计研究院共同建立智能激光切割装备产学研基地，拥有四个标准化智能装备制造基地，总面积超 4 万平方米。专注激光智能装备制造领域，产品主要有激光切割机系列、激光焊接机系列、激光智能生产线，广泛应用于精密机械、汽车配件、厨卫五金、电子电气、智能家居等行业，客户遍布全球 100 多个国家与地区，是全国激光切割装备的重要生产基地。2016 年，年产设备近 2000 台，销售值逾 5.8 亿元。

粤华能电气有限公司 位于坤洲工业区，2001 年 8 月成立，注册资金 2000 万元。占地面积 1 万多平方米，生产人员 100 多人。主要产品有 S（Z）（11、13、15）系列油浸电力变压器、SC（B）（10、11）干式电力变压器，欧式、美式电力变压器以及各种特种变压器、电抗器。年产各类变压器 400 多台，产值 2000 多万元。2012 年获顺德区创新资金奖。2013 年，获得获国家经贸委全国城乡电网建设与改造第三批推荐企业。2016 年，销售额达 1500 多万元。

生海电子科技有限公司 坐落于碧江工业区，1994年投资100万元创办。占地面积3000平方米，员工100多人。是一家专业生产电容器为主的企业，主导产品有CBB60、CBB61系列金属化膜电容器，广泛应用于风扇、排气扇、空调、洗衣机、水泵、空压机、家用清洗机、电动工具等领域。2016年，年产各类电容器3500多万只，销售额超5500万元。

日美光电科技有限公司 位于碧江工业区，1987年成立，始称"日美五金塑料厂"，是一家终端陈列展示行业。服务包括标识设计，招牌制造，机场、地铁等大型项目构思与策划；终端广告展示用品的设计、制作及投放，辅助客户VI的设计，建立连锁店，和专卖场的整体制作和投放。先后获得发明专利、实用新型专利、外观设计专利等国家级专利近120项。在上海、北京、广州、香港、武汉建有子公司，在美国、英国、比利时、中东地区设有营销公司及合作伙伴，营销网络代理遍布全球。2000年12月，通过ISO9001：2000质量管理体系认证；2005年12月，获得广东省"高新技术企业认定证书"；2008年11月，成立多媒体工程技术中心，并获得国家级"高新技术企业"称号；2009年10月，日美公司总部大楼在北滘镇新城区奠基，2012年竣工；2010年12月，成为广东省名牌产品企业；2011年12月，通过国家级高新技术企业认定，2014年10月通过复审；2016年6月，荣获"一级广告企业"称号。2016年，销售额达4343万元。

乐普达电机有限公司 位于碧江工业区，于2008年投资3000万元创办，是浩泽环保集团旗下控股公司，是珠三角地区乃至国内知名的微特电机、风机马达高新技术企业。占地面积4万平方米，有员工1000多人，其中微特电机专业技术人员100多人。主要生产异步罩极电贯流风机、中央空调天花机排水泵、空调冷凝水排水泵、直流有刷电机、直流无刷电机、直流无刷风机、罩极离心风机八大系列产品。产品配套用于电壁炉、排气扇、暖风机、移动空调、中央空调、除湿机等家用电器及打印机、舞台灯光等IT行业和工控设备。产品先后获得中国3C认证、美国UL/CIL认证、德国TUV认证、欧盟CE认证和ROHS标准，公司还通过了ISO9001：2008国际质量体系认证。与美的集团、格力电器、海信科龙电器、TCL集团、志高空调、联创科技集团、先锋电器集团等大型公司（集团）建立长期稳定的合作关系。部分罩极电贯流风机更畅销美国、俄罗斯、意大利、比利时、土耳其、叙利亚等国家和地区。2016年，年产各类电机、风机2000多万台套，年产值逾6亿元。

康神医疗设备实业有限公司 位于碧江工业区，于1998年创办，在肇庆大旺国家级高新技术产业开发区设立分公司。占地总面积32980平方米，注册资本1068万元，固定资产3068万元，设备总额800万元，职工282人，其中管理人员23人、工程技术人员40人、技术工人200多人，是一家研发、生产、销售医疗设备的企业，配置日本松下机械人焊接线及全自动环保喷涂流水线等一批先进的加工设备。主要产品包括医用护理床、急救设备、药房设备及老年护理用品等护理设备，销售网络覆盖200多个国家和地区。2016年，生产医用病床、医用药柜、医用座椅、医用推车5万多件，产值达1480万元。

嘉纳仕科技有限公司（北滘第一分厂）　位于坤洲工业区，于2015年投资160万元创办，是广东银河摩托车集团公司属下的企业。厂房建筑面积9000多平方米，是一家专业生产摩托车的现代高科技企业，拥有自主研发中心，检测中心、实验室，通过ISO9001：2000版质量管理体系认证，中国强制性认证（简称3C认证）及国家生产准入，拥有一支专业化、年轻化的生产、研发队伍，拥有设计、制模、冲压、弯管、装配、测试等一整套先进生产设备，年产摩托车3万台。产品销往国内20多个省、自治区以及美洲、欧洲、非洲、东南亚等地区。

瑞国电器有限公司　位于碧江工业区，于1996年创办，厂房占地面积5148平方米，员工198人。2002年通过ISO9001：2000质量管理体系认证，是一家生产各种汽车、摩托车电装件的企业，主要产品有启动继电器、整流调压器、电子点火器、点火线圈、电子闪光器、电阻器、二极管及摩托车蓄电池等。年生产各类汽车、摩托车电装品200万套（件），销售总额逾1000万元。

佑威服务有限公司　由港商梁岳于1996年投资2000万元创立。厂房面积近3万平方米，以U－RIGHT为品牌设计及生产款式繁多的时尚休闲服，旗下产品包括T恤、衬衣、运动服、休闲裤、外套及针织衫等服饰。1998年，有职工600多人，总产值8000万元，创利税1000多万元，约占碧江街区工业总产值20%。在全国拥有136家专卖店，有20%的产品出口至韩国、日本、新加坡、毛里求斯等国家和中国台湾地区。2002年，推出纳米环保服装系列，并以每季推出500款服饰的设计速度，引领行业潮流。2005年，累计生产服装543万件。2008年，工业总产值达3.58亿元。2009年因扩充过快，资金链断裂而宣布破产。

碧丽源茶业股份有限公司　位于碧江工业区，于1999年9月投资1468万元创办，注册资金500万元。是一家生产、销售茶叶的企业。占地面积12000多万平方米，内设加工车间、包装车间、仓库、冷库等现代化厂房5600多平方米，年加工能力达6160吨。主要生产红茶、白茶、普洱茶、乌龙茶、花茶等，以碎茶为主。产品主要销售至欧洲、北美洲、东南亚等地区。2016年销售额达1.4亿元。

三、工业区

碧江工业区　位于碧江轻轨站北面，碧江街区投资5496万元，于1996年建立的村级工业区，是北滘镇最大的村级工业区，占地面积达1202亩，园区设施完善，规划合理，交通便利，其中规模以上企业（年销售额超千万元）有利宝饲料有限公司、丰华饲料实业有限公司、宏石激光技术有限公司、日美光电科技有限公司、乐普达电机有限公司、瑞国电器有限公司、尚林音响木器有限公司、金派高酒店家具有限公司、顺兴隆高尔夫球制品有限公司共9家。行业包括饲料、电子科技、机械、不锈钢制品、铝合金制品、电器、电机、五金、包装、农具、塑料、印刷等。2016年，园区有工业企业142家，工业生产总值达24亿元。

坤洲工业区　位于碧江社区南部，由坤洲股份社于1996年投资2977万元创办。园区占地面积650亩，先后引进各类工业企业118家，其中规模以上企业（年销售额超千万元）有华田电器实业有限公司、华机实业有限公司、百年同创塑胶实业有限公司3家，包括家用电器、电子、五金、包装、纸箱、塑胶家具、印刷、卫浴、模具等企业。2016年，工业生产总值达10.3亿元。

都宁工业区　位于碧江社区西南面，由都宁股份社于1997年投资建设的小型工业区，园区占地面积350亩，交通便利，先后共引进工业企业68家，其中规模以上企业（年销售额超千万元）1家，行业门类主要有电器、包装、印刷、五金、塑料制品、厨具等。2016年，工业生产总值达3.3亿元。

第三节　商　业

明嘉靖年间，碧江的商业相当发达，是顺德县重要的木材、稻谷、干果、豆类的集散地，在龙头滘、都粘（都宁）设有圩市。从东南亚诸国进口的酸枝、坤甸和柚木，都从珠江口运到碧江，然后转销各地。位于碧江长堤及聚龙沙，共有木材商号15家，年销售额430.4万银元。

清康熙年间，朝廷在广州开设洋货行（俗称"十三行"），碧江商人捷足先登，开设自己的商号，承销进口洋货，又购销出口茶叶、纸类、干果等土货，进口大量锡锭和木材，有不少人成为富商。

碧江地处珠江三角洲腹地，是往来西江、北江和东江的中途港口，周围有万顷稻田，各地所产稻谷都到碧江加工，再转销各地。到清道光和咸丰年间，碧江成为珠三角重要的稻谷、大米集散地。这里的粮商不仅经营南（海）番（禺）中（山）的稻谷，而且从安南（越南）、泰国、缅甸进口大米，再转销广州、佛山、江门等地，日销量达20万公斤，年销量达1200万银元。当年广州的米价要看碧江的行情，碧江成为闻名的"谷埠"。碧江粮商设有自己的行会——行有恒堂，会员多达2000多人。碧江造纸业十分发达，造就了纸制品商贸的兴起，从业人数成千上万，还培育出一批出口经销商，将会纸、纸朴、元宝、金银等拜祭用的纸类，销售香港、澳门和东南亚，年销售额430.4万元。此外，饼业也十分兴旺，所制作的月饼、光酥饼、公仔饼、肚脐饼闻名于省港澳，名店"昌隆"以出口为主，远销香港及东南亚一带，销售额48万银元。除昌隆号外，还有永同兴、大盛、会盛、洪盛、安昌等饼铺分布于碧江一带。盐业业务繁忙、客源甚广。盐由珠江三角洲沿海一带购进,销往南海、番禺、中山及县内各地销售,年销售额为 72 万银元。鱼苗由同兴行经营批发,从西江进货,批发给当地鱼农养殖,年销售额为 60 万银元。

碧江位于潭洲水道和陈村水道汇合处,水上交通便利,在明代便形成一个名为"江尾"的圩市。清末民国初期,碧江形成"三圩六市"(德云圩、坝头圩、猪仔圩,德云市、上村市、下村市、墩头市、高桥头市、坝头市)。三圩的圩期为农历每月初一、初四、初七;六市圩期为初二、初三、初五、初六、初七、初八、初九、初十。每逢圩期,除本地之工商业外,还有邻乡镇工商业者摆卖购销。经营日用产品有百货类、杂货类、山货类、布匹、饼食类、油糖类、米面类、酒类、竹木铁器商品、金银首饰、衣纸扎作品、纸类(含拜祭用纸类)、建筑材料,农副产品有鸡苗、鸭苗、鹅苗、猪、鱼、瓜、姜、茨、葛、芋、蛋、文具用品及各色小食、儿童玩具等。货品琳琅满目,趁圩的人熙熙攘攘。

碧江六市亦非常兴旺,店铺有 170 多家,涉及多行商业和服务业,其中纸类店10 家,杂货店 30 家,海味咸杂店 10 家,猪、牛、鱼肉店 29 家,中药店 8 家,酒店8 家,寿板店 6 家,布匹店 4 家,衣纸扎作店 8 家,豆腐店 5 家,烧腊店 7 家,建材店 2 家,文具店 4 家,缝纫店 8 家,木器制品店 10 家,金、银首饰店 4 家,瓜果菜档 30 家。

民国 27 年(1938 年)10 月,顺德沦陷后,日本侵略者六七架轰炸机分批盘旋在碧江上空,投放炸弹五六十枚,焚毁长堤一带的码头、米机、谷仓、杉栏、盐仓、火水仓等店铺 132 间,厂商无家可归,流落各地。10 月 23 日,汉奸苏德时带领日本侵略者入村,炸毁长堤一带 9 间店铺,长堤商业街成为瓦砾荒地,大批店铺倒闭,商业持续衰落。

1949 年 10 月中华人民共和国成立后,碧江集市贸易集中在德云市场。20 世纪 60年代,碧江高桥头市场重新开设,坤洲、都宁办起露天农贸市场。1982 年,改建碧江德云市场,面积 300 多平方米,砖柱瓦顶建筑,农副产品日益增加。1990 年碧江投资 70 万元,改建高桥头市场,占地面积 300 平方米,为二层钢筋混凝土结构,一层为农贸市场,组织零乱的地摊入场经营,二层为饭店。1997 年,投资 1500 多万元易地重建德云市场,占地面积 12409 平方米,建筑面积 22406 平方米,为二层钢筋混凝土结构,其中一层为商铺和农贸市场,设有固定摊位(商铺)近 100 个,二层为超市以及电器、服装、鞋、干货等各类商铺。2011 年,投入 2000 多万元,对德云市场进行第三期升级扩建,改扩建后为三层钢筋混凝土结构,取名万象时尚广场。占地面积 23963 平方米,其中建筑面积 40918.7 平方米,停车场占地面积 6000 平方米。一层为农贸市场和商铺;二层酒楼和超市,三层为休闲娱乐、影城、西餐场所。其中地下农贸市场使用面积 6000 平方米,有铺位 34 间,档位 124 个,其中肉档 32 个、"三鸟"档 8 个、蔬菜档 48 个、鱼档 12 个、海鲜档 4 个、冰鲜档 2 个、熟食档 10个、杂货档 12 个。市场安装先进空气净化系统、中央空调,设有专业的蔬菜检测室及专业检测人员,整洁美观,设施齐全,规范有序,形成农贸市场超市化,迄今是佛山市内面积最大且装有中央空调的农贸市场。2016 年,碧江社区共有农贸集市 4 个,分别为德云市场、高桥头市场、坤洲市场、都宁市场，固定摊档（铺位）192个，经营额1.98亿元。

1949年10月中华人民共和国成立后，人民政府对个体私营商业实施扶持发展的方针，市场又趋于繁荣，位于碧江中心地带的德云圩又重新兴旺起来，摆卖的各类农副产品有数十档，胜利、流霞、天然、德珍、德兴等茶楼相继开业。另有猪肉档9档、鱼档4档、烧腊店3间、酱料铺3间、云吞面店2间。德云街两旁依旧商铺林立，有杂货铺、中药铺、理发店、木器店、竹器店、金银首饰铺、照相馆、缸瓦铺、饼店、烟酒店、文具店、家禽苗铺、衣纸（含扎作）铺等。

1954年，顺德县供销合作社成立后，在碧江设立基层分社，成为商业贸易主渠道。1955年，对个体私营商业进行社会主义改造，碧江圩个体私营商铺组成集体合作商店。

1959年北滘设置后，北滘供销合作社在碧江设立分站，下设生产资料门市部、百货门市部、废旧物资收购站、肉食品站，经营范围包括农业生产资料、木材、建筑材料、五金、家用电器、日用百货、糖烟酒、咸鱼、茶叶等物资，及收购农副产品。县粮食局在碧江设有粮站，经营粮油米面。

1961年，根据国家调整国民经济的方针，对并入供销合作社的合作商店小组下放管理，成立北滘供销合作社商店管理委员会，管辖门店20家、职工70人，主要经营生产资料、日用百货、药材、杂货、糖烟酒和饮食店。1962年，恢复农贸集市，碧江商业经营又开始活跃起来。至1978年，全社区共有工商户300多家。

1979年，随着"对内搞活经济，对外开放"政策的实施，碧江个体商户逐年大幅度增加。1982年后，国家对小商品价格实行逐步开放，随着工业企业的发展，外来人员蜂拥而来，市场购买力逐年上升。为适应社会发展，满足人民群众对物质生活的需要，碧江制定措施，积极引导，允许各种形式商铺落户碧江。随后百货店、药店、旅店、水果店、服装店、烟酒店、粮油店、通信器材店、发廊、文具店、书店、五金店、装饰材料店、自行车电动车摩托车店、洗车修车店，各种超市、酒楼、饭店相继开业。105国道、碧江大道、泰宁路、坤洲中路门店林立，贸易、饮食、汽车销售成为核心行业。2007年，碧江居民委员会抓住家庭汽车普及的机遇，开拓汽车销售业，在105国道与广珠西线交界处一带建起碧江车城，面积24200平方米，成功引进经营东风日产轿车。2009年、2011年又陆续引进雷克萨斯、上海大众、奥迪、广汽本田、广汽传祺、沃尔沃、捷豹、路虎、保时捷、东南汽车、奔驰及华菱混凝土搅拌车等十多个国内外品牌中、高档汽车销售，各品牌销售店职工约200人。车城总面积扩至115800平方米。至2016年，汽车销售额达15亿元。至2014年，碧江商户发展到1176户，2015年商业营业额达2.2亿元。

碧江饮食文化源远流长，居民素有饮早茶的习惯。民国时期，碧江有茶楼20多家，规模较大的有德珍、德月、流霞、碧云、胜利等。1979年，碧江餐饮业迅速发展，饭店、粥粉面店、酒家遍布各街区和乡村。至2016年，碧江社区各类餐饮店近100家，大部分主营粤菜，来自全国各地，甚至日本、韩国等带着地方特色的食肆也不少。规模较大的酒家、饭店有明园（松明阁）、德云居、新升、君盈。

明园（松明阁）酒家，位于 105 国道碧江大桥旁，1989 年由旅港乡亲苏耀明与碧江合资兴建，占地面积 1.67 万平方米，建筑面积 1.07 万平方米，设 2000 多平方米的大型停车场，混合结构三层，外形仿古，红墙黄瓦，斗拱飞檐，耗资 1700 多万元。设有高级雅座 12 间，贵宾房 9 间，宴会大厅，装修高雅大气，富丽豪华，设置 80 桌，可容纳近 1000 人就餐。厨房配有 80 年代先进餐厨用具，聘任香港多名大厨，制作各式粤菜、点心。是 80 年代末 90 年代初北滘地区最豪华、最高级的酒家，1991 年营业额达 654 万元。

德云居私房菜馆，位于碧江德云街，2012 年 3 月营业。坐落于绿树成阴、小桥流水的河岸，占地 6000 平方米，由数十间不同年代的民宅连片而成，环境清静优雅，共设近 100 张餐桌，可容纳 800 人就餐。菜式以传统地道顺德菜为主，由顺德名厨主理，知名菜式有无骨鱼（一鱼三味）、手磨豆腐、炸牛奶、煎肠粉、碧江烧鹅等，吸引香港、广州、中山、佛山、南海、大良等地游（食）客慕名而来。

新升酒家，坐落于碧江泰宁东路，处于碧江中心区域，2006 年 1 月开业，占地面积 5334 平方米，有近 2000 平方米的停车场，设有筵开 62 席的宴会大厅，筵开 20 席的中厅，贵宾房 19 间，可容纳 1000 人就餐。经营以传统地道粤菜为主，由顺德名厨主理，特色招牌菜有鲍汁蓬子扣大连鲍、鲍汁大连鲍烩花胶、香煎酥脆三拼、碧绿炒双鲜、鲜花椒蒸鲈鱼、发财好市（发菜蚝豉）等。

君盈酒家，坐落于碧江坤洲中路，2006 年开业，占地面积达 5500 平方米，1000 平方米的停车场，设有宴会大厅、豪华偏厅和贵宾房 16 间，可容纳 1200 人就餐，以经营地道粤菜为主，由顺德名厨主理，特色招牌菜有粤式烧羊排、姜子猪手、锅烧牛尾、牛油芥辣焗桂虾、剪焗鲜鱼等。

第四章 基础设施建设

第一节 水 利

一、堤围、水闸

南宋初年，初来乍到的碧江苏氏与诸姓乡亲致力垦殖，围垦出鱼鳞坦、大涌口等耕地（今碧桂园西园一带）。随后南迁至泮浦的梁氏，筑堤围垦出龙船围的田园（今国华中学一带）。明代，定居碧江的赵氏家族在伏龙岗（今金楼后花园附近）和珠浮岗（今广珠西线高速碧江站附近）之间的荒坦水泽开垦围田，逐步开发成富庶的"西外坊"。

清光绪年间，碧江地区由豪族牵头，先后将小围联筑起来，成为都宁围、林濠围，其中都宁围，堤长 2350 丈（7308.5 米）；林濠围位于彰义，堤长 680 丈（2114.8 米）。1915 年乙卯大水，碧江地区所有堤围崩决，洪水退后，乡绅组建围董会，动员乡民捐资，修复筑围，随后在乡民迫切要求下，碧江掀起筑围垦植高潮。民国年间，先后筑有岗北、大吉、国丰、大丰、坤洲新坦、大围 6 条堤围，围内面积达1374 亩，其中以建于民国 19 年（1930 年）的大围规模为最，面积达 559 亩。

民国 36 年（1947 年）6 月和民国 38 年 7 月，珠江三角洲发生大洪水，碧江地区堤围再次溃决，受灾农田达 5000 多亩。

1950 年初，顺德县人民政府召开防洪复堤会议，动员群众对旧有堤围进行培修加固。同年 8 月，驻碧江、西海两乡军管中队召开筑围筹备会议，动员群众，取名"群力围"意为群策群力，全面开展筑堤塞涌高潮。1950 年至 1951 年冬期间，将林濠、坤洲、大丰、大吉等 9 个小围联围筑闸，堵塞河涌 15 条，完成土方 20.1 万立方米，堤长 19.1 公里，兴建灰口水闸。1953 年 9 月，群力围联围工程全面完成，堤底宽 12 米，堤高 2.8 米，堤顶宽 3.7 米，内外坡 1∶1.5，并设内外坡堤脚 20 米范围为水利留用地，初步形成较为合理的堤围体系。

20 世纪 50 年代初在顺德大规模联围筑闸期间，碧江地区新建水闸 3 座，其中灰口水闸于 1952 年 3 月建成，工程费 5 万元；龙头滘水闸于 1955 年 5 月建成，工程费4.1 万元，单孔净宽 4.5 米；都宁北闸于 1959 年 6 月建成，单孔净宽 2 米。

1962 年 7 月 3 日，受严重洪水冲击，林头桥至都宁西闸堤段，渗漏塌坡崩决 40米，碧江地区受浸农田 8000 多亩，灾后迅速组织堵口复堤。60 年代中期起，重点抓二级闸的配套建设，先后兴建聚龙沙、龙头滘、灰口 3 座二级顶水闸，总工程费 5.3万元。

1966—1976 年，碧江地区连续多年组织年度冬季水利岁修工作，对堤围培厚加高，共完成土方 16.39 万立方米；各水闸普遍更换"人"字平开双掩水泥门。堤围防御标准达到广东省定二十年一遇标准，抗御了 1968、1974 年大洪水。

80 年代，碧江地区加强对堤围加高培厚、除险加固工作，将水闸全面更换为钢

结构电动提升闸门。1985—1995 年，共完成堤围加固土方 28 万立方米。1987—1990年，对堤围全面整治的同时，兼顾交通需要，进行堤路建设，提高社会效益，堤围公路化 10 公里，堤围宽达 4 米，外坡 1：2.5，内坡 1：2，达到广东省定 20 年一遇超高 1 米标准。1988—1995 年，对堤围全面开展填塘固堤建设，先实行抛石护堤脚，后对堤脚鱼塘覆盖沙、泥土，共完成 3.5 公里，投入土方 23 万立方米，石方 1.1 万立方米；对龙头滘上、鬼涌口等险段，砌石护岸，加高培厚，消除隐患。

1992—1997 年，共投入 97.5 万元，兴建新涌水闸和聚龙沙水闸。1998—2002年，先后维修加固龙头滘、灰口、新涌、都宁西水闸，堵塞都宁旱闸，投入 1300 万元，建成灰口水利枢纽工程，加高培厚陈村桥至碧江水厂、大沙桥至都宁西闸、鬼涌口至泮浦堤段、珠包厂等堤段，全面完成浇筑混凝土，长 8 公里，路面宽度 6 米。2003 年 4 月，都宁西闸、灰口水闸纳入北滘镇水利工程闸群监控系统。

2004 年后，继续进行堤围达标加固和抛石护岸工程建设，更换各水闸电器设备和水工建筑物。2009—2012 年，投入 2100 多万元，重修聚龙沙闸站和都宁北闸。

2016 年，群力围碧江段堤长 5.9 公里，堤顶高程 5—5.8 米，堤面宽度 5—8 米，内、外坡比均为 1：2.5，防御洪水标准为 50 年一遇；建有都宁西、灰口、新涌、聚龙沙、都宁北 5 个水闸，总净孔宽 27 米，总设计过闸流量 87.97 立方米/秒，均纳入北滘镇闸群监控系统。

群力围碧江社区堤段水闸情况表

表 4—1—1　　　　　　　　　　　　　　　　　　　　　　　单位：个、米、立方米/秒

名称	桩号	始建时间	孔数	每孔净宽	总净孔宽	设计过闸流量
都宁西闸	1＋780	1984	1	4	4	6.5
灰口水闸	10＋580	1952	3	6.0＋2x4.0	14	53.4
新涌水闸	16＋490	1992	1	2	2	3.8
聚龙沙闸	17＋100	1997	1	4	4	11.97
都宁北闸	18＋500	1959	1	3	3	12.3

二、排灌工程

民国年间，碧江地区河道没有疏浚，淤积日益严重。当时绝大部分耕地依靠人力抽水车进行抗旱、排涝。至 20 世纪 50 年代末统计，碧江地区有木制水车 137 台，其中碧江 42 台、彰义 18 台、坤洲 35 台、都宁 32 台、泮浦 10 台。

中华人民共和国成立后，人民政府十分重视排灌工程。20 世纪 50 年代，在堵口复堤的同时，开始疏深河道，整治排灌系统。1952 年，由苏联专家设计，在碧江河堤两岸插木桩拦沙泥、清理积聚沙土，故碧江段堤围称为"苏联坝"。1958 年县委召开水利工作会议后，碧江地区以"排灌自流化、水位标准化、渠道系统化"为要求，

掀起一个开大河、挖大塘、整治排灌系统、平基改土热潮。1959 年 10 月,开挖龙头滘至灰口水闸大河(英雄河),长 2.56 公里,完成土方 8.2 万立方米;裁弯取直灰口涌至西海涌河段 1.63 公里,完成土方 8 万立方米,达到速排速灌、改善航运交通的效果。

1959 年,中共广东省委、省人民委员会规划在珠江三角洲建设电动排灌网络,提出要实现"大沙田、大电网、大贡献"的目标。1960—1961 年,群力围(碧江地区所在堤围)水利会开展电网建设,培训电业技术员,推广水泥杆、两线一地制、钢筋混凝土外壳等方法(即行距 400 米,杆距 50 米,用钢筋混凝土杆,导线用 A -16 或 A - 25,每隔四档杆引装接线开关,在适当地点安装变压器)架设 10.5 千伏安高压线路 24.4 公里,农田低压线路 37.8 公里,基本完成电网建设。1961 年 4 月,建成灰口电排站,装机 1 台,容量 50 千瓦,工程费 2.5 万元。

1970—1975 年,碧江开展大规模农田基本建设,疏浚河道,开挖农田排灌河道。1970 年 8、9 月,碧江动员 5000 多劳动力,参加潭洲水道疏浚工程,完成土方 35 万立方米。1974 年 9 月至 1975 年 4 月,改造低产田,开挖农田排灌河,完成工程土方 137102 立方米。

80 年代,部分河涌逐渐淤浅,甚至堵塞。进入 90 年代,为适应"三高农业"的发展,河涌疏浚作为农田水利建设的重要内容。1994 年 4 月,成立疏浚队伍,投资 20 万元,购买 1 艘水上挖坭船、10 艘开底运泥船,对群力围内主干河涌实行常态清淤,改善围内水质。1997 年完成灰口大涌疏浚工程,长 2.56 公里,完成土方 2 万立方米。

1999 年后,随着社会经济的迅速发展,政府加大电动排灌站的建设力度。是年冬,在龙头滘水闸下游新建 3 台直径 1000 毫米的立式轴流泵,装机容量 540 千瓦,排水流量 9 立方米/秒,2000 年竣工投入使用。2001 年重建灰口电动排灌站,安装 5 台直径 1200 毫米的立式轴流泵,总装机容量 1150 毫米,排水流量 22.5 立方米/秒。

2002—2004 年,启动新一轮内河涌综合整治,分别对灰口大涌、都宁西闸至都宁北闸涌涌清淤疏浚,总长 5.6 公里,疏浚土方 11.3 万立方米。

2009 年起,加大对内河涌整治力度,镇政府对主干河涌、村级支河涌进行全面清淤疏深和河面保洁。至 2016 年,累计疏浚碧江社区河涌 9 公里,疏浚土方 4.3 万立方米。2011—2012 年,新建聚龙沙、都宁北电动排灌站,进一步提高碧江地区排涝抗旱能力。2016 年,碧江区域有电动排灌站 3 个,机组 9 台,装机容量 1830 千瓦,达到二十年一遇暴雨 1 天排干目标。

第二节　交　通

明清时期,碧江境内有驿道 1 条,途经江村、都宁、紫泥直达县城大良,路面以麻石铺设,主要用于运输军用粮草物资、传递军令军情,也是官吏前往都宁岗三忠庙祭祀的必经之路。

民国 21 年（1932 年），碧江至三洪奇公路建成通车。民国 25 年，碧三公路开通短途汽车客运，碧江成为全县通公共汽车最早村庄之一。

20 世纪 50 年代，县人民政府修筑烈士路（林场路口至西海二支村），途经都宁、彰义，连接广中公路，碧江形成优越交通环境，至省城广州和县城大良仅需 1 小时路程。

1983 年起，随着交通建设迅速发展，在碧江区域先后修建碧桂路、群力路，扩宽 105 国道，村内各主干道实现混凝土化，贯穿北滘、伦教、大良、容桂等重镇，给碧江交通带来新的便利。

2000 年后，碧江作为北滘镇次中心，纳入"大佛山"新规划中，兴建广珠西线高速公路，把村内骨架公路与高速公路连接起来，2011 年建成广珠城际轨道，碧江迈入以高速、高铁为标志的"两高时代"，区位优势更显优越，进一步沟通对外交通，融入珠三角一体化的发展，形成碧江与广州、深圳、香港、澳门一小时交通圈格局。

交通状况改善，给村民生产生活带来便利，推进经济的发展。村民出行从原来的步行和骑自行车，逐步由摩托车、汽车代替。公交车成为村民外出的主要交通工具。

一、公路桥梁

105 国道〔广（州）珠（海）线〕 修于民国 21 年（1932 年），其中碧江至都宁段长 1.2 公里。1951 年县政府组织全面修复，延长为广（州）中（山）公路，都宁至林头段横跨潭洲水道的公路桥为木质结构。1981 年，按二级公路技术标准拓宽，路基宽 15 米，路面宽 13 米。1997 年开展新一轮拓宽改造工程，至 2000 年，路面扩宽至 42 米、双向 8 车道水泥路，中间绿化带 10 米。2005 年 4 月进行美化改造，在原路幅、路面的基础上将中间花基 10 米改造为 2 米，两边各增加 1 条车道，全段改铺沥青面，同年 10 月完成改造。至 2016 年，105 国道碧江段长 5 公里，路宽 60 米，双向 10 车道，交能标志及各项配套设施完善，达到平原微丘区一级公路标准，日平均车流量超 10 万车次。

碧桂路 始建于 1992 年。1995 年 6 月竣工通车，从碧江经北滘镇域东部，北接佛陈路，南跨顺德水道，东接大良和容桂组团，宽 42 米，控制宽度 100 米，碧江区域长度 6.09 公里，成为碧江连接四方要道。2005 年起，碧桂路易作广珠西线高速公路。

群力路 2003 年，由北滘镇政府筹划修建。北起 105 国道（原烈士路口），途经碧江、桃村、西海，南至三乐路，长 4280 米，宽 30 米，水泥路，总投资 5000 万元，2006 年 8 月竣工通车，2009 年 7～9 月，投资 3220 万元进行路面改造，工程长度 3723 米，宽 30 米；车行道宽 22 米，人行道 4 + 4 米，铺筑沥青，人行道铺设环保砖。2016 年，群力路碧江段长 2 公里。

广珠西线高速公路 是连接广州市至珠海市的高速公路，途经佛山市南海区、顺德区和中山市，为国家重点公路太澳高速（太原至澳门）干线南端的重要路段，总长 120 公里，路基宽度 33 米，双向 6 车道，沥青路，桥涵设计荷载为汽车—超 20级，挂车—120。首期工程于 2001 年 12 月 24 日动工，2004 年 4 月 30 日建成通车，二期工程北起碧江，向南途经桃村、西海、伦教、大良、容桂以及中山市，于 2010 年 6 月 25 日开通。在碧江设有互通式立交桥。

碧江大桥 位于碧江，跨陈村水道，连通 105 国道。于 1987 年 9 月动工兴建，1989 年 8 月竣工通车，总投资 1351.64 万元。全长 731.2 米，桥面净宽 13 米，总宽 15.5 米，桥梁设计荷载为汽车—20 级，挂车—100。跨径组合为 15×16 米 + 65 米 + 100 米 + 65 米 + 16×16 米。2003 年上半年，启动碧江大桥扩宽改造工程，按一级公路标准在旧桥的上游再建新桥，利用新、旧桥形成分离式横断面，新旧桥间距 4 米，长 731.44 米，宽 15 米，设计荷载为汽车—超 20 级，挂车—120。2005 年竣工通车。

坤洲跨线桥 第一座位于坤洲，跨广珠西线高速公路、新碧路，经坤洲工业区通往都宁。2005 年动工兴建，2010 年 6 月竣工通车，桥长 64 米，宽 20 米；第二座位于坤洲沙尾路，跨广珠西线高速公路、新碧路，通往桃村工业区。2006 年动工兴建，2012 年竣工通车，桥长 364 米，宽 10 米。

广珠城际轨道 北起广州南站，南至珠海市拱北口岸，全长 177.53 公里，途经碧江社区 4.8 公里，其中穿越都宁岗隧道 325 米，设有碧江站，2011 年 1 月 7 日开通运营。

新碧路 俗称"东辅道"，位于广珠西线高速公路东侧，北接 105 国道，南至三乐路，途经碧江、西海，2012 年竣工通车，全长 5.3 公里，宽 15～17 米。

二、水路

航道 民国时期，碧江三江渡口（今碧江大桥一带）曾是广州往来珠江口和西北江的重要转折点，当时曾设有四方磨航标站。中华人民共和国成立后，省航道管理局一度设立航道班，全天候指引过往船只。为确保航道畅通，70 年代炸毁四方磨及其水下暗礁。2016 年，碧江主航道有潭洲水道、陈村水道、陈村涌，长度分别为 1.1公里、0.6 公里、3 公里；潭洲水道都宁河段达到 VI 级通航标准，可通航 100 吨级船舶；陈村水道碧江河段达到 III 级通航标准，可通航 1000 吨级船舶；陈村涌碧江河可通航 100 吨级船舶。

渡口码头 清咸丰年间，碧江境内设有长行渡埠 14 个，横水渡埠 4 个。光绪年间，碧江赵氏商人购置小火轮，开办平记航运行，从陈村花果埠（新栏），途经长堤聚龙沙，通往广州。至民国时期停止。

清代，碧江地区设有坝头、聚龙沙、壮甲、都宁寨边4个码头，这些码头多由乡内望族开设，规模最大的是聚龙沙码头。

1958年10月，设立碧江码头，辖长堤、聚龙、三桂、泮浦4个渡口。1970年，有木船8只，载重13.5吨，职工16人，日均渡客流量近千人。1983年，香港同胞何细珠等人捐资10万元改善三桂渡口，在孖岗脚侧（即三桂水闸附近）兴建渡口引桥长约40米。次年，碧江码头投资8000元，委托北滘船厂为三桂渡口装设载重5吨的木制机动渡客船1艘，可渡运手扶拖拉机和小汽车。1989年4月1日起，长堤渡口过渡收费从原来每人每车（二轮）收5分调整为1角，聚龙渡口从原来每人每车（二轮）收3分调整为5分。1990年，长堤、聚龙2个渡口划归珠江包装公司代管，三桂渡口移交三桂管理区管理，泮浦渡口移交坤洲管理区管理。碧江大桥建成通车后，客运量锐减，1992年撤销三桂渡口。20世纪90年代中后期，碧江码头（渡口）仅有木船4艘，职工6人。1999年，长堤、聚龙、泮浦渡口相继结束营运。

水、陆路运输　清光绪年间，碧江境内的陈村水道就有客货轮船经过，可通往广州、佛山、大良、市桥、陈村、江门、南海、东莞、肇庆等地。至20世纪70年代，轮船一直是碧江人到外地探亲访友、购物、公差的主要出行工具。80年代末，开通了到大良、平洲、中山、珠海、广州等地的公共汽车，碧江人逐渐采用汽车交通出行。

1983年，碧江开通至白鹤洞的班车，每日2班，年底，增设泮浦牌坊站。运营期间，班车司机饭餐由碧江管理区提供。1998年1月1日，顺德客运站开始营运北滘至大良（331线）、北滘至乐从（332线）2条公共汽车线路，碧江地区共设置上落客站点16个。

2011年1月，广佛城际轨道开通后，碧江可通过该轨道直达广州、中山、珠海等地。2012年后，陆续开通碧桂园总部至顺德客运站的公共汽车331线、碧桂园泮翠庭至南方医科大学顺德医院公共汽车336线、广珠城轨碧江站至千灯湖公共汽车831线、民乐公园至上僚公共汽车931线、都宁寨边村至龙涌市场公共汽车933线、禅城朝安公交首末站至陈村登洲803线。从碧江社区开出的公共汽车线路共6条，每日共48班次。

第三节　城乡建设

一、供水、供电、排水

供水　1989年以前，碧江地区生活用水和工业用水均取自河涌和水井。普遍家庭挖有水井，各自然村的中心位置挖有公共水井。20 世纪 70 年代中期，根据县、公社政府规划，进行改水建设，对公共水井和家庭水井进行改造升级，村民的饮用水逐步以井水为主。

1990 年，碧江街区投入 300 多万元，从陈村水厂铺设自来水管到碧江，碧江街区 8000 多名居民饮上自来水，自来水普及率达 90%，同时解决大部分企业的供水。1992 年 10 月，投资 600 万元，建起碧江自来水厂，日供水能力为 1.6 万吨，供水范围包括碧江、坤洲、都宁三个管理区（街区），受益人口 1.8 万人。次年，碧桂园水厂建成投产，日供水能力 1.1 万吨，供应碧桂园住宅区、碧桂园学校及三桂管理区。1995 年，碧江地区有自来水厂 2 间，自来水主管（管径在 100 毫米以上）总长达 58 千米，供水能力为 3.2 万吨/日，受益人口 2.05 万人，自来水普及率达 99%。2000 年 5 月碧桂园集团斥资 2800 万元，易地重建碧桂园自来水厂，日供水能力增至 8 万吨。2001 年，北滘对全镇供水资源实行优化配置，关停碧江自来水厂，由北滘自来水公司统一供应水源，铺设自来水管道。2016 年底，全社区普及率达 100%，受益人口 4.5 万，年供水量 437 万吨。

排水与污水处理 1982 年前，碧江地区内的雨水和污水随地面或明渠排入邻近河涌。20 世纪 80 年代中期起，在村心大街、承德路一带铺设地下排水道。至 1991 年，碧江街区有地下排水道 4290 米。

80 年代末至 90 年代初，碧江街区大力推广冲水式三格化粪池卫生公厕和户厕，经过三级过滤后的污水才排入水沟。

2003 年，为根治河涌日益污染环境，碧江投资 212 万元，覆盖村心坊至细桥坊河涌，上方铺设水泥路，总长 618 米。2006 年，投入 1800 多万元，覆盖坤洲大涌隔涌三元宫至坤洲深水氹段，总长 3834 米。

2011 年，北滘镇政府投资 1.57 亿元，推进群力围截污工程建设，铺设地下污水管道，实行雨水污水分流，把污水收集箱送至污水处理厂清污处理，然后再排出江河。工程 12 月竣工，管网总长 30.9 公里，其中碧江段 11.8 公里，管径 DN300—DN1350 毫米，有中途提升泵站 1 座。2016 年，北滘镇政府投资 3 亿元，启动群力围污水工程建设，工程包括日 3 万吨污水处理厂 1 座。铺设污水管 36 千米，进一步提升碧江社区污水处理能力。至年底，碧江社区共有排水管网 45 公里，排水井 5300 个，排水管网纳污范围 5 平方公里。

电网 清末民国初，碧江小蓬莱花园旁建有一座四层高的风车楼，顶层装有风力发电机，供小蓬莱花园抽水灌溉，开创碧江用电的先河。民国 4 年（1915 年），长堤聚龙沙的米机（粮食加工厂），从香港购进柴油发电机发电照明，20 世纪 20—30 年代，碧江长堤聚龙沙至下村一带的店铺和殷实之户开始使用电灯照明，由利华发电厂（位于陈村锦龙乡新涌口）供电。

1959 年，碧江城镇居民区开始大规模使用电灯照明，电力从陈村电厂输送。1960 年，顺德县架设从北滘到广州芳村 35 千伏输电线路，珠江电网系统电源源源不断输入碧江，开始农田电力灌溉。1964 年，区域内建有 15 个电站，农村家庭开始用电灯照明。

1964 年碧江地区电站情况表

表 4—3—1

名称	位置	供电范围	主要功能
新涌电站	长堤码头	长堤、新涌、鱼鳞滩	农业排灌、照明
新路电站	大榕树边	新路、聚龙沙	农业排灌、照明
彰义电站	彰义米机	彰义、西街	农业排灌、照明
花园塘电站	现民乐公园	装甲、东成	工业、农业排灌、照明
碧中电站	泰宁路	细桥、拱北	工业、农业排灌、照明
东成电站	碧中米机	上涌、下涌、东成	碾米、农业排灌、照明
坤洲电站	二级排灌站	坤一、坤二、南平	农业排灌、照明
坤洲米机电站	坤洲米机	增基、江湾	碾米、农业排灌、照明
隔涌电站	炮楼边	隔涌、新地、上涌	农业排灌、照明
国丰围电站	坤洲英雄桥旁	国丰围、坤洲沙	农业排灌
泮浦电站	泮浦托儿所旁	里基、合成	农业排灌、照明
都宁电站	都宁乡府边	程家、罗家	农业排灌、照明
寨边电站	寨边	寨边	农业排灌、照明
普照桥电站	甘境	甘境、西联	农业排灌、照明
街区电站	木箱厂边	街区纸相厂、木箱厂	工业

1979 年后，随着经济的迅速发展，北滘镇进一步加大供电工程建设。各管理区（街区）及企业安装发电机，以解决缺电之困。1992 年 4 月，镇经济发展总公司投入 1600 万元，在珠江包装集团兴建 1 座小型火力发电厂——珠江电厂，装机容量 6000 千瓦。次年 7 月，碧江街区与香港兴伟海产集团合资 4000 多万元，扩建珠江电厂，总装机容量提升至 1.2 万千瓦，1994 年 5 月建成投入使用，1995 年初接入 10 千伏电网，出线间隔总数 4 个。

1992 年，碧江地区发电机组总容量 4550 千瓦，其中碧江街区 2720 千瓦、坤洲管理区 1130 千瓦、都宁管理区 700 千瓦。1994 年，镇政府投资 4500 多万元，建设 220 千伏都宁变电站，装机容量 2×150 兆伏安，占地面积 47840 平方米，1997 年竣工投产，并架设都新线、都北线、都陈甲线 3 条输电线路。

至 2002 年，碧江社区内建有火力发电厂 1 座，总装机容量 1.8 万千瓦；220 千伏变电站到（都宁）1 座，占地面积 5 公顷，总装机容量 2×15 万千伏安。

2008 年 9 月，顺德实行电力资源优化配置，"以大压小"，关闭了珠江包装公司电厂。至 2016 年，碧江社区有 220 千伏变电站 1 座，总装机容量 30 万千伏安；10 千伏线路有 16 条，线路总长 175 公里，其中架空线路 74 公里，地下电缆 8 条长 111 公里；低压营业户 325 户和高压专变户 52 户；全社区总供力量 11500 万千瓦，其中农业 600 万千瓦、工业 7600 万千瓦、生活及他用 4300 万千瓦。

二、道路建设

明清时期，碧江地区的村心、细桥、西境、甘境、彰义、下村等自然村普遍铺设麻石块为路面的村道，宽 2—4 米。

20 世纪 60 年代，碧江生产大队自筹资金，利用区域建设材料，组织村民铺设以沙土材料为主的乡村主干道，接连起北滘林场、都宁、新路、西街、德云圩、坤洲、南平、泮浦等地，全长 16.5 公里。1982 年，北滘将整治村容村貌、道路沟渠硬底化作为精神文明建设的重要内容。碧江通过各种形式，筹措资金，加快村路建设。一是自筹资金。至 1990 年，先后筹集资金 250 多万元，建起村道 10 条，总长 12 公里。二是旅港乡亲捐款。1983 年，旅港乡亲梁伟明捐资 25 万元铺设泮浦路，次年 3 月建成通车，长 3.5 公里，宽 7 米，水泥路。同年，旅港乡亲程应江捐资 24 万元铺设都宁入村大道——应江路，长 3.23 公里，宽 7 米。1995 年，碧江各村主要村道基本实现水泥硬底化。

2016 年，碧江村道 36 条，总长 23.03 公里，并与国道、县道和高速公路连接。到镇中心和大良、广州时间不到 20 分钟。

2016 年碧江社区主要道路一览表

表 4—3—2 单位：米

名称	始建时间	长度	宽度	名称	始建时间	长度	宽度
碧江大道	1989	730	15	坤洲二街	1980	500	12
泰宁路	1989	1150	33	隔涌南街	1980	650	10
承德路	1989	700	8	白门口街	2007	690	12
甘境大街	1992	390	10	都宁路	1984	2100	10
东成新街	2000	350	10	珠江大道	2000	720	25
下涌街	2002	330	12	珠江大道一区	2000	560	20
西境大街	1992	350	11	珠江大道二区	2000	440	25
村心大街	2000	404	10	工业一路	2000	900	18
彰义大道	2000	600	15	工业二路	2000	490	12
昇平路	1980	490	8	工业三路	2000	570	18
崇德路	2006	510	14	水厂路	2000	460	12

续表

名称	始建时间	长度	宽度	名称	始建时间	长度	宽度
新聚大街	1989	740	10	伟业路	2000	1980	12
长宁路	1989	750	10	坤洲工业区工业路	2000	360	22
坤洲中路	1999	1110	25	都宁工业区东西一路	1999	280	20
坤洲大道	1998	1100	30	都宁工业区东西二路	1999	460	16
坤洲路	1982	690	10	都宁工业区南北一路	1999	210	20
南平路	1982	250	10	都宁工业区南北二路	1999	230	10
坤洲沙路	2006	330	12	都宁沙头涌片工业区一路	1999	460	15

三、绿化

南宋年间，碧江村人就在都宁岗一带营造"风水"林，造就了都宁岗"古木参天""种槐夹道"的美景。民国 35 年（1946 年），都宁岗设有小型木场。

中华人民共和国成立后，碧江响应人民政府的号召，把造林绿化作为保护环境、改善生态的重要工作来抓，组建造林绿化专业队伍，发动村民先后掀起 4 次植树造林高潮。第一次植树造林高潮是 1958—1960 年，在都宁岗大量种植榕树，实施封山育林。第二次高潮是 1962—1963 年，都宁岗一带以种植松树、马尾松为主，其他山岗以种植桉树、台湾相思为主。第三次高潮为"种竹大战"，1964—1965 年春季掀起第三次植树造林高潮，在蟹岗、大岗、大岗头、黄地岗等山岗及村边、路旁、沟旁、渠旁、宅旁，广种竹子。1977—1978 年第四次造林高潮，主要营造农田林网，沿堤围、田边、公路、河道两旁广泛种植落羽杉，总长逾 10 公里。

1985 年后，响应县人民政府关于绿化达标的号召，各村发动村民在山脚栽种橙、龙眼、荔枝、三华梨等果树，逾 100 亩。

1986 年后，碧江加大绿化村容村貌力度。陆续在碧江大道、彰义大道、坤洲大道、村心大街、泰兴大道等道路两旁栽种白兰、芒果树、细叶榕、桂花、柳树，形成绿树成阴的景观。1995 年，碧江街区被全国绿化委员会评为"全国造林绿化千佳村"。

1999 年，根据北滘镇"十年绿化大地"规划，制订都宁岗森林公园建设规划，对岗林资源严禁砍伐，建立专业队伍，防治病虫害，加强防水，提高生态功能，补种大量松树、相思树等，绿化面积达 103 公顷，建设效果明显。迄今，岗林长势日趋茂盛。

2016 年，全社区建有大小公园 8 个，绿化面积 8.2 万平方米，有百年古树 33 棵。

第四节　邮政、电信

一、邮政

明弘治元年（1488 年），顺德县在都粘堡设都宁急递铺，传递官府文书。清道光二年（1822 年），顺德设铺兵 7 人，其中中路铺铺兵 2 人，负责江村至都宁紫坭与番禺县邻接。民国年间，碧江、都宁设有邮政代办所，业务有平信件、货样、包裹、汇兑、储金、代售印花税票。

1959 年 9 月起，碧江、都宁邮政代办所由北滘邮电支局管辖，邮递员使用自行车投递。1969 年 11 月 30 日，邮政、电信分设。1973 年 9 月 15 日，邮电重新合并，碧江邮政代办所升格为碧江邮电所。1992 年 11 月，碧江邮电所升格为碧江支局，设址碧江大道路口，有职工 20 人，其中技术人员 11 人；业务主要有信函、包裹、汇兑、报刊发行。1998 年 10 月 6 日，邮电分营，设立碧江邮政支局，电信业务归北滘电信分局承揽。1999 年，设立碧江邮政支局开设储蓄业务，并陆续设立报刊亭，添置不锈钢信报箱。2000 年，碧江邮政支局共收寄信函 5200 件、包裹 3080 件，开发汇票 12200 张，发行报刊 130 份，收储余额 3100 万元，设立报刊亭 1 个。

进入 2000 年起，碧江邮政陆续推出金融代理、代收代付、邮购、证件代办等中间业务。金融代理主要包括代理保险、国债、彩票等；代收代付业务包括代发工资、养老金，代收有线电视费、物业费、公益事业费、税金等；邮购即为企业邮购电器、酒类等；证件代办是为公民代办身份证、驾驶证、税金等。2008 年起，实行代办快速上门揽装业务。

2016 年，碧江邮政局收寄函件 1520 件，进出口平常函件 600 件，给据收寄包裹 1830 件，汇兑 4200 张，邮政余额 15761 万元，收订报纸杂志 250 份，邮政业务量达 8000 多万元。

2009 年起，网络购物高速发展，中通、申通、圆通、韵达、顺丰等民营快递公司相继在碧江设立网点。2016 年，中通快递佛山分拨中心迁至碧江社区都宁梁场工业区。

二、电信

1961 年 1 月，碧江设立电话站，有接线员 3 人。1993 年 9 月 5 日，碧江支局 3000 门程控电话开通使用，同时将顺德邮电局北滘分局中 500 用户割接至碧江支局，新建碧江至大良 480 路数字微波及数字微波塔，碧江地区步入程控交换电话时代。1997 年，基本实现"一户一线"目标。1998 年，邮电部门推出多项优惠措施，电话大规模进入百姓家，碧江支局程控自动交换机达 8296 门，碧江地区电话用户达 4600

户。2016 年，碧江社区电话用户达 14271 户。

90 年代起，碧江在人流密集区设立公共电话亭，发展磁卡电话、投币电话、IP超市，售卖 200 电话卡等。1998 年，碧江地区共有公用电话亭 46 个。2002 年，IC 卡电话机全面取代磁卡电话机。

1988 年 12 月，随着顺德移动电话通讯业务的开展，碧江有人开始使用移动电话，他们大都是企业主和商业经纪人。1998 年，随着移动电话业务迅速发展，移动电话进入百姓家。至 2016 年，碧江移动电话逾 3 万户。

第五节　医疗卫生

据碧江苏氏怡堂《家谱》记载，清末民国初，族内学医且成为国内早期名医的有 3 人；顺德全县领有西医执业证书的 3 名医生中，其中之一便是碧江人苏乐天。20世纪 30—40 年代，碧江有诊所 1 所、个人医馆 10 多间，医生 16 名，其中中医 8 名、西医 8 名。苏寿铿（伯韶），入读南中国首家医科大学——广东公医大学，毕业后留校任教并成为广东第一代名西医，在广州西关设有医馆，40 年代回乡行医，医馆设在职方第。此外，苏明允、胡间卿、魏立夫等医生闻名于顺德。民国 37 年（1948年），县立卫生院在碧江设第二分院，有员工 5 人，开展医疗、接生等业务。

中华人民共和国成立后，医疗条件逐步改善。50 年代初，碧江、坤洲、都宁相继建立农村接生室；1956 年改设卫生室，配备 1—2 名不脱产的卫生保健员。1968 年设立碧江大队医疗站，培养一批接生员和"赤脚医生"，推行合作医疗制度。

1988 年，碧江通过集资办法，筹集 230 万元建起碧江医院，其中旅港乡亲苏耀明捐资 45 万元，黎剑铭、梁伟明、程应江等 100 多名旅港乡亲捐资 30 多万元，1989年 3 月落成投入使用。占地面积 3800 平方米，建筑面积 2300 平方米，设有医疗室、门诊部、检验室、影像室等功能室，分设牙科、妇产科、儿科、内科、外科 5 个科，配置救护车、X 光机、心电图机、无影手术灯等医疗设备。有医务人员 20 名。1996年，碧江医院增设住院部。2012 年，碧江医院易名碧江社区卫生服务站，隶属北滘社区卫生服务中心，为公益性事业单位，是顺德区基本医疗保险定点医疗机构。设全科诊室、发热门诊、中医诊室、康复治疗室、B 超心电图室、计划生育指导室、妇女儿童保健室、精神心理咨询室、疾病预防与健康信息管理室、健康教育室；配置 CR抢救车、心电图机、除颤监护仪、便携式 B 超机（彩色）、产检床、腕关节旋转训练器、手指肌力训练桌、全自动血细胞分析仪、离心机、肩关节等张肌力训练器、股四头肌训练组件等设备。成为中西医结合，集医疗、保健、康复、预防于一体的社区医院。2016 年，有卫技人员 21 人，全年诊治病人 2 万人。

从 20 世纪 90 年代起，陆续开办 7 间私人诊所，分别为承德医疗、坤洲卫生站、都宁卫生站、苏汉松诊所、雷炳柱诊所、何智芳中医康复门诊部、黄晓红口腔诊所。1997 年，碧江街区获联合国教科文组织授予"世界卫生先进村"称号。至 2001 年，碧江社区设有医院 1 所，个体诊所 7 间。

2006年，碧江在全镇内率先开展新型农村门诊合作医疗，为儿童提供预防免疫接种、为65岁以上居民提供免费体检等服务。2016年，碧江社区居民参加合作医疗达7600多人，占户籍人口50%，参加城镇职工医疗7100多人，占户籍人口47.8%。

第五章 文化名村

第一节　古迹遗址

一、都宁岗遗址

位于都宁村的都宁岗，是典型的珠江三角洲丘陵水乡地貌，面积 69.6 公顷，岗上有神仙脚印、铰杯石、滴水岩、郑公坑、风门坳等天然景观。清咸丰年间，都宁岗存有用牡蛎壳砌筑的宋末寨墙遗址，为苏刘义率宋军残部在此筑寨驻守时所建；建有纪念文天祥、陆秀夫、张世杰的三忠庙，邻近还有建于明弘治五年（1492 年）的纪念刘英的忠勇祠以及刘英墓。南宋祥兴二年（1279 年），帝昺在新会崖门投海殉国后，都宁岗成为南宋残军反元的基地，迄今山脚下的自然村落仍保留着当时寨边、周易坊、村心、西安等村名。

1985 年 8 月，顺德县博物馆工作人员在考古中发现蟹岗南侧取土断层处有古墓露头，发掘出 3 座因开山取土填路被毁的汉墓。其中砖墓 1 座，在距路面约 6 米高的山坡中，枕北朝南，残留有墓室头部约 1 米见方的填底墓砖，在土层断面下方发现有陶樽、小盂、罐盖等器物残片，均为光面灰陶器皿；在距该墓约 5 米的右下方，有土坑墓 1 座，散存着灰陶碗、瓶、罐等器皿残片。第三座为土坑墓，在砖墓左前方 12 米外的水泥公路旁，墓坑在离水泥路面 1 米深的土层里，发掘出 1 只实腹陶犬和 1 个陶豆，两器均为灰陶酱色釉，烧制火候较高，为东汉晚期墓群。这些文化遗存与历史古文献中记载的相同，在秦汉时期，就有人在碧江生息繁衍。2006 年，都宁岗被定为北滘镇文物古迹保护区。

二、造纸作坊灰塘遗址

分布于碧江上村、下村及壮甲一带，曾残留众多积满石灰的大坑，俗称"灰塘"，灰塘散落不少直径达 1 米的石臼、重达 200 多斤的元宝状砑石和石板，灰土中夹杂着少量明代瓷片和铜钱，是明代中叶至抗日战争前夕碧江造纸业兴旺的见证，当时在下村曾建有供奉纸业祖师的蔡伦庙。20 世纪 90 年代以来，随着城市的发展，造纸作坊灰塘逐渐消失，部分造纸工具安置于碧江金楼，包括石臼 6 个、砑石 3 块、石板 2 块。

三、三江渡口遗址

位于碧江大桥下方，古珠江水系的陈村水道、紫坭水道、石壁水道交汇于此，河面宽 300 米，水深 10—12 米。江心曾有 10 平方米的方形礁石突出，导致江流湍急，漩涡伴生，船家称之为"四方磨"。由于地处南海、顺德、番禺交汇之处，明代起就

设立渡艇，方便游人过江。发端于江西省的北江，其主流从三水以下经顺德水道从洪奇沥出海，碧江处于西、北江各埠的水流转折点，清朝时设有长行渡通往广州、佛山、江门、中山、东莞石龙、番禺市桥等地，民国期间改为轮船，至 20 世纪 80 年代，三江渡口一直都是轮船旅客上落站。随着碧江大桥的建成，1998 年三江渡口停运。

四、古井

何求祠古井　位于泰兴大街 17 号的何求苏公祠内，始建于明代，属壳花井，水下部分用蚝壳砌筑井壁，水面以上则砌以青砖，井底铺上水松木板，内壁直径下大上小，井栏由外方内圆的整块花岗岩凿成。

楼巷公井　位于泰兴大街丛兰苏公祠对面，通往泰宁门的楼巷（因古时大巷内原有一座三层高的"回字楼"，故以楼巷命名）中段，始建于明代，属壳花井，与何求祠古井相似，井栏露出路面 50 多厘米。

福井　位于碧江金楼赋鹤楼前庭龙眼树旁，始建年代不详。所在地古名伏龙岗，地表岩层有丰富的优质泉水，明代已在附近凿出 3 眼古井，名福、禄、寿三星井，福井是当时碧江远来酒庄酿造的名酒"洞庭春"的专用井。清道光年间修建职方第时将此井并入院中，重砌井壁和井栏，井壁砌以青砖，井栏露地 25 厘米，为方形花岗岩。

金楼阴井　位于碧江金楼赋鹤楼首层厅堂，始建于清嘉庆、道光年间，口径 28 厘米，深 6 米，上部为青砖井壁，下部以蚝壳砌筑，井口以铁板"阶砖"覆盖。赋鹤楼为书房，五行学说中说水能克火，主人便在首层挖阴井，与二层楼顶天花藻井上下对应，以达到"克火"的作用。

亦渔遗塾阴井与水井　两井均建于清代，阴井位于碧江金楼亦渔遗塾内，口径 6 厘米，井口距离门廊东墙 1.79 米、西墙 1.38 米；水井位于西墙的另一侧厨房内，口径 30 厘米，井栏离地 5 厘米，为外方内圆的花岗岩。

半边井　位于慕堂苏公祠和三兴大宅的后檐墙下，始建于清光绪年间，呈半月形，井栏采用白麻石砌筑，离地 5 厘米。半边井所在地原为中翰第苏文震第六子苏干葆的宅第，苏干葆娶佛山巨商独生女朱氏为妻，英年早逝，没有留下子嗣，朱氏独拥夫家及娘家的巨额财产，极尽奢华，乡民习惯把这宅第称为"朱婆大屋"。20 世纪 60 年代，拆除"朱婆大屋"时才发现砖墙内夹着厚铅板。宅第外墙砌至井口附近向里留出凹位将一半水井隐入宅内，并以巨石封盖，另一半露出街巷并加上特制的井栏。

慕堂大井 位于慕堂苏公祠与怡堂之间的青云巷巷尾，建于清代。

第二节 古建筑

一、金楼古建筑群

金楼及附近古建筑群包括泥楼、职方第（含见龙门）、慕堂苏公祠、砖雕照壁、亦渔遗塾、三兴大宅（怡堂），位于细桥坊，是集岭南民间艺术大成的古建筑，也是顺德保存民居中罕见的古建筑。2002年7月17日被广东省人民政府公布为第四批省文物保护单位。

金楼 又名赋鹤楼，为职方第藏书楼，因楼内木雕均以金箔贴饰，故俗称金楼。清代慈禧太后（叶赫那拉氏）的契女戴佩琼下嫁苏伯雨（职方员外郎苏丕文的曾孙），藏书楼为新房，被乡民称誉为"金屋藏娇"。建于清嘉庆、道光年间。坐西北向东南。为单进二层木质建筑，楼前有院落。总面阔10.5米，进深11.7米，高10.6米，其中首层高3.5米，二层高7.1米。整个建筑的主要特色在于房屋内部的木制装饰和饰金工艺，木雕雕法多样，有深、浅、浮雕，以及线刻、镂雕和玻璃镶嵌等，雕有各种花卉与吉祥怪兽、人物故事，多为柚木、花梨木、酸枝等珍贵枋料精雕细刻而成，表面施以泥金和贴金。

正厅挖有阴井（见前文"金楼阴井"），右侧寝室藏有枣木雕成的跋步床（又名千工床）、大衣柜、首饰箱等古家具。明间屏门门枋雀替通花可观，左右次间门洞上装饰精致的万字、回文贴脸与花卉浮雕。

二楼为前厅后寝布局，三面环廊与寝室相接，形成"回"字形状，大门悬挂黑底金字木匾，上书"赋鹤"。前廊的花罩为金瓶连环落地罩，与厅前的花檐、花罩等相连，是金楼木雕中的精华。左右两廊与前廊交界处设有垂直多层的框架橱柜门洞，每层橱柜有玻璃木门扇锁固，作陈设书画古玩之用。厅的左右饰以隔断，分三层处理：下层为浮雕裙板；中层采用博古形式，满镶玻璃嵌固；上层为浮雕铺作紧接藻井，天花顶部饰以云蝠盘雕。

厅正中的八角漏窗两侧悬挂着清末军机大臣戴鸿慈的手书对联"论其世也是尚友，归而求之有馀师"；橱架裙板中还饰有清乾嘉年间大学士刘墉、湖北督粮道宋湘、云南临安府太守王文治和翰林学士张岳崧等的书法木刻数屏。

金楼前庭院长13.2米，宽10.5米。中央栽有十叶龙眼树1棵，迄今树龄达170多年，树旁凿有明代古井，名为"福井"（详细见前文"福井"）。

中华人民共和国成立后，金楼成为一名医生的住宅，改革开放之初转作招待所，20世纪90年代末，北滘镇政府与碧江街区组织修葺金楼，2002年对外开放。

职方第 为清代兵部职方员外郎苏丕文的宅第，故称职方第。建于清嘉庆、道光年间。坐西北向东南。面阔三间12.2米，原进深五进，现存四进，深36.5米。头为凹肚式，面阔三间，进深6.4米，后有四架轩廊。石后檐柱。门内置屏门。第二进为过亭和牌坊。牌坊为面阔三间砖石牌坊。檐下有精美灰塑花草及小佛像。正面阴刻"视履考祥"楷书大字，上款为"道光三年仲春吉旦"，下款为"熊景星书"。背面阴刻"退让明礼"楷书，上款为"道光癸卯孟夏"，下款为"香山鲍俊"。借用牌坊的背面和三进大厅的前檐设计成过亭，过亭进深十架5米。歇山顶。第三进为客厅，面阔三间，进深三间十四架10米，前设四架轩廊，后三步廊。两根石前檐柱，四根木金柱。后金柱间设屏门，堂前带两廊，廊为六架卷棚顶。第四进为三间两廊式布局，进深6.7米，高三层16.8米。青砖墙，红沙石脚高达3米多。右边有耙齿巷，巷高于大街，且越往里地面越高，既利于防洪亦便排水。巷门额阴刻"凤仪居"，左边亦有巷，门额阴刻"见龙门"。

泥楼 始建于明代，为苏丕文祖屋。是顺德现存的罕见的两层干打垒建筑。占地面积118.8平方米。建筑面积168.5平方米，面阔三间11米，进深两厢11.5米。坐西北向东南。镬耳山墙，墙体用泥、沙渗以糯米粉、糖浆夯垒而成，坚韧如石，隔热性能好。红沙岩石门框，砖雕墀头。20世纪初留学归国的屋主改建前庭两廊，仿照欧洲古罗马建筑风格，将瓦顶改成砖木结构，使用拱券、罗马立柱等。前厢为过厅，清水砖砌墙，麻石铺地；后厢为正厅和房，八字形红沙岩台阶，墙体抹灰，阶砖铺地。后庭院墙有精美的壳花墙。

慕堂苏公祠 始建于清光绪二十四年（1898年），20世纪40年代竣工。坐西向东。面阔三间12.4米，进深三进39.6米。镬耳山墙，博古脊，素胎瓦当。头门面阔三间，进深两间七架6.6米，前三步廊。梁架及柁橔雕刻精美花卉。步架间有托脚。石前檐柱及角柱，木金柱。虾公梁上施狮子，斗拱隔架。木门高大，下设腰门。两层素面门枕石。石狮座上浮雕麒麟、凤凰等瑞兽。次间设包台。中堂面阔三间，进深三间十二架11米。前设三步廊，后双步廊。两根石前檐柱及两根角柱，四根木金柱，两根木后檐柱。后檐柱向后挑出一插拱承托檐檩，檐檩下砌墙。次间设石栏杆，木檐枋上置云母片横披。后檐柱间设屏门。堂前带天井。后堂面阔三间，进深三间十三架8.5米，前后三步廊两根石前檐柱。四根木金柱。次间木檐枋上置云母片横披。堂前带天井及两廊。廊为六架卷棚顶。主体结构保存完整，但因年久失修，部分建筑装饰艺术品损毁，包括国民党元老于右任手书的堂匾。1958年人民公社化后，曾为生产大队队址所在，2015年后用作碧江村史馆。

砖雕照壁 始建于清光绪二十四年（1898年），慕堂苏公祠正对面，为慕堂苏公祠的附属建筑，壁长26.5米，深11.7米，坐东朝西，正壁和左右两翼对称的辅壁组成，形如太师椅。白麻石勒脚，水磨青砖墙身，墙顶浅瓦檐，灰塑博古脊和龙船脊，正壁左右各置1个门洞。有浮雕16幅，镂刻精细，题材包括"风来花舞""麟雄拱日""杏林春意""九狮全图""三羊启泰""五子登科"等。该照壁工匠南海梁进、梁佳、梁联兄弟曾参加广州陈家祠雕砖制作。

亦渔遗塾 建于清朝后期，苏铭璋以其伯父苏述文（号亦渔，官至中议大夫衔）的遗产所建的书塾，故称为"亦渔遗塾"。私塾由两座硬山式平房相连组成。右边正屋前四檩搁墙，卷棚顶，后十二檩搁墙。墙楣上存有壁画，为桃村人关梦颜所作。木大门由十隔扇组成，雕刻精美图案。红阶砖铺地。屋前带天井及右廊。天井的围墙开花窗，墙上饰有"风声入竹有琴意；月影写梅无墨痕"，横批为"碧影"的灰塑对联。右廊为六檩搁墙，卷棚顶。左边正屋前为四架轩廊，后十二檩搁墙，两根石前檐柱。木大门由六隔扇组成，雕刻花草、瑞兽图案。屋前带天井及两庑廊。右廊四檩搁墙，卷棚顶。左庑进深两间，前为四架卷棚廊，后为厢房。厢房四架梁井。至民国期间，是苏氏宗族子弟进学的场所。

怡堂 位于村心大街西 15 号。为晚清苏氏宅第。占地面积 658 平方米，建筑面积 510 平方米。坐西朝东。大厅深四进，头门水磨青砖外墙，凹肚式门面，置脚门、档栊、大门、仪门四重门扉。仪门后有一个麻石铺砌的"四檐落水"大天井。南北两侧傍着四柱三间的券棚顶庑廊，方柱、雕梁、棂窗、挂落以柚木打造。二进主厅堂面阔三间，进深四间，设左右两廊。前檐石柱和次间前檐下的石栏以白麻石雕刻花鸟图案。大厅为瓜柱式十二架梁，以六根坤甸木圆柱和二根花岗石方柱支承，俗称为八柱大厅。曾先后用作公社饭堂和粮食仓库。二进后设天井，以八角景门分隔三进和四进。三进东面借二进大堂心间前置的后墙腾出空间成一轩，后檐"明标暗拱"作卷棚顶；南北两侧设偏厅，券棚顶，玻璃屏门。西面为八角景门，门额以青石凸雕"醉绿"草书。四进为八角景门庭院，设南北对称偏房，后墙置花局，题有"安排瓦鬲珍张草，料理瓷瓶插郑花"对联。1958 年人民公社化后，先后用作谷仓、饭堂。2010 年后，用作群众娱乐场所、廉政教育基地。

二、祠堂

珠江三角洲有"顺德祠堂南海庙"之说，而顺德又有"祠堂尤以碧江为最"之说。

据碧江《苏氏族谱》记载，南宋后期，八世祖苏显在大岗头山阴兴建祭祀始祖太尉公和历代祖先的"簪缨堂"，为顺德祠堂的雏形。明宣德五年（1430 年）改建为正式祠堂——种德堂。随后，一代代职官和儒商陆续兴建大批祠堂，清末民国初，碧江苏、赵两姓的祠堂超过 100 座。然而，历经社会动荡，至 1979 年碧江幸存的祠堂 42 座。80 年代，部分祠堂年久失修，或倒塌，或沦为危房被迫拆除。至 2016 年，碧江幸存的祠堂仅 26 座，其中省级文物保护单位 2 座、市级文物保护单位 9 座。

祠堂为碧江人供奉祖先，为族人祭祀、议事、举行婚丧大礼的重要场所，其建筑历来为乡人所重视，采取疏密有致的布局，规整对称的结构，空间层次，层层融入，

步步升高，模式化的大门和广场。

尊明苏公祠　位于碧江泰兴街 40 号对面。又名"兹德堂"，俗称"五间祠"。祀奉碧江苏氏南房十三世祖苏祉。建于明嘉靖年间。坐西向东。总宽 32.45 米，现存建筑面积为 1107 平方米。硬山顶，龙船脊。原为五间三进，形制在珠江三角洲的祠堂中较为少见。头进和二进保存完好，三进已毁。头门面阔五间，进深两间六架 5.9 米，前设两步廊，四根鸭屎石前檐柱，出一插栱挑承檐檩。中堂面阔五间，进深三间十一架 12.3 米，前后双步廊。以驼峰、斗栱承托梁架及檩条。梁架及柱子粗壮。梁砍削成月梁形式，梁架间有托脚。檩间间隔较大。十二根鸭屎石檐柱，十二根木金柱。前后檐柱各出一插栱挑承檐檩，使出檐加深。后檐檩下砌墙，求得更大的室内空间。次间、梢间有石栏杆，堂前带阔大天井。祠堂前有三合土铺成的地堂。其建筑风格雄大而不失优雅，细部精美。2008 年 11 月 18 日被公布为第五批省级文物保护单位。

何求苏公祠　位于碧江泰兴街 17 号。又称"云涧苏公祠"。为祭祀碧江苏氏北厅房十一世苏观佑的祠堂。始建于明代，清代重修。坐西向东。占地面积 395.6 平方米，建筑面积 236.6 平方米。三间三进，总面阔 11.6 米，总进深 33.3 米，面积 386.28 平方米。硬山顶，龙船脊，人字封火山墙，素胎瓦当。头门面阔三间，进深三间十一架 9.4 米，前后双步廊，石前檐柱、角柱，两根石金柱。石柱础为出戟形。次间为两偏间。第二进为"博学鸿词"牌坊。牌坊三间三楼，博古脊，心间开门，双面石刻坊额。一面坊额阴刻"世承天宠"楷书，为明代诗人欧大任纪念明代苏顺所题；另一面坊额阴刻"博学鸿词"楷书，是刘庶"为乾隆元年荐举鸿博古侪苏老先生珥题"。牌坊前带天井。后堂面阔三间，进深三间十三架 10.7 米，前后三步廊。两根木檐柱，四根木金柱。前檐柱出一插栱挑承檐檩。堂前带天井。2006 年 11 月 1 日，被公布为佛山市文物保护单位。

澄碧苏公祠　位于泰兴大街 28 号。祭祀碧江苏氏北厅房十世苏员泰（别号澄碧渔隐）。始建于明代，曾在清代和 2004 年两次重修。坐西向东。占地面积 426.4 平方米，建筑面积 317.1 平方米。三间三进，总面阔 12.75 米，总进深 37.14 米。镬耳山墙，素胎瓦当，砖雕墀头，以瓜柱承托梁架及檩条。头门面阔三间，进深两间九架 6.4 米，前设三步廊。步梁底雕有花卉、瑞兽图案，步架间有鳌鱼托脚。四根石檐柱，石柱础为覆盆型。虾公梁上施狮子、斗栱隔架。中堂面阔三间，进深三间十五架 9.8 米，前设四架轩廊，后三步廊。石檐柱、木金柱，木檐枋。后金柱间原有屏门，现剩石门槛。堂内原通往青云巷的两扇小门已封闭。次间置雕花栏杆。堂前带天井。后堂面阔三间，进深三间十三架 8 米，前后三步廊。两根石前檐柱，出戟形柱础；四根木金柱，覆盆型柱础。堂前带天井及两廊。廊为六架卷棚顶。迄今仍保存较好。2006 年 11 月 1 日被公布为佛山市文物保护单位。

丛兰苏公祠 位于泰兴大街27号。祀奉苏氏北便房二十世敬德堂祖。建于清嘉庆十一年（1806年），2004年重修。坐西向东。占地面积426平方米，建筑面积185.6平方米。三间三进，总面阔11.4米，进深34.43米（含已毁的后座）。硬山顶，镬耳山墙，灰塑花卉博古脊，素胎瓦当。头门面阔三间，进深两间九架6.66米，前设三步廊。石前檐柱及角柱。中置石匾，上阴刻"丛兰苏公祠"行书大字，为苏鸣恭的曾侄孙诗人苏鹤于清嘉庆十一年（1806年）所题。木檐枋上施斗拱隔架，枋下有刻花。台基高0.55米。中堂面阔三间，进深三间十三架9.54米，前后三步廊。木金柱，柱櫍呈花瓶状。后座已毁，仅存山墙、后墙、六个石柱础和堂前三个石阶。2006年11月1日被公布为佛山市文物保护单位。

逸云苏公祠 位于泰兴大街18号。为碧江苏氏北厅房私伙祠。建于清代中后期。坐西向东。占地面积180.9平方米，建筑面积138.7平方米。三间二进。总面阔10.88米，总进深16.8米，面积18278平方米。镬耳山墙，素胎瓦当，青砖石脚。建筑主体完好。头门为凹肚式，进深4.9米，九檩搁墙。后堂面阔三间，进深两间十三架7.65米，后三步廊，仅设两根金柱，前端借助次间前檐墙承托，结构有别于常见的祠堂四柱大厅。厅内置精美红石祭坛。2006年11月1日被公布为佛山市文物保护单位。

南山苏公祠 位于村心大街西1号，金楼景区职方第北侧，紧贴见龙门巷门楼。为苏氏南房私伙祠。建于清嘉庆、道光年间。坐西向东。占地面积235.6平方米。建筑面积181.7平方米。面阔三间12.4米，进深两进18.8米，硬山顶，龙舟脊，人字封火山墙。头门为凹肚式，进深5.3米。后堂面阔三间，进深两间十二架8.2米，前出挑一插栱承托檐檩。减柱，以墙承重。心间敞开，次间前檐墙开砖雕漏窗。堂前带天井，以条石铺砌地面。天井侧廊不存。曾先后用作生产队址和医疗卫生站，2006年11月1日被公布为佛山市文物保护单位。

源庵苏公祠 位于村心大街西25号。祀奉碧江苏氏北厅房二十世祖苏强爵。清代中期建筑，2004年重修。坐西向东。占地面积201.3平方米。建筑面积147.1平方米。三间二进，总面阔11米，总进深18.35米，面积201.85平方米。硬山顶，镬耳山墙，灰塑脊，灰碌筒瓦，紫胎瓦当，无滴水，青砖石脚。头门为凹肚式，进深4.5米。白石方檐柱。白石门框，后檐全开敞。后堂面阔三间，进深三间十三架8.4米，前后三步廊。以瓜柱承托梁架及檩条。白石前檐柱，四根坤甸木金柱。前檐柱出一插栱承托檐檩。明间樟木雕花檐板下，有八角形木格云母片横披。堂前带庭院，无侧廊，有侧门可通两旁青云巷。2006年11月1日被公布为佛山市文物保护单位。

楚珍苏公祠 位于村心大街西26号，祀奉苏氏北厅房十七世祖、苏廷爵（源庵）的曾父苏耀凤。始建于明代后期，清代中期重建。坐西向东。占地面积194.8平方米，建筑面积142.1平方米。三间两进，总面阔11.1米，总进深17.55米。硬山

顶，方云龙纹及花鸟动物纹饰灰塑脊，镬耳山墙，灰碌筒瓦，素胎瓦当。头门为凹肚式，面阔三间 11.1 米，门洞阔 4 米，进深 4.16 米。两根石后檐柱。封檐板上雕刻戏曲故事图案，工艺精美。后堂面阔间 11.7 米，进深三间十三架 8.38 米，前后三步廊。两根白石檐柱，四根木金柱。庭前檐板长达 11 米，明间置八边形木格云母片组成的横披，面积为 5.7×1.1 平方米。后金柱间置木雕几脚花罩。堂前带天井。2006 年 11 月 1 日被公布为佛山市文物保护单位。

峭岩苏公祠 位于村心大街西 22 号。又称"绳武堂"，祀奉碧江苏氏北便房二十世祖苏弼。清代早期建筑，2005 年修复。坐西向东。三间三进，总面阔 14.17 米，总进深 32.8 米，面积 464.78 平方米。龙舟脊，人字封火山墙，素胎瓦当和滴水。有生起。白石脚。头门为凹肚式，面阔三间 14.17 米，进深 6.14 米，六檩搁墙。前檐以砖墙承重，方石后檐柱。后檐柱挑出一檩作歇山转角处理，以两根木柱支撑。内设屏门。中堂面阔三间，进深三间十三架 8.92 米，前后双步廊。梁架间有托脚，双步梁砍削成月梁形式，瓜柱雕作鸭蹼状。石檐柱，木金柱。金柱柱櫍呈花瓶状。后金柱间置由 6 个隔扇组成的屏门。中堂前带四架卷棚廊，面阔三间。后寝面阔三间，进深二间 6.97 米，前设四架轩廊，后六檩搁墙，以瓜柱承托梁架及檩条。两根石前檐柱，两根石金柱，后檐以砖墙承檩。内设石雕神龛，次间前设石栏杆。2006 年 11 月 1 日被公布为佛山市文物保护单位。

慕堂苏公祠 （见上文"金楼古建筑群"）

黄家祠 位于村心大街东 21 号与 22 号之间。明末清初建筑，清代中期重修。坐东向西。占地面积 161.5 平方米，建筑面积 116.9 平方米。三间三进。硬山顶，龙舟脊，镬耳山墙。头门为凹肚式，水磨青砖墙，粗面岩勒脚。墙头灰塑萱草和彩绘壁画为清代中期重修时制作。2006 年 11 月 1 日被公布为佛山市文物保护单位。

奇峰苏公祠 位于白门口街 10 号。为碧江苏氏南房二十世祖祠。始建于清光绪十二年（1886 年），2007 年重修。坐西向东。占地面积 311.54 平方米，建筑面积 193 平方米，砖瓦结构，前后两座一天井；祠内后座有一座牌坊，正面上方刻有"圣旨"二字，下面刻有"熙朝人瑞"四字，背面上方刻有"恩泰"二字，下方刻有"流芳百世"四字，檐口有灰雕。民国后期曾用作学堂。

茹卿苏公祠 位于德云街三多巷 3 号，又名"三多祠"，为苏氏南房二十一世私伙祠，清代建筑，坐东向西，用地面积 130 平方米，建筑面积 105 平方米。

赵氏裕德堂 位于碧江大道 19 号。又称"振响楼"。祀奉赵氏二世季房。始建于明代。坐西向东。占地面积 2403 平方米，建筑面积 1787 平方米。建筑规模宏大，开阔雄伟，明代建筑风格突出。原为三间三进，现仅存中堂。中堂硬山顶，灰塑龙舟脊，素胎瓦当，滴水剪边，青砖墙。面宽三间 17.9 米，进深五间十九架 18.1 米，前双步廊及三步廊，后双步廊及三步廊。以瓜柱承托中堂梁架及檩条。四根石檐柱，出敧柱础。八根木金柱，仰盆、覆盆复合柱础。木柱柱体粗大，周长达 1.7 米。抗日战争时期曾用作广东省立广雅中学校舍。1938 年，八路军参谋长叶剑英及郭沫若、沈雁冰（茅盾）等爱国志士曾在此开展抗日救国宣传讲学。2011 年 9 月被定为佛山市爱国主义教育基地。亦曾用作村民（老人）活动中心。

月舫赵公祠 位于碧江民族街 2 号。祀奉赵氏二世仲房（赵士慧）。始建于明隆庆六年（1572 年）。坐东北向西南。占地面积 112 平方米，建筑面积 71 平方米，二进三间。

励堂赵公祠 位于碧江彰义民权街 21 号。又称"延古堂"。建于清光绪三十三年（1907 年）。坐东向西。占地面积 490 平方米，建筑面积 401 平方米，三间二进带一后花园。现作碧江诗书画学会会址。

璞堂赵公祠 位于民族街 32 号，清代建筑，坐西向东，仅存头进，建筑面积 41 平方米。

冼家祠 位于增基镇南大路对面。始建于明万历年间，重修于清道光二十年（1840 年）。坐东向西。占地面积 913 平方米，建筑面积约 500 平方米。深二进，中建石牌坊，前额题"名宦乡贤"，后额题"贰卿廉宪"；左右两旁为亲祠。曾用作米机，现用作工厂。

李氏大宗祠 位于都宁公园旁。始建于明代，清代重修。2010 年再次重修。坐东南向西北。占地面积 1232.12 平方米，建筑面积 545 平方米。三间三进，面宽 12.63 米，长 35.05 米，天井配有走廊，地面麻石铺设，横梁及顶梁柱全用红木、配有雕梁画栋、奇花异草、吉祥博古等装饰图案，屋顶为龙舟脊。

程氏大宗祠 位于都宁村心坊同乐街尾狮岗旁。始建于明代，清乾隆五十一年（1786 年）重建，2006 年重修。坐西北向东南。占地面积 934 平方米，建筑面积 436 平方米。两间两进，两旁配有西壁及走廊，采用花岗岩石柱作顶梁柱。四周墙壁配有奇花异草、吉祥博古等装饰图案。宗祠大门上挂有书于清乾隆年间的"程氏宗祠"匾额。

罗氏大宗祠 位于都宁村心大同街。始建于明代，重修于清末。2002 年、2008 年分两期再次重修。坐东北向西南。占地面积 396 平方米，建筑面积 336 平方米。两间两进，面阔宽 18 米，进深 22 米，前廊两条花岗岩石柱作顶梁柱、祠堂两旁配有北廊及南廊。

南庄罗公祠 位于都宁云溪街楼巷。始建于明代，清同治三年（1864 年）重修。坐东向西。现存头门，红沙岩石勒脚，青砖外墙。

云溪罗公祠 位于都宁云溪街楼巷。清嘉庆三年（1798 年）重修。坐东北向西南。占地面积 80 多平方米，砖瓦结构。

民国初碧江祠堂情况表

表 5—2—1

祠堂名称	祠址	备 注
慕堂苏公祠	村心	南房二十四世祖（现为广东省文物保护单位）
峭岩苏公祠	村心	北便房二十世祖私伙祠，俗称"绳武堂"（现为佛山市文物保护单位）
用斋苏公祠	村心	南房十五世祖
楚珍苏公祠	村心	北厅房十七世祖（现为佛山市文物保护单位）
源庵苏公祠	村心	北厅房二十世祖（现为佛山市文物保护单位）
南山苏公祠	细桥	南房私伙祠（现为佛山市文物保护单位）
茹卿苏公祠	细桥	南房二十一世私伙祠，俗称"三多祠"
川至祠	细桥	南房二十一世私伙祠
黄家祠	村心	（现为佛山市文物保护单位）
何求苏公祠	墩头	北厅房十一世祖（现为佛山市文物保护单位）
逸云苏公祠	墩头	北厅房私伙祠（现为佛山市文物保护单位）
丛兰苏公祠	墩头	北便房二十世祖（现为佛山市文物保护单位）
澄碧苏公祠	墩头	北厅房十世祖（现为佛山市文物保护单位）
尊明苏公祠	墩头	南房十三世祖，俗称"五间祠""兹德堂"（现为广东省文物保护单位）
奇峰苏公祠	白门口	南房二十世祖
月舫赵公祠	彰义	赵氏二世仲房
赵氏裕德堂	彰义	赵氏二世季房，俗称"振响楼"
励堂赵公祠	彰义	又称"延古堂"
李氏大宗祠	都宁	李氏始祖，俗称"敦泽堂"
李家祠	都宁	李氏二世，俗称"永思堂"
程氏大宗祠	都宁	
罗氏大宗祠	都宁	
南庄罗公祠	都宁	仅存头进

续表

祠堂名称	祠址	备 注
云溪罗公祠	都宁	危房
苏氏大宗庙	承德公园	碧江苏氏始祖大祠堂，俗称"种德堂"（已毁）
社洲苏公祠	碧江小学内	苏氏北便房十一世祖，俗称"远芳堂"（已毁）
燕翼楼	碧江小学内	苏氏南房十三世祖（已毁）
百轩苏公祠	碧江小学内	南房私伙祠（已毁）
五思苏公祠	碧江小学内	南房私伙祠（已毁）
正源苏公祠	西境	南房私伙祠（已毁）
荫堂苏公祠	西境	南房私伙祠（已毁）
苏氏承德堂	高桥头市场	南房十二世祖（已毁）
苏氏聚辉堂	西境	北便房私伙祠（已毁）
德孚苏公祠	岗尾	北便房二十一世祖（已毁）
允轩苏公祠	岗尾	北便房二十二世祖（已毁）
慕闲苏公祠	岗尾	北便房私伙祠（已毁）
苏氏司马祠	岗尾	北便房私伙祠（已毁）
遂远苏公祠	岗尾	北便房私伙祠（已毁）
苏氏清白堂	岗尾	北便房私伙祠（已毁）
华洋苏公祠	岗尾	北便房私伙祠（已毁）
报恩祠	村心	苏士德祀养父欧胜开（已毁）
禄村苏公祠	村心	南房十世祖（已毁）
彦铭苏公祠	村心	钟村房十一世祖珊竽头门台阶（已毁）
苏氏世德堂	村心	南房十二世祖（已毁）
古愚苏公祠	村心	大石街房十三世祖，俗称户部祠（已毁）
四坡苏公祠	村心	原大石街房十一世祖，后转给北便房祀十三世祖易庵公，俗称"易庵"（已毁）
舜臣苏公祠	细桥	南房二十五世祖（已毁）
苏氏大夫祠	细桥	南房二十一世私伙祠，俗称"树德堂"（已毁）
景亮苏公祠	甘境	桑麻迁碧江（已毁）
其园苏公祠	甘境	北厅房私伙祠（已毁）
耀东苏公祠	甘境	北厅房私伙祠（已毁）
裕斋苏公祠	甘境	北厅房私伙祠（已毁）
灿裕苏公祠	甘境	北厅房私伙祠（已毁）

续表

祠堂名称	祠址	备 注
苏氏孔安堂	甘境	北便房私伙祠（已毁）
雅容苏公祠	甘境	南房私伙祠（已毁）
国梁苏公祠	甘境	北厅房私伙祠（已毁）
悫斋苏公祠	甘境	北厅房私伙祠（已毁）
绥远苏公祠	甘境	北便房私伙祠（已毁）
凯禹苏公祠	墩头	北便房十八世祖（已毁）
苏氏光大堂	墩头	南房十三世祖（已毁）
芥庵苏公祠	墩头	南房私伙祠（已毁）
苏氏尊德堂	墩头	南房十二世祖（已毁）
虚庵苏公祠	墩头	北便房十九世祖（已毁）
清轩苏公祠	墩头	北厅房私伙祠（已毁）
杰斋苏公祠	墩头	北厅房私伙祠（已毁）
雪庵苏公祠	墩头	南房十九世私伙祠（已毁）
端穆苏公祠	墩头	北便房十九世祖（已毁）
苏氏兹大堂	墩头	北厅房私伙祠（已毁）
碧溪苏公祠	墩头	北便房二十一世祖私伙（已毁）
苏氏太婆祠	墩头	北便房（已毁）
笔洲苏公祠	墩头	北便房十一世祖（已毁）
遂远苏公祠	墩头	北便房私伙祠（已毁）
程万苏公祠	墩头	北便房私伙祠（已毁）
洛轩苏公祠	墩头	南房私伙祠（已毁）
南房十一世祠	墩头	祀南房十一世祖苏祖惠（已毁）
来鸥苏公祠	旧德云圩	南房十一世祖（已毁）
苏氏旧祠	高庙边	供外出苏氏平时回乡祭祖（已毁）
良璧苏公祠	新路	北厅房私伙祠（已毁）
介恩苏公祠	新路	桑麻迁碧江（已毁）
潜庵苏公祠	隔涌	苏氏四世祖书童（已毁）
同所李公祠	壮甲	（已毁）
作斋梁公祠	碧江中学内	（已毁）
亦斋梁公祠	碧江中学内	（已毁）
瑞台冼公祠	江湾街	（已毁）

续表

祠堂名称	祠址	备　注
冼氏家庙	增基	（仅存头进）
慕湾冼公祠	汇龙里	（已毁）
赵氏大宗祠	彰义	碧江赵氏始祖，俗称"流光堂""花祠堂"（已毁）
草洲赵公祠	旧德云圩	赵氏二世孟房（已毁）
丹山赵公祠	彰义	孟房四世祖（已毁）
赵氏二白堂	彰义	（已毁）
怀德赵公祠	彰义	（已毁）
赵氏兴孝堂	彰义	（已毁）
赵氏睦顺堂	彰义	（已毁）
慕堂赵公祠	彰义	（已毁）
赵氏燕及堂	彰义	（已毁）
赵氏大夫第	彰义	十四世祖（已毁）
璞堂赵公祠	彰义	仅存头进
赵氏杨休堂	彰义	（已毁）
静岩赵公祠	—	（已毁）
宏基赵公祠	—	（已毁）
李家祠	都宁	李氏二世，俗称"远思堂"（已毁）
红祠堂	泮浦	梁氏祠堂（已毁）
红门楼	隔涌	梁氏宗祠，毁于1952年

三、庙宇寺观

　　明清时期，碧江庙宇寺观众多。相传在北滘镇域寺观中，论宏伟首推泮浦树庵。明景泰年间，僧人苏栋自肇庆鼎湖学佛而归，族人为其建金粟庵，占地200多平方米。清康熙年间，苏姓人在上马峰兴建天云寺。民国初期，碧江地区庙宇有：东成墩头的北帝庙，中心村的娘娘庙、金花庙，东北岗尾的华佗庙、细庙，西境的娘娘庙，甘境的白鹤庙，下村的华光庙、蔡伦庙（因庙边有5块天然大石，又名"五石堂"）、尺九庙，隔涌的四圣宫、龙母庙、三元宫、舍人古庙，南平的关帝庙、天妃庙，新路坊的阴庙，彰义的北帝庙、亚婆庙，聚龙沙的新庙，坤洲的文武庙，都宁的北帝庙。这些庙宇寺观注重工艺装饰，屋脊、墙头、梁架、檐头的装饰多种多样，其三雕

（石雕、木雕、砖雕）、二塑（陶塑、灰塑）题材丰富多彩，突显岭南地方特色。"文化大革命"时期，碧江不少庙宇寺观遭到破坏。

20世纪90年代起，通过民间集资筹款重建修缮部分庙宇寺观。2016年，碧江社区共有庙宇寺观9间。

华佗庙 位于碧江大道3巷5号旁。始建于明代，1993年重建。占地面积76.5平方米。供奉华佗，祭祀活动集中在华佗诞（农历四月十八）。

娘娘庙 位于村心东细庙巷巷口。始建明年，2000年重修。占地面积29平方米。供奉天后娘娘，祭祀活动集中在天后诞（农历三月二十三）。

北帝庙 位于墩头街1号旁。始建于清咸丰年间，2004年重建。占地面积85平方米。供奉北帝，祭祀为北帝诞（农历三月初三）。

三元宫 位于隔涌白门口街。始建于清光绪八年（1882年），重修于1995年。占地面积113平方米。门前立有挂香的四角亭，由4根石柱撑起青瓦顶。正门上方悬挂"三元宫"石匾，落款为"光绪壬午吉日马章鉴敬书"，两侧门联为"兴德同尊位配乾坤坎，其神默运堪旋上下中"。墀头有精美砖雕。庙内有碑记两块，均为《隔涌坊三元庙碑记》，落款为"光绪九年岁次癸未吉日书董事"。供奉三元大帝（上元天官、中元地官、下元水官），每逢农历正月十五元宵节、七月十五中元节和十月十五下元节邀请舞狮队助兴，祈求国泰民安、风调雨顺。

四圣宫 位于隔涌聚龙里1号。始建于清朝末年，2007年重修。占地面积80平方米。与龙母庙并排而立，绿瓦灰墙，正门悬挂"四圣宫"匾额。主要供奉华佗、关帝、北帝和天后玄君；民国期间，每逢农历七月十五中元节，村民在四圣公庙为先人超度，打斋，烧纸钱，傍晚集中在庙前空地食斋饭；2014年起，每逢农历三月二十二四圣公诞，在庙前空地举行敬老活动，招待全村60岁以上的老人。

龙母庙 位于隔涌聚龙里1号。始建于清代，2007年重建。占地面积75平方米。绿瓦灰墙，正门悬挂"龙母庙"匾额。供奉龙母元君、玉龙太子和华光大帝。碧江地处水乡，民间历来信仰龙母，每逢农历五月初八龙母诞，村民都会持鲜花、水果、香烛前来拜祭，祈求国泰民安、风调雨顺。

舍人古庙 位于隔涌红门楼路2号。始建年份不详，2003年重修，占地面积46平方米，供奉天后娘娘、东公、观音。

文武庙 位于坤洲一街73—74号。始建于清宣统元年（1909年），分别于民国期间和2012年进行重修。占地面积111平方米。与公约并排而立。主要供奉文昌帝和关帝。门前悬有"文武庙"石匾，落款为"宣统己酉季春吉日郭卉芗敬书"。墙楣有"桃园三结义""寿如松柏""吉祥如意""青山白雾"等壁画。坤洲人敬仰文昌帝和关帝的忠义仁勇，青少年普遍有结义的习俗。2002年起，每逢农历五月十三文武诞，村中都会在文武庙举办拜祭活动，上午以香烛、花果、烧肉等祈福，下午举行舞狮表演；拜祭完后举行鞭炮投标活动，价高者可以点头炮，取个好彩头；晚上在文武庙前的道路举行晚宴，全村男女老幼欢聚一堂，宴开数百席，宴间有知名艺人在坤洲公园表演节目，宴后在坤洲篮球场有粤剧表演。2012年，将农历二月二十定为庙庆日，当年宴开380席，此后宴席规模越来越大，至2016年上升至600席。

都宁观音阁 又名"碧云寺"。位于都宁岗的风门坳。始建于2007年。占地面积1999.8平方米，建筑面积350平方米，由都宁股份社无偿划拨基建用地。供奉观世音菩萨，由释隆煜、释乾悟、释华杰三名僧人主持事务。每逢观音开库日及观音诞（农历二月十九、六月十九、九月十九、十一月十九），信众持鲜花、水果前来供奉，与主持一起跪拜读诵经文，中午设有斋饭供应。年接待信徒6000人次；2016年6月，观音阁僧人计划通过化缘募集资金，筹建天王殿、钟鼓楼、弥陀殿、药师殿等道场，占地面积拟扩大至3100多平方米。

四、古桥

德云桥 始建年份不详，清嘉庆年间由苏氏南房、北便、北厅、钟村四房族人集资重建，因苏氏族人敬仰苏东坡，取其诗句"前世德云今我是，依稀犹见妙高台"中的"德云"二字命作桥名。原桥建于碧江德云圩的河涌上，2002年覆盖河道改道，将桥拆卸后按原样移建在现今的民乐公园碧湖上。东西走向。为花岗石单孔拱桥。总长20.6米，其中桥面长6.65米，宽3.42米，孔径4.5米。以白石横联式砌筑桥拱。桥身刻"德云桥"字样。桥两侧各砌16条白石望柱，15块素身栏板。桥头翼抱鼓石。2006年11月1日被公布为佛山市文物保护单位。

妙高桥 位于白门口与花园街要道交界。建于明嘉靖七年（1528年），清乾隆四年（1739年）重修。东西走向。原是一座石墩木板桥，北边有石雕桥栏柱，桥墩上用红沙岩雕琢着"妙高桥"三字，桥名源于苏东坡诗句（见上文"德云桥"）。20世纪90年代时被水泥覆盖，古桥匾亦已湮失。

汀涌桥 位于德云桥与妙高桥之间的一个"丁"字形涌口上，为清代石墩木板桥，白麻石桥墩，南北走向。现仅存两侧石墩。

三眼桥 横跨在南平一街的河涌上，南北走向，咸丰版《顺德县志》有载，原为三孔石板桥，长20.4米，宽1.72米，高3.7米，心孔桥面平铺，次孔桥面分别向两岸倾斜，桥面共用12条宽42厘米、厚45厘米的巨型花岗石条分三截铺成，其中心孔桥面所用的 4 根石条长 7.86 米。因河涌淤塞，三个桥孔只剩下中间一个。相传，一位地主乘船到寺庙参拜，途经南平涌，因河流湍急，船只颠簸，贴身丫鬟杏儿落水溺亡，后来地主修桥缅怀杏儿，故该桥又称"杏花桥"。

第三节 文 物

一、楹联、匾额

"论其世也是尚友，归而求之有馀师"——清代法务大臣戴鸿慈所撰，现存于金楼八角窗两旁。

"老地驰名多古宅，小楼惊世富精雕"——现存于金楼正门。

"金漆木雕留至美，楼藏粉黛去犹香"——为金楼内赋鹤楼正门楹联。

"小楼长发月，赋鹤寄千秋"——为金楼内圆拱门楹联。

"忠厚传家远，诗书继世长"——为职方第正门楹联。

"桃实生春"——书于清朝，现存于职方第宅。

"聚龙里"——书于清朝，现存于隔涌村聚龙里街。

"文武庙"——书于清宣统元年（1909 年），现存于坤洲文武庙。

"公约"——书于民国 35 年（1946 年），现存于坤洲文武庙旁的民房。

"品行端介"——书于清乾隆五十四年（1789 年），现存于怡堂。

"一乡模范"——书于民国 22 年（1933 年），现存于怡堂。

"程氏宗祠"——书于清乾隆五十一年（1786 年），现存于都宁村心程家祠。

"长宁里"——立于清光绪年间，现存于都宁寨边长宁巷。

"小蓬莱"——书于清光绪二十五年（1899 年）孟夏，为清同治六年（1867 年）顺天举人梁骝藻所书，现存于碧江荫老院。

"晚翠"——书于清末民国初，现存于碧江荫老院。

"天壶洞"——书于清期后期，现存于民族街。

"涵碧洞"——书于清期后期，现存于村心大街西 14 号附近。

"在水之湄"——清代书法家苏珥所书，为昔日细桥坊水巷的门匾，后因水巷楼改作马路，门匾移至金楼后花园。

"川至"——苏珥所书，原为细桥坊水巷的门匾，现存于金楼后花园。

"绿柳"——苏珥书，现存于碧江荫老院。

"拱北"——书于清光绪二十一年（1895 年），为新路坊建，现存于碧江德云居。

二、碑刻

"碧江通乡禁约"，立于清乾隆二十九年（1764 年），出土于金粟寺遗址，现存于金楼后花园。其碑文如下：

> 近因乡内窃盗充斥，阖乡衿老会议，赴县设法，于乾隆二十九年四月十六日以一件剔盗源等事禀县。蒙县主李太爷批：该乡报失频闻，自有内匪勾引为害。仰紫泥司严节，更练役地保定力巡防侦捕，务净盗源。仍将该属积匪姓名、原保何人彻底查明，列册送查，遇有失事以凭严拘讯，毋得玩视！所有条款开列于后：

> 查出包窃之人，更保不先行密报者，通乡绅士联名禀究；白日抢掠及平地跳陷，该地方更保指名闻，官通乡公办；明火持杖劫人家，更夫捉获，现有原赃物，送花红金肆大员；如乡人捉获，谢花红金叁拾员，解盗费用通乡公办；乡人被窃，更夫捉获，果有原赃，送花红金壹大员；如乡人捉获，谢花红金贰大员；捉获窃盗之人，日后被盗扳陷，通乡绅士联名保结，通乡公办费用；出力救护被伤者，通乡验明轻重，补送汤药金；被窃盗地方遇闻叫喊，伶屯不到救护，事主禀报伶坊，衿老不得扛帮，如注坊无更夫，看守不在例内；联凶打架，殴辱善良，该更保指名凶党闻，官究治，为父兄者不得徇庇；私买赃物，查出闻，官保伶亲属不得祖庇；私买筍竹，小则通乡议罚，大则闻，官坊内不得徇情；摆摊掷骰，肆行聚赌，该保不力行禁止，指名送究；积匪匿绅，衿名保结，一经查出，该窃送究，如绅衿受贿不出，呈词诉明通乡议罚；乡内务须和睦，不得恃强凌弱、欺压客商及海上蜑户，如违禀究；遇乡中有事，其人原非签题银两者，决不得藉口公办；乡中签题银两，原□以备不□通乡侦事者，不宜藉端浪费，致滋议论。

"西郊小拓"，立于清咸丰十一年（1861年）仲秋，现存于励堂赵公祠。

"清同治二年七月十六日示"，立于清同治二年（1863年），为顺德知县徐槐廷批复的告示刻石，现存于励堂赵公祠。碑文如下：

> 出示晓渝。现据碧江附贡生赵佐熙等呈称：伊等有祖遗土名聚龙沙税地壹段，附近海旁向批与人建铺或盖屋居住，历年收租输粮无异。近因各铺户愈聚愈多，人烟稠密，间有批期已满，恃蛮盘踞，不肯换领新批或将屋旁空地广盖霸占，与原批丈尺不符而租仍照旧纳者，或私自批与别人转折辗转而租无可问者，或聚年积欠屡讨不交者，种种弊端，不一而足，现当清查。保甲稽察良歹之际，该处滨临海边，匪徒易于潜踪，弊窦丛生，联恳给示晓谕，俾祭祀蒸尝，有赖粮务，有靠等情。据此，徐批揭示外，合就出示晓谕该处铺户居民知悉：尔等批赁赵姓琴泉祖聚龙沙税地建盖铺屋者，务须照依原批按期交租，不得恃强拖欠，亦不得在原批屋地之外私占丈尺，广盖居住；如批期已满，应即向该赵姓业主说合换领新批，如议不合，即将原地交回任从业主另批；或有批期未满，顶兑别人者亦须预向业主说明来历，俾良歹易于稽查，匪徒无从托足。自示之后，倘敢抗违，别生事端及有包娼聚赌窝藏匪类者，经赵姓业主指名禀控，定必差拘到案严究，决不宽贷，各宜禀遵毋违，特示。

"清光绪六年七月吉日 赵裕德堂公禁"，立于清光绪六年（1880年），现存于励堂赵公祠。碑文如下：

本沙凡有拆卖上盖其屋地之椿杙、础石、街石，俱归本堂所得，不许锹烂基址，有碍邻舍，倾跌堪虞，敢有抗违，定必禀究不宽。

"护涌石碑"，立于清光绪十七年（1891年），由苏懿等数十位乡绅报请顺德县，经知县魏传熙批准立石，现存于碧江民乐公园内。碑文节录如下：

碧江地方滨临大海，有苏贻谋祖（种德堂）输粮官涌，南流狮石，北流梭浦，东流壮甲出琵琶洲，水道旧迹列路显然。所有业户急公、士子应试、公差走递、妇女归宁、农商出入，一路通津，四方船只往来不容窒碍。况碧江地广人众，米谷柴薪仰给别地，前经进士苏大忠等于雍正八年联禀给示勒石，严禁包塞，以垂永久。讵料日久弊生，近有无知之辈，充将各处浮泥及碎砖瓦砾堆放涌内，以至淤塞官涌，诸多窒碍。陆运艰难，背负肩挑，怨声载道。若不亟为清理，遗害无穷……

三、其他

公约　位于坤洲一街73号。是民国时期坤洲乡民商议要事的场所。面阔一间11米，进深两进4.5米。硬山顶，平脊，低矮人字封火山墙，青砖墙，麻石脚。麻石门框，阴刻"公约"草书大字。落款为"民国三十五年重修苏一宇"。墙楣存多幅壁画。

念宋亭　原址位于碧江西街村口。始建于明代，为南宋赵氏遗族后人所建，亭内题有陈白沙所书的"念宋亭"碑文，曾用作春秋二祭。20世纪60年代后期拆毁。1988年，旅港乡亲苏耀明捐资12万元在都宁岗山脚重建，占地面积100平方米，建筑面积45平方米。亭高8米，塔状仿古建筑，四周栽有松树。

古铁炮　位于碧江荫老院。共有2门，清道光二十二年（1842年）铸造，1990年5月6日在碧江聚龙沙涌打捞出土，均有铸文。分别为："炮重五千斤，署理广东巡抚部院梁、参赞大臣齐、靖逆将军奕、两广总督祁、署理广东督粮道西、题升吴川守备黎志安监造。奏委口朝上铸造，军功七品顶戴叶逢春承办、前佛岗营关委吴洪麟协办。道光二十二年二月口日，炮匠李、陈、霍造"；"新式加工顺泻，纯铁炮重三千斤，钦命靖逆将军奕、太子少保两广总督部堂祁、兵部侍郎广东巡抚部院梁、职员李懋元督铸，炮匠梁万盛、霍万金造，道光二十二年二月口日"。

《碧江廿四咏》铸铜壁雕　雕于2002年。铸铜者：周炳基、薛里昂、潘鹄、梁满根。长23.8米，高1.5米，称为"碧江的清明上河图"，置于金楼后花园。根据清代诗人苏鹤《碧江廿四咏》24首七绝所雕，重现当时碧江的人文风物、繁华盛况。

第四节 乡间文化

清朝时期，随着社会稳定和经济发展，碧江文风渐盛。村中出现诗社、文社，出现了一批省内外闻名的文人。雍正、乾隆年间，成就较大的有苏珥和李晚芳。苏珥是乾隆三年（1788）举人，他心静如水，淡泊功名，爬梳古籍，整理文献，著有《宏简录辨定》《笔山堂类书》《安舟杂钞》，大含细入，笼络古今，传播岭南；其书法"骨气清挺""用笔俊逸""圆劲透逸"。迄今，碧江还保存其书写的"虚庵苏公祠""魁——翠竹红梅春色里，若松古柏鸟声中"等墨宝，时人称他为"南海明珠"。李晚芳是世家大族之后，从陈村嫁到碧江后，悉心照料公婆，丈夫外出行医，她在家中边从事纸业手工劳动，边悉心教育子女，令小孩学有所成。晚年，撰写了《女学言行录》《读史管见》。这两部著作，令她在清代女子教育和史学研究方面占有一席位。《读史管见》传至日本，多次出版，版书的序言称她审视历史"心灵准确""眼光雪亮"。不少村民也雅受吟咏，创作出许多脍炙人口的佳作，包括诗、儿歌、谜语、谚语、民间故事等。现查到的作品有150多篇。例如在《碧江古人诗选》中，赵昀的《珠江竹枝词》、苏鹤的《碧江廿四咏》，用优美的诗句歌唱碧江乡村的秀丽和勤劳智慧的乡民、忠贞的爱情、农村节日盛况。著名儿歌有《月光光》《鸡公仔》《氹氹转》《落雨大》《排排坐》《卖懒卖懒》，一代又一代的碧江儿童，是唱着这些儿歌长大的。

民国初期，碧江乡间文化进入兴盛时期。碧江成为附近乡村的文化中心，省城大戏班多次到碧江演出，上演《六国大封相》《黄飞虎反五关》《附荐何文秀》等传统戏剧；各地艺人涌来碧江"讲古"（说书）、唱龙舟、表演粤曲。每年端午节赛龙船，是碧江最大的文化活动，江河两岸，人山人海。民国后期，在村中心建起一座砖瓦木结构戏院，占地面积3000平方米，座位1200多个。广州、顺德等地粤剧团经常到此演出，村设有2间武馆，传授以洪拳为主的武术，有学徒上百人。

中华人民共和国成立后，20世纪50年代，碧江村民文体活动主要以体育运动为主，篮球、乒乓球、跳绳、踢毽子等运动活跃起来，乡人民政府将苏氏大夫祠改建成戏院，放映电影、上演粤剧，举办群众性文艺演出。60年代，组织青年大唱革命歌曲。公社电影队定期到各生产大队放映电影。"文化大革命"期间，坤二生产队周汉明等40人，自发组织文艺队，自制二胡、琴、铮等乐器，为村民上演"革命样板戏"和革命歌曲。1975年，村心、彰义、坤洲、都宁、泮浦建立文化室。碧江生产大队组建篮球队。每逢春节和国庆节，举行村民运动会，举办水上拔河、扒禾桶、徒手捉鸭等特色水上娱乐活动。

1980年后，随着文化战线拨乱反正，经济迅速发展，村民生活逐步富裕，碧江乡间文化进入一个鼎盛时期。

社团文艺组织如雨后春笋般涌现出来。1991—2017年，碧江先后组织起诗词学会、诗书画学会、曲艺家协会、乒乓球协会、太极协会、妇女健身队、醒狮队，成员共690多人。

诗词学会 1991 年 6 月，由林鉴松组织成立，是中华人民共和国成立以来顺德最早的诗词学会，林鉴松任会长，会员 7 人，会员以退休干部、退休教师为主，会址设在怡堂。每年组织 2—3 次外出活动，研究诗词，交流创作经验，2005 年起，助推校园诗教，多次参与坤洲小学、碧江小学诗词经验交流会。2006 年出版诗集《北滘怡园》。2016 年，会长林鉴松，副会长程敬廉、肖汉雄、陈灿辉、陈柳红，会员 160 多人，其中国家级会员 1 人、省级会员 4 人、市级会员 7 人、区级会员 23 人。

诗书画学会 2012 年 5 月，碧江诗书画学会在赵氏励堂正式成立，会长李季斌，副会长叶汉钊，有会员 15 人，会员主要由退休教师、中小学在职老师等书法爱好者组成。并在励堂开设公益培训班，逢周六免费培训中小学生书法。

曲艺社 1998 年成立。会址设在民乐公园崇德楼。首任会长黎家活，创会会员 23 人。2009 年苏燮任会长；2014 年 6 月赵锦潮任会长，副会长方建禧、冯泽泉，会员 23 人。每年国庆节、中秋节会在社区内安排大型公演，演出地点原设在碧江社区居委会礼堂，2003 年起设于民乐公园舞台。逢周一、周四、周六晚 7：30—10：30 集中练习、培训。自 2000 年起，连续 16 年被顺德区（市）戏剧曲艺家协会评为优秀曲艺社。

青云篮球队 成立于 1976 年，首任队长梁小平，队员有 9 人，70、80 年代闻名于北滘地区。1992 年，队长陈钊永，会员 20 人。篮球队在民乐公园篮球场每周组织 2 次训练。

乒乓球协会 成立于 2000 年，会址在社区文化活动中心，会长苏劲，副会长周炳根，会员有 80 人。

太极协会 2004 年 6 月 28 日成立，会址设在碧江慕堂，会长苏庆松，副会长欧庆媚、苏淑英、苏慧梅，有会员 30 多人。2015 年，迁至碧江村心大街 22 号肖岩祠。2016 年，有会员 60 多人。每天早上 6：30—8：00，协会成员集中在民乐公园练习。2006 年 10 月和 2007 年 10 月曾在民乐公园专场演出。协会常年参加各类太极比赛及对外交流活动，获奖众多。其中，会员欧绮文在 2012 年世界太极拳大会获二十四式拳二等奖，在 2016 年世界太极拳大会获武当剑二等奖；在 2009 年广东省传统武术锦标赛上，会员苏丽燕获四十二式拳金奖，苏慧梅获两度获得金奖，欧庆媚、苏淑英、苏慧梅、杨惠芬、苏炳贤、韩文仪、黄少梅等人获银奖；2006 年起，参加历届北滘镇太极比赛均获得一等奖。

健身队 成立于 2003 年 3 月。2016 年有成员 300 多人，队长冯丽珍、李小玲，健身队队员多集中在民乐公园广场、坤洲股份社以及都宁寨边球场、罗家球场等地方开展健身活动。2015 年获顺德区"舞动顺德　鹤舞飞扬"安愉人生怀广场舞大赛最佳人气奖、2016 年获北滘镇"三八节妇女运动嘉年华"一等奖。

碧江醒狮队　成立于1990 年，队长周棠，队员 15 人。2016 年大年初一，受碧江社区居委会、碧江妇代、雄萍家族慈善基金邀请（赞助），与都宁醒狮队联合在民乐公园内举行醒狮表演。

都宁醒狮队　成立于 2013 年，队长李锦坚，队员 15 人。

2000—2017 年，碧江先后建起民乐公园、图书馆、星光老人活动中心、小蓬莱艺术馆、祠堂博物馆和碧江村史馆，总占地面积 9.82 万平方米，建筑面积 1.39 万平方米，为村民文化活动开展创造有利条件。

民乐公园　2001 年建成，占地面积 85904 平方米，建筑面积 2571 平方米，总投资 2687 万元。公园内设有篮球场、足球场、乒乓球室、儿童健身乐园、中心广场、舞台、文化长廊、游泳池、鹅卵石保健路等设施，人流量逾 1000 人次/日。2012 年，投入 120 万元，设立综合文体活动室，占地面积 2900 平方米。2013 年，碧江社区投入 90 多万元，升级改造公园篮球场，是北滘镇首个村（社区）级室内篮球场。其后，陆续举办省、市、区级篮球比赛，如：2015 年，共举办佛山市镇街男子篮球精英赛 32 场、广东省男子篮球联赛 4 场；2016 年，举办第 15 届碧桂园杯篮球公开赛。社区内各种大型文体活动多在民乐公园举办，如：书法比赛、书画展览、文艺晚会。

碧江图书馆　2010 年投资 5 万元，在社区文化活动中心设立图书馆，总面积 500 多平方米，分设农家书屋、儿童图书阁、科学育儿阅览室，总藏书达 2 万多册，各类报纸杂志 30 多种。馆内设电子阅览区，配置 8 台电脑与顺德区图书馆联网，并提供无线上网服务。

老人活动中心　分别位于赵氏裕德堂（振响楼）、奇峰苏公祠、都宁程家祠、坤洲饭堂，对应成立时间为 2000 年、2001 年、2005 年、2016 年，普遍设有乒乓球台、桌球台、棋牌室、健身设备等，定期组织乒乓球、象棋赛。

小蓬莱艺术馆　蓬莱书院　由周志锋分别于 2013 年 3 月、2015 年 6 月创办。小蓬莱艺术馆坐落于民乐公园正门对面，占地面积 450 多平方米，建筑面积 230 多平方米。是顺德最早盘活的古建筑之一，为文化经营场所。开馆以来共举办 20 多场书画展览，还开设书画册艺术培训班和销售广彩陶瓷。蓬莱书院坐落于碧江泰兴大街，由澄碧苏公祠和丛兰苏公祠改造而成，占地面积 800 平方米。每年举办艺术作品展、艺术讲座 20 多场，吸引游客逾万人次。

顺德祠堂博物馆　位于五间祠，2006 年由顺德区、镇、村三级财政立项斥资

3000 万元动工修缮。至 2016 年，完成一、二期修缮工程，累计投资 800 多万元。

碧江村史馆 为弘扬岭南文化，展示碧江文化、民俗、乡情的悠久历史，2015 年起，投入 120 万元（其中国家拨款 100 万元，区政府出资 20 万元）在慕堂苏公祠建设村史馆，占地面积 561.79 平方米，建筑面积 421.86 平方米，分设书画、建筑构件、碑刻文物、多媒体 4 个展区。

万象时尚广场 2015 年 1 月建成，三楼设有影剧院、娱乐歌舞厅。其中：比高电影城面积 2845 平方米，座位 998 个；新力星歌舞厅面积 2027 平方米。

20 世纪 80 年代末起，村民文化活动呈现多元化态势。各管理区（街区）组织开展文学、书法、戏曲、舞蹈、拔河、篮球、乒乓球等群众文体活动。1989 年，碧江街区投入 2 万多元，在碧江纸箱厂空置车间设立文化室，占地面积 500 多平方米，分设乒乓球室、象棋室、书画室、篮球场、醒狮室、灯谜室、图书阅览室等场室，逢周三、周六晚免费对外开放。2001 年后，形成以民乐公园为中心的文体活动基地，每逢春节和国庆节，社区组织篮球赛、乒乓球赛、羽毛球赛、拔河、水上拔河、徒手捉鳗鱼、舞狮、五人六足、夫妻背跑、布袋跳等文体活动以及文艺汇演。居民日常文体活动多聚集于民乐公园，早上耍太极，晚上跳广场交谊舞、健身操。

2013 年起，逐步形成以小蓬莱艺术馆、蓬莱书院为中心的美术、书法、雕刻等艺术交流平台，相继展出周凤甫、王志强、邱建斌、陈日新、李华林、叶献民、彭建生、胡锦秋、陈永康、李朝臣、倪宽等著名艺术家作品，有力提升碧江社区的艺术氛围。

第六章 教育之乡

第一节　概　况

碧江自古读书求学之风浓厚。元代，泮浦梁氏族人办起泮浦书舍。明万历初年，梁维屏创办泮浦书院，聘请一位梁姓老进士授课讲学，教育出一批科举人才，相传南海状元伦文叙曾求学于此。

据清康熙十三年（1674 年）《顺德县志》记载，当时，碧江村设有德云社学。清嘉庆十九年（1814 年），在当时东街新路（今碧江荫老院附近）创立碧江社学，近乡子弟 12 岁以上、20 岁以下有志学文者可获选入学，课程有《百家姓》《千字文》及经、史、历、算之类，并背诵《儒制大诰》，讲习冠、婚、丧、祭之礼。清乾隆五十五年（1790 年），在仙洞乡（今南平）创办萃文书院。

明清时期，除书院、社学等官（地方）办教育机构外，碧江各氏族大多设私塾，这些私塾一般没有学制、修业年限、考试毕业制度。初入学，以识字为主，不做讲解，纯属启蒙教育；课程初则《千字文》《三字经》《百家姓》《幼学诗》，继而《四书》《幼学琼林》（又名《成语考》）《千家诗》《秋水轩尺牍》和珠算，进而《诗经》《论语》《孟子》《信札》等。民国时期，国民政府多次明令取缔旧式私塾，私塾数量逐渐减少。抗日战争前夕，碧江仍有私塾 10 多间，为地方培育了一批人才。明清时期，碧江有 17 人考取文进士，占顺德考取文进士总数的 6%。

清末民国初，碧江在顺德县内率先兴办国民学校。清宣统三年（1911 年），在三兴大宅内创办三兴（初等）小学。民国初年，在澄碧苏公祠创办泰兴（初等）小学，校长是曾任广东省府秘书的苏陆超。民国 15 年（1926 年），苏氏族人以族产兴办种德小学，推选曾任国民党陆军少将的苏焕图任校长，校歌歌词："维我种德，文脉绵长。培育后起，奋发图强。莘莘学子，志气轩昂，德智群体，兼擅其长。基础稳健，渐致发扬。闾里之荣，家国之光！" 20 世纪 30 年代初，乡人苏易于北平朝阳大学毕业，与毕业于北平女子师范大学的妻子李氏回乡，执教种德小学，把种德小学发展为完全小学。初小课程设修身、国文、算术、手工、图画、唱歌、体操，高小课程设修身、国文、算术、历史、地理、理科、手工、图画、唱歌、体操，外加农业、商业和英语。民国 22 年（1933 年），碧江又在全县率先拓展学前幼儿教育，创办私立种德幼稚园，当时全县仅有 5 所幼稚园。

抗日战争期间，民国 26 年（1937 年）秋，广雅中学 30 个班共千余师生迁至碧江，以苏氏大夫祠为总部和图书馆，作斋梁公祠和亦斋梁公祠为高中部，赵氏振响楼为高中宿舍，兹大堂、南房十一世祠、笔洲祠、雪庵祠等苏家祠堂为初中部教室和宿舍，五间祠为学生食堂。此举推动了碧江教育事业的发展，碧江成为邻近各乡的教育中心。

民国 30 年（1941 年）冬，乡人赵伯则与周之贞、廖平子等乡民组建顺德难童抢救委员会和儿童教养院筹备委员会，借地广宁县荆让乡佛仔堂，创立青云儿童教养院，先后抢救、抚养和教育 800 多名难童，其中碧江籍学童有 20 多名。

抗日战争胜利后，学校逐步恢复。民国 34 年（1945 年）秋，创办坤洲小学。民国 35 年 9 月，创办私立种德中学，苏陆超任校长，至 1949 年共有 4 个班 110 名学生。民国 36 年（1947 年），碧江又办起第一国民中心小学（校址在苏氏大夫祠）、第二国民中心小学（赵百则创办，校址设在赵氏振响楼）、普育小学（赵百则创办，夜校，校址在作斋梁公祠）。同年，在易庵苏公祠重新开办私立种德幼稚园。

中华人民共和国成立后，碧江教育事业快速发展，公办民办学校并存。1950 年，县军管会接管种德中学，随后移交给县人民政府文教科管理，改为公立学校，并进行整编，改称顺德二中。50 年代，先后办起东北小学、民办小学、都宁初级小学、泮浦初级小学。至 1959 年，碧江有 5 所小学，28 个教学班，学生 800 多人，教师 60 多人。1960—1962 年，北滘中学迁址碧江振响楼办学。其间，为适应人民公社化形势，解决广大妇女后顾之忧，各生产队纷纷办起托儿组，幼儿教育进入稳定持续发展的阶段。1964 年，碧江兴办半耕半学 28 间，学生有 400 多人，为解决贫穷子弟入学，开辟了一条新路。

"文化大革命"期间，根据顺德县关于"高中不出社，初中不出队，小学不出村"的办学要求，各村陆续开办小学，附设初中班。与此同时，各大队办起农民政治夜校，开展成人教育。东北小学划分为碧中小学与碧江圩小学，开办彰义小学。至 1977 年 9 月，碧江有 5 所小学，分别为碧江圩小学、碧中小学、彰义小学、坤洲小学、都宁小学，有小学班 43 个，学生 1292 人，儿童小学入学率达 98%；附设初中班 9 个，学生 223 人。

20 世纪 80 年代起，碧江教育事业进入蓬勃发展时期，各村加入对教育的资金投入，港澳乡亲也纷纷捐资建校。1981 年，碧江普及小学教育。1984 年 9 月，斥资 52 万元（其中旅港乡亲捐资 25 万港元），创办碧江（初级）中学。1985 年，香港同胞梁伟明捐资 40 万元，创办泮浦托儿所和泮浦幼儿园。1986 年 2 月，碧江圩小学与彰义小学合并，改为碧江第一小学，碧中小学改为碧江第二小学。1986 年，碧江实行"三级"（县、镇、村）办学，分工管理；实行"三权"（管理权、财权、人员使用权）下放，经费包干，落实学校办学自主权，调动教职工的积极性。1987 年，碧江实现普及九年义务教育。1989 年，实施"两聘，两制，一包，一改"的新方案，即由各级办学行政单位聘任校长，校长聘任教师；推行校长负责制和教师岗位责任制；引进竞争机制，实行岗位补贴，提高教师的福利待遇。1989 年 9 月，碧江有中学 1 间，教学班 9 个，学生 371 人，教职工 24 人，毕业率达 96.2%；小学 4 间，教学班 41 个，小学生 1551 人；学前班 13 个，幼儿 508 人，教职工 95 人。

90 年代，碧江继续加大教育事业投资力度，改善办学条件。1990 年 1 月，捐资 75.2 万元（其中旅港乡亲程应江捐资 54.8 万元）易地重建都宁小学。1991—1994 年间，投资 363.7 万元（其中旅港乡亲苏耀明捐资 50 万元、程应江捐资 10 万元）相继兴建碧江中心幼儿园、都宁幼儿园、坤洲幼儿园。1995 年，斥资 3600 万元，易地重建碧江中学，增设职中班。1997 年，碧江第一小学、碧江第二小学合并为碧江小学。同年易地重建坤洲小学，并基本普及高中教育。

2000 年起，优化整合教育资源，都宁小学并入坤洲小学。2003 年 9 月，桃西

（初级）中学并入碧江中学，同时撤销职中班。

至 2016 年，碧江有小学 2 间，分别为碧江小学、坤洲小学，共 37 个班，学生 1746 人，教职工 90 人；中学 1 间，为碧江中学，39 个班，学生 1900 人，教职工 134 人。全社区户籍人口中，大专以上毕业学生有 1900 多人。

第二节 学 校

碧江中学 创办于 1984 年 9 月，校址位于现碧江社区居委会，占地面积 1 万平方米，建筑面积 2264 平方米，总投资 52 万元，其中港澳同胞捐款 25 万港元、县拨款 5 万元、镇 3 万元、村 9.2 万元、乡民筹资 4 万元。1989 年，有 9 个教学班、371 名学生，教职工 24 人，设理化实验室 1 间 85 平方米，仪器室 1 间 85 平方米，图书馆 140 平方米，藏书 857 册。1995 年春，顺德市教育局、北滘镇政府、碧江街道及坤洲、都宁、西海、桃村、三桂管理区斥资 3600 万元在牛头岗与大岗头之间易地重建，占地面积和建筑面积分别增至 123605 平方米和 30494 平方米，1997 年 9 月投入使用。校园设行政楼、教学楼、实验楼、学生公寓楼、教师住宅楼、400 米跑道标准运动场、室内体育馆、篮球场、乒乓球场、电脑室、多媒体综合电教室、多媒体综合语言室、电子阅览室、物理室、化学室、生物室、图书室（藏书 55841 册）、音乐舞蹈室、美术书法室等场室，搭建宽带校园网络，教室配备多媒体电教信息平台，教师配备笔记本电脑。设教学班 15 个，其中初中班 12 个、职中班 3 个，有学生 380 人，教职工 45 人。（职中班 2003 年 7 月停办）。2016 年，学校有教学班 39 个，学生 1900 人；教师 134 人，均为本科以上学历，其中高级教师 18 人。碧江中学的办学理念是"立德树人"，以"善以养德，行以致知"为校训，"以学生为本，以学习为本"，形成"学生自信友善，乐学向上；教师乐教善导，事业有成"的校风。1999 年被评为顺德市一级学校；2005 年被评为广东省一级学校；2007 年被评为广东省义务教育阶段规范学校和佛山市义务教育优质学校；2011 年被评为顺德区德育示范学校；2012 年被评为顺德区"绿色学校"、顺德区"书香校园"；2013 年 4 月 20 日被广东省教育厅认定为"广东省篆刻特色教学与创作实验基地"。

碧江小学 创办于 1926 年，先后称为种德小学和种德中学。1937 年秋至 1938 年 9 月，曾作广雅中学校舍。中华人民共和国成立之初，转为公立学校，易名为东北小学，1968 年改现名。1971 年，拆分为碧江圩小学、碧中小学、彰义小学。1986 年 9 月，碧江圩小学改称碧江镇第一小学。1989 年，碧江镇第一小学占地面积 3330 多平方米，建筑面积 1500 平方米，设教学班 12 个，在校学生 512 人，教职工 24 人。专任教师中高中（中师）毕业以上的 20 人。1997 年，与碧江镇第二小学合并为碧江小学，占地面积 12896 平方米，建筑面积 4500 多平方米。2016 年，有教学班 24 个，学生 1100 多人；教职工 63 人，其中小学高级教师 41 人、一级教师 9 人、研究生学历 2 人，本科学历 44 人，大专学历 8 人。设多媒体综合电教室、电脑室、主控室、软件

制作室、演播室、自然实践室、音乐室、舞蹈室、美术室、手工劳动制作室、第二课堂专用室，建有 200 米环形六跑道田径运动场、乒乓球馆、羽毛球馆和 1662 平方米的专用礼堂；每个教学班设有多媒体教学设施。校训为"德高、博学、多才、康乐"，办学方针为"发扬传统、确保质量、提高素质、开创特色"，注重科研促教。1990 年推广"尝试教学法"；1992—2000 年开展"读写结合"教法实验。1995 年先后被评为顺德市一级学校和佛山市一级学校；1999 年被确定为顺德市乒乓球、北滘镇篮球网点学校；2002 年被确认为全国教育科学"十五"规划"构建体育课程体系研究"实验学校；2002 年被评为顺德区"绿色学校"。2014 年被评为"广东省诗词教学先进单位"。

坤洲小学 始建于 1945 年秋，校址在坤洲村南。1976 年，投资 60 多万元，在坤洲股份合作社现址易地重建，占地面积 4000 平方米，建筑面积 1020 平方米。1989 年，共有 11 个教学班，学生 397 人，教职工 19 人。设有图书室、阅览室、藏书 950 册。附设学前班 1 个，学生 60 人。1999 年斥资千万元易地重建，校园占地面积 18676 平方米，建筑面积 6542 平方米。2016 年，有教学班 13 个，学生 646 人，教职工 27 人，其中小学高级教师 22 人、一级教师 1 人；本科学历 25 人，大专学历 2 人。教学功能室场齐全，设有教学区、运动区、生活区；建有办公楼、教学楼、实验楼、综合楼、体育馆、教师楼；有探究实验室、音乐室、器乐室、美术室等功能室。教室及功能室都配有多媒体电脑平台，有多媒体电教室教师办公室，行政室、电脑室、会议室、广播室、图书馆（藏书 13075 册）等，及 200 米标准环形田径运动场、篮球场、羽毛球场、生物园、学生实践基地、蓓蕾广场。以"诗承经典，德本养成"为办学理念，打造诗意文化、诗意德育、诗意环境、诗意活动教学环境，注重学生的品德人生、书香人生、才艺人生的培育。2000 年被评为"全国尝试教学法先进单位"、2007 年被评为"广东省义务教育规范化学校"、2007 年被评为"顺德区绿色学校"、2008 年被评为"全国诗词教育先进单位"、2008 年被评为"广东省佛山市义务教育优质学校"、2011 年被评为"顺德区传统文化培训基地"、2012 年被评为"广东省诗歌教育示范学校"等。

都宁小学 始建于 1946 年，初为私塾，址设程氏宗祠，1954 年迁至寨边李氏宗祠。1989 年，旅港乡亲程应江捐资 50 万元易地重建都宁小学，占地面积 5000 平方米，建筑面积 2800 平方米，设有教学楼 3 座、教职工宿舍 1 座、礼堂 1 座，1990 年9 月投入使用，有 6 个教学班，教职工 15 人、学生 120 多人。2003 年 2 月，合并至坤洲小学。

第三节　幼儿园

碧江幼儿园中心 公办幼儿园。创办于 1986 年 10 月，1991 年底搬迁到现址，占地面积 7980 平方米，建筑面积 5980 平方米，绿化面积 2000 多平方米，绿化覆盖率达 50% 以上。2016 年，在读幼儿 514 人，设有教学班 15 个，教职工 60 人，教师学历达标率 100%，其中大专以上占 83%。园内设有音乐室、美术室、科学实验室、图书室、体育室、综合游戏室、保健隔离室、厨房、备餐间等功能室场，以及植物园、动物饲养角，戏水池、玩沙区、角游区和体育活动区等多个活动场地。碧江幼儿中心以"服务幼儿、服务家长、服务社会"为办园宗旨，以"促进每位孩子在原有的发展水平上得到提升，让孩子健康、快乐成长"为办园理念，成为儿童"温馨、优美、舒适"的儿童乐园。2005 年被评为顺德区"绿色幼儿园"、2006 年被评为佛山市"绿色幼儿园"、2008 年被评顺德区"一级幼儿园"、2011 年被评为"顺德区交通安全幼儿园"，2012 年被评为"佛山市一级幼儿园"。

坤洲幼儿园 公办幼儿园。成立于 1994 年 7 月，占地面积 2000 平方米，建筑面积 1530 平方米，园内环境优雅，设有美术室、舞蹈室、图书室、区域游戏室、体育活动场地、保健室、厨房、备餐室等功能室场。2016 年，在园幼儿 320 人，设有教学班 9 个，教职工 36 人，教师学历达标率 100%，其中大专学历以上占 36%。"健康快乐"是其办园特色，儿童活动丰富多彩，开设幼儿武术、舞蹈、篮球、阅读等特色课程。2012 年被评为"顺德区一级幼儿园"；2015—2016 年参加第二、三届佛山市传统武术锦标赛均获"幼儿组集体项目"金奖。

都宁幼儿园 公办幼儿园。1995 年 10 月投入使用，占地面积 3151 平方米，建筑面积 877 平方米。2016 年，在园幼儿 105 人，设有 3 个教学班，教职工 10 人，教师学历达标率 100%，其中大专以上占 33%。新园舍内设有美术室、科学识、图书室、音乐活动室等功能室。"干净、整洁、绿树成阴"的特色闻名北滘。

2016 年，碧江社区还有民办幼托机构 5 间，在读幼儿 539 人，设有教学班 25 个，教职工 74 人，总占地面积 2594.3 平方米，建筑面积 5750.2 平方米。

2016 年碧江民办幼托机构基本情况表

表 6—3—1　　　　　　　　　　　　　　　　　　　　　　　　单位：人、班、平方米

名称	幼儿	教职工	教学班	占地面积	建筑面积	地址	始建时间
新一代	65	12	4	308.1	891.3	碧江大道 51 号	1997 年 11 月
心意	50	7	3	362.6	420	隔涌新村街 38 号	1999 年 5 月
爱儿乐	160	18	6	632	1041	民生大街 1 巷 1 号	2002 年 8 月
小东方	151	20	6	655.6	1378.6	隔涌南路 8 号	2013 年 9 月
向日葵	113	17	6	636	2019.3	民生大街 27 号	2014 年 3 月

第四节 教育基金

碧江历来有捐资办学、资助助学的传统。清乾隆年间，苏氏种德堂设有专门的奖学、助学、励仕制度，童生参加县试每人补助3钱6分银，赴京考试补助旅费卷金6两3钱银，童生县试考取第一中奖银3两，举人考取殿试鼎甲第一名（状元）奖银1000两，初任教谕奖银100两，出任一品官奖银1500两。2006年，碧江福利会设有专门教育奖励基金，奖励优秀学子和资助贫困学生学费。2008年设立梁英伟教育基金，至2016年累计有572人捐款，总额达98.9万元，奖励学生339人次82.6万元，资助贫困学生77人次16.3万元。2013年，设立"周振球奖学金"，至2016年累计奖励优秀学生143人次，13万元。同年，设立"苏培助学基金"，至2016年累计资助社区贫困学生102人次，14.04万元。

2008—2016年碧江奖学、助学情况统计表

表6—4—1   单位：元

| 年度 | 梁英伟教育基金 | | | | | | 周振球奖学金 | | 苏培助学基金 | |
| | 捐款 | | 奖学 | | 助学 | | | | | |
	人次	金额	人次	金额	人次	金额	人次	金额	人次	金额
2008	26	48100	46	106000	15	30000	—	—	—	—
2009	30	33100	46	106000	18	36000	—	—	—	—
2010	52	68013	26	62000	13	26000	—	—	—	—
2011	62	81200	40	99000	20	40000	—	—	—	—
2012	77	126200	38	97000	2	4000	—	—	—	—
2013	73	146700	28	71000	5	15000	28	22400	20	24000
2014	80	151000	37	90000	—	—	37	29600	22	26400
2015	86	181600	35	90000	1	3000	35	35000	30	45000
2016	86	153300	43	105000	3	9000	43	43000	30	45000
合计	572	989213	339	826000	77	163000	143	130000	102	140400

第五节 进士、举人、五贡名录

从宋代开始，碧江地区先后出现25名进士，147名举人、五贡，详情如下：

碧江历代进士名录

表6—5—1

姓名	科别	官衔	姓名	科别	官衔
苏绍箕	北宋元祐九年（1094年）制科	太尉右丞	赵崇信	明嘉靖十四年（1535年）	贵州副使
苏之奇	南宋隆兴元年（1163年）	朝奉大夫	苏惟一	明嘉靖三十八年（1559年）明通榜	知县
苏之才	南宋隆兴元年（1163年）	朝议大夫	梁尚通	明万历二十年（1592年）明通榜	知县
苏光祖	南宋淳熙十四年（1187年）	校书郎	苏升	明万历四十四年（1616年）	知县
苏希旦	南宋庆元二年（1196年）	朝议大夫	赵恂如	明万历四十七年（1619年）	兵备道
萧良	南宋宝祐四年（1256年）	—	李延龙	明天启二年（1622年）	吏部郎中
苏天锡	宋宝祐四年（1256年）赐进士第	通议大夫	梁若衡	明崇祯十五年（1642年）	知州
梁希学	元延祐年间	府教授	赵鸣玉	清顺治十八年（1661年）	知县
苏葵	明成化二十三年（1487年）	布政使	赵起蛟	清康熙三十三年（1694年）	—
苏瑶	明弘治八年（1495年）明通榜	知县	苏大忠	清雍正十三年（1735年）	知县
苏仲	明弘治十五年（1502年）	户部主事	赵林临	清乾隆七年（1742年）	—
钟善经	明正德六年（1511年）	御史	苏梦篆	清乾隆三十三年（1768年）明通榜	知县
苏应旻	明嘉靖十四年（1535年）	给事中			

注：资料选自《历史文化名村碧江》。

碧江历代举人、五贡名录

表6—5—2

姓名	科别	官衔	姓名	科别	官衔
苏刘仁	南宋端平元年（1234年）解元	通议大夫	苏　会	明正德二年（1507）	教谕
梁崧忠	南宋淳祐岁贡	枢密院副使	钟善言	明正德五年（1510年）	—
梁济平	明洪武二十六年（1393年）	福建府教授	苏方缙	明正德五年（1510年）、八年副贡	—
梁曾甫	元至正年间	县丞、巡检	钟继瑶	明嘉靖十六年（1537年）	知县
梁　瑾	明宣德元年（1426年）	都督府都事	林挺春	明嘉靖二十二年（1543年）	知州
苏　藿	明宣德岁贡	训导	张大行	明嘉靖二十二年（1543年）	教谕
何　泽	明成化元年（1465年）	知县	钟继瑜	明嘉靖二十二年（1543年）	知县
梁　鱼	明成化七年（1471年）	知州	梁柱臣	明嘉靖二十五年（1546年）	知州
梁　谦	明成化岁贡	四川布政司经历	梁　典	明嘉靖三十一年（1552年）	府通判
梁克容	明弘治二年（1489年）	知县	张大潘	明嘉靖四十年（1561年）	同知府
苏　范	明弘治五年（1492年）	知县	梁　泮	明嘉靖岁贡	—
钟　华	明弘治十一年（1498年）	知县	苏　腾	明嘉靖岁贡	训导
黄　绣	明弘治十一年（1498年）	知县	梁为光	明嘉靖岁贡	训导
钟善本	明弘治十七年（1504年）		黄河清	明嘉靖岁贡	训导
李　策	明弘治十七年（1504年）	同知府	梁　载	明嘉靖岁贡	
苏　政	明弘治岁贡	府教谕	苏　兆	明嘉靖岁贡	训导
苏　云	明正德二年（1507年）	知县	苏光汉	明隆庆元年（1567年）	州通判

续表

姓名	科别	官衔	姓名	科别	官衔
苏武英	明隆庆元年（1567年）武举人	—	苏 张	明崇祯六年（1633年）武举人	—
苏履中	明万历元年（1573年）	—	梁佑逵	明崇祯十二年（1639年）	—
苏 廉	明万历元年武举人	—	苏 铨	明崇祯十五年（1642年）	—
苏应期	明万历十九年（1591年）	知县	苏 璜	明崇祯岁贡	—
梁祖寅	明万历二十五年（1597年）副贡	—	梁尚兴	明崇祯岁贡	训导
梁亭表	明万历三十四年（1606年）	知府	苏家伟	清顺治二年（1645年）	—
梁栋隆	明万历四十年（1612年）	同知府	苏梦吉	清顺治二年（1645年）武举人	
梁佑新	明万历四十六年（1618年）	户部郎中	苏剑龙	清顺治十一年（1654年）	教谕
李仁富	明万历岁贡	训导	梁宗典	清顺治十一年（1654年）	知县
苏国宝	明万历岁贡	—	苏耀日	清顺治十四年（1657年）	
苏胤昌	明万历岁贡	—	梁千云	清顺治岁贡	
苏效颜	明万历恩贡	教谕	梁英裘	清顺治岁贡	—
梁国楹	明天启四年（1624年）	知县	梁宗周	清顺治恩贡	
梁鸣郎	明天启四年（1624年）副贡	—	赵 德	清康熙五年（1666年）	知州
梁尚元	明天启岁贡	—	梁 任	清康熙十一年（1672年）	礼部给事中
梁 煜	明崇祯三年（1630年）	知县	梁式训	清康熙十一年（1672年）	教谕

续表

姓名	科别	官衔	姓名	科别	官衔
梁朝祯	清康熙十四年（1675年）	—	赵之璧	清康熙岁贡	—
梁芳熙	清康熙十七年（1678年）	—	仇看朝	清康熙岁贡	—
苏明守	清康熙二十年（1681年）	—	梁联凤	清康熙岁贡	—
陈逵	清康熙二十六年（1687年）	—	梁若霖	清康熙恩贡	—
梁彩	清康熙二十九年（1690年）	—	苏占鳌	清康熙恩贡	—
苏天植	清康熙三十八年（1699年）	—	苏正学	清雍正元年（1723年）恩科	州学正
梁正观	清康熙四十四年（1705年）	—	梁极	清雍正元年（1723年）副贡	—
赵起凤	清康熙五十年（1711年）	—	苏渔	清雍正二年（1724年）	—
梁彦升	清康熙五十三年（1714年）	—	罗守臣	清雍正岁贡	—
苏雄视	清康熙岁贡	训导	苏善成	清乾隆元年（1736年）	—
梁良榘	清康熙岁贡	—	苏珥	清乾隆三年（1738年）	—
苏美	清康熙岁贡	训导	陈天禄	清乾隆六年（1741年）	州学正
苏大年	清康熙岁贡	府教授	梁元龙	清乾隆九年（1744年）	—
苏仞千	清康熙岁贡	—	赵元德	清乾隆十二年（1747年）	—
梁佑匡	清康熙岁贡	—	苏翰学	清乾隆十五年（1750年）岁贡	—
赵尔纲	清康熙岁贡	—	苏建唐	清乾隆十五年（1750年）武举人	—

续表

姓名	科别	官衔	姓名	科别	官衔
苏文炳	清乾隆二十四年（1759年）岁贡	—	赵沃文	清同治十二年（1873年）副贡	—
梁廷选	清乾隆三十年（1765年）武举人	—	苏如讷	清光绪元年（1875年）恩贡	—
苏光瑜	清乾隆四十四年（1779年）	—	洗应钟	清光绪五年（1879年）顺天榜	—
赵元谦	清乾隆五十三年（1788年）	教谕	赵昶	清光绪顺天榜	—
苏用霖	清嘉庆五年（1800年）恩贡	—	吴泽森	清光绪十一年（1885年）顺天榜	通判
苏应亨	清嘉庆十三年（1808年）	—	苏荣干	清光绪	—
赵均	清嘉庆十三年（1808年）副贡	教谕	赵文翰	清光绪顺天榜	—
赵允恭	清嘉庆十八年（1813年）	—	苏传衔	清光绪二十三年（1897年）顺天榜	知县
苏文震	清咸丰元年（1851年）副贡	户部郎中	苏永康	清光绪二十七年（1901年）	内阁中书
苏应庚	清咸丰六年（1856年）	—	苏德孚	清光绪	—
苏桂	清同治三年（1864年）	检讨	苏崇泽	清光绪	—
赵宗祁	清同治九年（1870年）顺天榜	—			

注：资料选自《历史文化名村碧江》。

第七章 风土民情

第一节 习 俗

一、节令习俗

春节 民间称"过年",从农历十二月十六(尾祃)到正月十五(元宵)为止,年前驱邪除秽,岁后迎新纳福。

进入腊月中旬,过节的气氛越来越浓厚,家家户户筹备应节食物,大街小巷到处飘荡油炸的香味。腊月二十三至二十五日"祭灶",碧江乡人称之为"谢灶""送灶神",各家各户打扫神位,置烛酒、糖果等祭祀一番,祈望灶君老爷"上天言好事,下界保平安"。腊月二十四"入年关","开油镬",炸爆谷、煎堆、油角,蒸糕、煎堆寓意一年富有,油角粤语谐音"入阁",萝卜糕、马蹄糕、伦教糕、九层糕象征"步步高升"。"年廿八,洗邋遢",家家户户扫屋掸尘,用碱水或以柚叶、黄皮叶煎水洗涤生活用具,去除陈旧油污。腊月二十八至三十,人们结伴"行花街"选购年花盆桔。腊月二十九至三十"上挥春",贴春联、福字、年画。除夕,家家户户把烧肉、煎鲮鱼、腊肠、苹果、柑放进米缸里,用红纸写"常满"贴在米缸外,称为"连(压)年",寓意来年丰衣足食、年年有余,这些食品要到正月初二开年方能食用。晚上全家大小要一起吃团年饭,菜肴都取吉利之意,寄望一家团聚、吉祥安康。团年饭后,儿童手提灯笼、红鸡蛋和几炷香,结队上街,唱"卖懒卖懒,卖到三十晚,人懒我不懒"等歌谣,到土地庙把香插上,沿来路返家边走边吃鸡蛋,或把鸡蛋带回家分给长辈吃,以示把自己一年的懒惰卖掉。这个习俗在 20 世纪 50 年代后逐步消失,取而代之的是饭后全家人行花街。新旧年交接之际,上了年龄的妇女,会到附近的寺庙参拜,随后在家拜祭祖先,此时爆竹此起彼伏,通宵达旦。

正月初一,天亮就开启门户,称之"开财门",迎财神,小孩起床便穿新衣。拜年是新年最普通、最广泛、最不可或缺的礼节,家人相互祝福,长辈给后辈赠以"利是",寓意平平安安、压邪化吉,健康成长。招待来拜年的亲朋好友吃喜庆食品。其中瓜子象征吉祥红火、银元满堂,剥瓜子仁寓意"挠(抓)银"。正月初二,祭神祀祖,置开年酒。菜式丰盛,皆取吉祥之意,鸡与"机"同音,寓意"有机会",烧肉有"红皮赤壮,身体健康"之意,"蚝豉冬菇发菜"为好市金钱发财,"发菜猪手(脷)"即发财诸事就手(得利)。是日开始向族外亲友拜年,外嫁女归娘家。初三俗称"赤口",不进行亲友间的登门拜年活动,但这一习俗已淡化。初七是"人日",祈福酬神,庆贺人的降生,要吃"及第粥"。及第粥由猪肝、猪肚、猪肠、肉丸等合煮成,意指寄望在科举考试中取得好成绩。

20 世纪 60 年代起,每年春节,碧江地区都举办各类文体活动,有篮球赛、乒乓球赛、拔河、象棋、舞狮、唱大戏、猜灯谜,还有水乡特色的水上拔河、水上捉鸭、徒手捉鳝(鳗)等活动。进入 21 世纪,春节文体活动更加丰富。

元宵挂灯 元宵，碧江有挂灯习俗。正月十三在厨房"点灶灯"，称"试灯"。十四日，陆续挂花灯、燃放烟花爆竹。十五日，家家祀神上供，游灯、赏灯、放花炮、猜灯谜、出会景、唱大戏。清末至民国前期，每年元宵节都举行飘色，由童男童女饰演古典人物巡游，管弦细乐伴奏，有声有色，所到之处，围观者如堵，引动万人空巷，盛况仅次于番禺沙湾。

元宵节还有一习俗"庆灯"，"灯"与"丁"同音，寓意庆祝添丁。凡新生男丁的人家均在家中神像前挂灯，备烧肉、水果酬神，称"开灯"；并向邻里派送酸姜、酸萝卜、咸榄等。还须在祠堂或庙县挂花灯，称"出灯"，将新生儿名字载入族谱，在祠堂设"灯酒"宴客，谓之"报丁"。

清明祭祖 清明节是悼念祖先的节日，俗称"拜山""行青"。碧江自立村起，每年的清明节前夕，家家户户门口插柳枝或鸡屎藤，以示驱邪。各氏族男丁集中拜奠太公墓，男女老幼均参与祭祖活动，拜祭品包括烧猪（烧肉）、白饼（俗称"山饼"）、甘蔗、酒、鞭炮、金银衣纸、元宝蜡烛香、红钱山白等。20世纪80年代始，先拜太公祖坟，再按辈分逐一拜祭。拜祭时先把坟头前后杂草清除，墓碑文涂红漆，压红白纸钱，放祭品，点香烛，烧纸钱，放鞭炮。90年代殡葬改革，碧江地区祖坟多迁至"祥宁园"墓园，并以鲜花悼念亲人。祭祖后合族聚餐，分烧肉，体现崇敬先祖之情。

端午划龙舟 赛龙舟是碧江传统节庆活动。每年农历四月初八前后，村民择好吉时举行仪式，将埋在河涌或吊在祠堂内的龙舟请出，清洗抹油。端午节前，将龙头贴上净水符，嘴中塞入黄皮叶，然后装在龙舟上，同时移至庙中拜祭。游龙时，由老龙舟人负责扯动龙头机关做出表情，装上龙头旗、帅旗、罗伞、龙尾旗。出游经过寺庙、河涌口、桥底或事故发生位置，老龙舟人将烧入净水符的姜、醋、饭、黄皮叶混合物洒入水中，辟邪除晦。龙舟活动结束后，村民争相到龙船划过的河涌中洗澡或洗脸，去掉身上的秽气。晚上，村中男丁集中吃龙舟饭。端午节过后，择吉日把龙船埋入河泥或悬挂在祠堂里，称"藏龙"。

20世纪60—70年代，内河涌浅窄，举行赛龙一般不装龙头，而采用木艇，俗称"扒草艇"。从坤洲灰口闸放龙，到碧江百货部前转龙，各生产队均有队伍参加。90年代，因河道浅窄，碧江地区的赛龙舟活动消失。

追荐亡灵 农历七月初一日至十四日，碧江有祭祀亡灵的民俗习惯。民间称之为"烧衣"，主要是祭祀"游魂野鬼"，劝善警恶，祈求平安。清朝至民国期间，从农历七月初一日起至十四日，碧江的苏氏、赵氏，泮浦梁氏等大宗族均设点打醮，请道士和尚做道场，礼忏诵经，焚烧香烛褚帛，历时三或七昼夜。一般人家亦在这段期间焚化衣纸元宝祭祀去世亲人，并撒水饭、熟芋头、龙眼果（桂圆）飨祭"游魂野鬼"。新中国成立后，打醮渐渐消除。民间"烧衣"祭祀习俗延续至今。

中秋赏月 俗称"团圆节""月光诞",碧江有"冬唔绝,年唔饱,八月十五得餐饱"之说。节前,外嫁女须送月饼回娘家"送节",娘家则以柚子和原冚"仔嫲芋"作回礼。亲友之间向长辈赠送月饼。中秋之夜,小孩提着鱼虾瓜果状的彩灯(俗称"月华灯")结伴上街嬉戏;月出后,家家户户对月围坐,尝月饼、啜田螺、剥芋头、开禄柚、吃鸡粥。

登高与敬老 盛行放风筝、蒸松糕、饮菊花酒、登高等习俗。20世纪90年代重阳登高活动更为普遍。人们成群结队登上都宁岗、下村岗等山岗,手拿风车,任风吹转,祈求时来运转,消凶化吉,运转福来。进入21世纪,碧江社区重阳开展敬老活动,并日渐兴旺。2007年起,在重阳节,碧江慈善会宴请长者(男60岁、女55岁以上)。2011年起,北滘镇政府、碧桂园集团、美的集团为每一位长者发送礼品和300元慰问金。

冬至冬祭 清、民国时代,碧江宗族均有冬祭习俗,由族长主持联祭祖,分派胙肉(多为"烧肉"),合族宴饮,苏、赵、梁姓等大族还建坛打醮酬神,有"冬(至)大过年""肥冬瘦年"之说。新中国成立后,冬祭主要以家庭形式进行,向祖先神位烧香设供、奠酒拜叩,合家团圆吃饭,杀鸡、宰鸭、蒸糕、煮汤圆,甚至吃狗肉,其气氛不逊于除夕团圆饭。

二、礼仪习俗

婚嫁 碧江地区传统婚嫁礼仪沿用广府习俗,通常经过订婚、送日礼、行聘礼、安床、送嫁妆、行冠(男)笄礼(女)、迎亲、拜堂、开喜筵、闹新房、回门等程序。

订婚:俗称"落定"或"定吉",由男家馈赠女家定礼。礼品通常为礼金、槟榔、礼饼、家禽、酒、布匹等。

送日礼:俗称"请期",由男家确定行聘、冠笄、迎娶日期,并将礼帖送到女家。定时择日一直以来都请"术士"择定,沿袭至今。

行聘礼:俗称"行大礼",男家委托媒人将首饰、衣物、礼饼、拜帖、聘金送到女家。女家将礼饼送亲戚派街坊,并通知出嫁日子(请饮)。

安床:即布置新房,请有"福命"的族人主持拜神,点灯(旧时多用煤油灯,21世纪初起多用电子灯)、择吉位、贴床束、安大床等仪式。

送嫁妆:女家购备生活用具,在婚礼前一天送至男家。20世纪70—80年代,转为出嫁时送至男家,生活用具一般包括衣车(缝纫机)、自行车、衣柜。90年代起,嫁妆更加丰厚,富裕人家的嫁妆有彩电、冰箱、小汽车,乃至房屋。

冠、笄礼:在婚前一天举行。男子行冠礼,由一位有"福命"的年长男子充当"花公",两个未婚少男作"伴郎",协助新郎穿新衣、戴新帽、拜天地祖宗父母长辈。女子行笄礼，由一位有"福命"的年长女子充当"花婆"，两个未婚少女作"伴娘"，给新娘开面、梳头、挽髻、插簪。70年代起，冠、笄礼已不多见。

迎娶：男家以仪仗、八音班及花轿到女家迎接新娘。富家的迎亲队伍常达数百人，普通人家亦不下数十人。新中国成立后，抬花轿已不多见，转为以自行车、步行为主。90年代后，多以小汽车迎亲。进入村口，由大衿姐（由男家选聘善于应对、熟悉婚庆礼节的中老年妇女充当）打伞遮阳护送新娘步行导引进男家。

拜堂：即行拜祖谒亲礼，新娘由大衿姐导引出堂向翁姑及尊长跪叩敬酒（茶），名"跪茶跪酒"。

开喜筵（摆酒）：过去分为"叙亲""荇酌""梅酌"，分别在迎亲前一晚、迎亲当晚及迎亲次日晚举行。人民公社化后，生产队很重视婚宴，统一供应塘鱼，主家则准备禽畜、冬菇、鱿鱼等食材。结婚食五餐，嫁女食三餐，一般都在家中或祠堂设宴，兄弟、街坊帮厨。进入21世纪，婚宴多设在酒楼、饭店，亦有请饮食公司上门做餐。男女家可同天合摆或分开摆宴，席间新人、父母、亲戚向每桌宾客敬酒。此外，碧江地区有不收亲友赴宴的红包的风气。

闹新房：在喜宴散席后举行，新娘通常站立厅堂上或庭院当中，听任新郎的亲友戏谑逗乐。

回门：新娘在过门第三天（有的于次日）早上回娘家，新郎携带礼品，并带一个能喝酒的伴郎（俗称"戥穿石"），陪同拜见岳父母。女家设宴款待，遍请亲友入席。

进入21世纪，行聘、迎亲、拜堂、喜筵、回门等程序仍有保留，婚嫁礼仪日渐简化，越来越多年轻人选择旅行结婚，体现时代的特色。

祝寿 俗称"做大生日"，主家宴请亲友。一般从而立（30岁）之年起逢十年做一次大生日，进入花甲之年（60岁）以上的老人更为隆重，儿孙满堂、轮番道贺。祝寿时，寿翁夫妇端坐堂上，接受儿孙祝福，儿媳献红枣（或蜜枣）茶、寿面及寿桃（用面粉蒸成），亲友带备寿金、寿礼献贺。也有男做齐头（逢十），女做出一。因"四"与"死"谐音，碧江对41岁生日有忌讳，不庆贺。

满月 孩子出生满一个月，要做满月酒，俗称"剃头"。满月前，亲戚送来鸡蛋、猪脚以及婴儿用品，旧时长辈还给婴儿戴黑狗牙，80年代后转戴金银手镯、手链。取名后贴在社公、埠头，男婴写"男契"，女婴写"女花"。主家还将猪脚姜、红鸡蛋派给亲友、街坊。还在酒楼摆上"弥月"酒款待亲友。而名帖贴在社公、埠头的习俗已消失。

兴建、入宅、开张 拆旧屋撬龙口前，主家事先张贴告示，通知邻里在门口挂黄皮叶。兴建房屋，先以耕牛犁土（80年代后消失），后择日祭神，在房基四角拉线定位，以朱砂符纸压位，在地主公小屋张贴"兴工大吉"红纸，依时辰燃放爆竹。以红漆油红主梁，上梁时以红布包柏叶（或黄皮叶）一小枝及铜钱数枚覆于其上，择吉时架放。燃爆竹。新屋落成，择日入宅，杀鸡祭神，安放祖先神位，贴对联，燃放爆竹，宴请亲友，名为"入伙"。

店铺开张择吉日挂招牌（预先挂好，蒙上红布，届时揭开），燃放爆竹，开铺营业，是日晚餐设宴。近年时兴摆上花篮。

认契 碧江乡间盛行认契习俗，60 岁以上的老一辈普遍有契仔、契女。认契动机有三种：一是知己朋友之间认契对方儿女，以加强双方的感情联系，让友情世代延续；二是家庭人口单薄或无子嗣，认个契仔承奉；三是儿女多病，或迷信儿女"八字"带克，为其认契爷契妈，希望托他人之福，荫庇儿女成长。

丧葬 殡葬改革前，乡俗一直重土葬，礼节繁缛，须行送终、举表、守灵、买水、过社、入殓、运木、下葬、拜三朝、祭礼等程序，绝大多数礼节沿袭至今。

送终：乡俗讲求在家（有祖屋的在祖屋）仙逝，在医院病危须迅速搬回家，在外去世的不能搬回家，只能在村边停尸入殡。死者临终前移到厅中，家人给其穿上寿衣。面向祖先神位，家人齐集床前送终。咽气时，将其掉头（头朝内、脚朝外）摆放，并用黑纱将神位遮盖，断气后以白纱覆盖全身。

守灵：家人守灵不坐凳，不穿鞋袜，以表哀痛。停灵一至三天。迄今，讲究卫生，一般停灵一天左右。

买水：晚上，亲友陪孝子在涨潮时到河边提钱取水，为逝者洗身。

过社：在入殓前进行，家人亲友到附近社头土地公注香烛，向土地公祈告逝者来地府报到。

入殓：由仵工按时辰给遗体擦身，孝子贤孙在旁向遗体告别，然后入棺。

运木：棺木抬到村头，送葬队伍依次绕棺木一周作最后告别，护送逝者到墓地。

下葬：到山头墓前下葬前，开棺检验尸首有否移动，特别是死者头部有否偏侧。

拜三朝：下葬后三日后，重亲人到墓地拜祭。

祭礼：安葬后还经七七之祭，从逝者故日算起，每七日一祭，共七次，百日后才转红脱孝服。家属在三年内不嫁娶。20 世纪 90 年代后，碧江人的孝道理念逐渐改变，许多礼节已简化，守孝三年不复存在。白事主家一般都在三七转红，集中前来送殡的、送抚恤金的亲友，吃顿"转红饭"，由白事转为红事。

三、特殊习俗

守清、不落家 清、民国时期，女子接受男家聘礼后，尚未入门，男子则去世，为保持贞节，女子嫁入夫家长守，现碧江金楼还有一间守清屋。这座带斗邸的守清屋，是从龙家"嫁"到苏族的一位守清媳妇建的，族谱里还记着这一"追配龙氏"。碧江还有一些出自官家或经济收入较高的女子，嫁入夫家后，不过夫妻生活，女子掏出钱财让丈夫娶妾，自己仍回到娘家或姑婆屋生活，俗称为"唔（不）落家"，但女子在夫家仍是正室。逢年过节及红白二事，仍回夫家执妇礼，年老病重，则由男家接回送终。新中国成立后，"不落家"旧俗不复存在。

四、陋俗

打醮 民国前期，每年在孟兰节前，碧江富裕人家轮流建醮（俗称"打醮"），搭大棚，请儒道，高挂神像，设坛祈祷，香烟缭绕，梵音悠扬，晚上点起大光灯，请"两秦"班在台上耍杂技，唱戏，锣鼓乐器伴奏，超度亡灵，禳除灾祟。新中国成立后，破除迷信，打醮活动被取缔。

求神问签 乡人遇灾异疾厄，常求巫婆神棍问卜，以求降福消灾。亲人仙逝后，家人惦记着亲人，到外地找巫婆神棍"问米"，了解亲人进入地府后情况，有何牵挂。新中国成立后，破除封建迷信，此类活动大为减少。

定时择日 红白二事、建屋等人事都请术士决定。

坐念 近年，碧江兴起的一种送殡活动，坤洲乡间尤为突出，死者仙逝后未入殓，由一班善男信女为其诵经念佛超度，认为送人最后一程，为自己积点福。

第二节　美食、特产

"食在广州，厨出凤城"，碧江地处广州与凤城（大良）之间，饮食文化源远流长，不少传承千百年的特色美食遗存至今。

云吞面 是碧江地区的地道小吃，于清末民国初时从广州西关一带传入。当时，由小贩肩挑四处贩卖，以敲竹梆作"滴滴答、滴滴答"声招揽顾客，改革开放后发展至成行成市。云吞皮和面条讲求爽、韧、滑，制作过程中不添水，纯以鸭蛋浆和面，然后把面团放在案板上，骑坐在碗口粗的竹竿上，用脚一蹬一蹬，竹竿均匀碾薄面团，反复碾压一两个小时后，揉拉成面条。肉馅肥瘦搭配，用刀细细匀切，肉馅掺以鲜虾仁，或加上腊鸭肝、海味碎、猪油渣等材料。拌好的肉馅罩上一层鸭蛋青。汤底以大豆芽、猪骨和虾壳熬制，熬成后撒上一撮大地鱼末。煮面时一定要在沸水时快速把面弄散，煮熟的面条须放进冷水中浸泡（过冷河）。放面也有讲究，碗底放几截韭黄或韭菜，淋上适量的汤，放油菜，然后把面条与云吞盛上，浇几滴麻油，洒上葱花。20世纪80年代起，手工擀面和切面被机器取代，上汤材料多样化，但用料和口味特色仍能保留下来。

碧江烧鹅 碧江烧鹅始制于清代，清末民国初时已有"肥潭""肥东"等多家远近闻名的烧鹅店，具有皮脆、肉嫩、骨香、肥而不腻的特点，可与伦教羊额媲美。用料和制作方法十分讲究。鹅身选用约 2.5 千克的乌鬃鹅，去翼、脚、内脏的整鹅，在颈部割下一小孔往皮下吹气，将姜末、蒜茸、料酒、生抽、五香粉、盐、糖等调料和匀，涂抹鹅的内腔，再以铁针缝合刀口，滚水烫皮，过冷水，然后以麦芽糖水涂匀鹅皮，挂在通风处，晾至干爽。最后挂在烤炉里，用果木（以荔枝木为佳）木炭文火转动烤制至鹅眼稍凸，冒出清而无血色的水即告烤熟。

蟾蜍粥 蟾蜍集药用、保健、美食于一身，具有解毒、止痛、开窍等功效。蟾蜍肉质鲜美，但体表富含毒腺，作为食材时须彻底去除表皮、内脏，以及腿和背上的颗粒状囊泡，然后清水浸泡数小时方可烹制。20 世纪 60 年代初，碧江开始流行食蟾蜍。流行的食用方法还有椒盐、火锅。

猪杂粥 兴起于 20 世纪 90 年代末。吃猪杂粥的最佳时间是子夜零时，各食肆、大排档从屠场运回新鲜猪杂，用生滚的烹法在清甜薄稀的粥底滚至刚熟，食用猪杂时蘸以姜丝酱油。猪杂粥配料多样，包括心、肾（腰）、肝、粉肠、生肠、上腭（天梯）、颊（面）肉等。

水底芽菜 即鳙鱼（大头鱼）头上的一根软骨，鳙鱼头上的软骨，只有豆芽般长短粗细，颜色形状与芽菜（豆芽）相仿，与芽菜、鱼翅烩炒，再拌以蟹黄提鲜，清香滋味爽脆，乡民称这道菜为"水底芽菜"。

蟛蜞子 即蟛蜞的卵，又名"礼云子"。农历二、三月蟛蜞卵子成熟。农民捕捉蟛蜞喂鸭，将蟛蜞卵子剥出，加上生油，搅匀成糊状，用文火在锅上烤烘成鲜红色并发出香味。蟛蜞子用途下酒菜肴，也有的用作拌面、烩菜的调味品。20 世纪 80 年代后，随着河涌污染，人们不再食蟛蜞子。

鱼汤柚皮 清代光绪年间，碧江人喜欢用柚子皮做菜。鱼汤柚皮是平民百姓的家常菜。所谓"鱼汤"，其实是腌制咸鱼留下的盐水，注入陶罐中封好，放到露天处自然发酵而成。柚皮皮青，味道苦涩，做菜前须削去表皮，或将表皮用火烧焦，再放到清水浸泡，反复挤压后，切成块状，用鱼汤煨制，其味鲜美，口感绵软膏化。富贵人家用柚皮煨风鳝、烧肉。

苹婆 又称"频婆""凤眼果"，有"木本粮食"之称。历来，碧江有大量苹婆树，苹婆果肉形似板栗，食法多样，咸甜生熟煨炒焖煮。生食爽脆清甜如莲子、煨烤焦香甘松似栗子，有的人将果肉与各种肉类（猪肉、羊肉、牛肉）一齐烹调，有的还与莲子、银耳加冰糖共煮，其味香甜，煲绿豆沙时会放上一把苹婆果。

禾虫 "禾虫"学名为疣吻沙蚕，生长在咸淡水交界的稻田表土层里。清代，碧江有食禾虫的习惯。禾虫的烹饪方法有多种，最常见的是"钵仔禾虫"。把新鲜的禾虫与蛋浆、肉粒、粉丝等配料混合，盛在陶钵中蒸熟凝结，再连陶钵放到炭火上烤焦。食时撒上胡椒粉、葱花和切碎的炸面。

面豆 "面豆"学名为荷包豆，为一年生缠绕性豆科草本植物，以腐殖质丰富、通透良好的沙壤土为宜，多种植在颓墙、荒园、荒地里。也是 20 世纪 60—80 年代回馈旅港乡亲的主要特产之一。碧江人认为，面豆与肥美的鱼类红烧最佳，面豆炆大鳝是最常见的做法。"酿面豆"也是一种深受碧江人喜爱的菜式，做法是把新鲜面豆的一边掰开，填进鱼肉或猪肉馅，用油炸至半熟，然后回锅煮透，吃起来软滑无比，十分和味。

牛乳 都宁牛乳远近闻名。以水牛奶制作，用雕花木模压成，形状为洁白精致的小薄饼，再用盐水泡渍。清代诗人苏鹤《碧江廿四咏》有"自来牛乳称佳品"句，说明一百多年前，牛乳已是碧江一带的特色食品。20 世纪 60—80 年代，牛乳成为回赠旅港乡亲的主要特产之一。20 世纪 90 年代中期，稻谷农业消失，不再饲养水牛，随之，没有再生产牛乳。

布包豆腐润 "豆腐润"即豆腐干，外观与常见的方方正正的豆腐干不同。制作方法是将水豆腐（豆腐花）用一个小布袋包裹，放在竹筛上慢慢沥去水分，待豆腐含水量恰到好处时，再以手掌拿扭成平底圆角形，成形后，以中草药栀子熬汁染色，再放回清水中浸泡。色泽金黄，口感嫩滑，可蒸可煮可煎可酿。20 世纪 80 年代，制作手艺失传。

第八章 村民生活

第一节 收 入

一、城镇居民收入

中华人民共和国成立初期，碧江圩市居民以粮油加工、砖瓦制造、农具维修、小五金、皮革制衣、饲料等手工业为生，收入低，仅能维持家庭低水平生活开支。1957—1958 年，轻木、建材、农具、刺绣、竹木器具、纸类加工等个体户组成手工业生产合作社。居民年人均可支配收入 280 元。

70 年代初，城镇居民年人均可支配收入 360 元。企业、事业单位实行职工按劳取酬、多劳多得的分配原则，1974—1977 年城镇居民年人均可支配收入为 384 元。收入较高厂企是轻木厂，技术人员年收入最高 720 元，生产人员年人均收入 480 元；其次是中药厂，技术人员年收入最高 540 元，生产人员年人均收入 420 元。

1977 年后，北滘公社大力扶持乡镇（社队）企业，村办、街办工业迅速崛起，居民收入有较大增长。1978 年，城镇居民年人均可支配收入 480 元。1981 年，工业企业分配人均收入超 500 元，农业企业分配人均收入 318.4 元。

20 世纪 80 年代中期，通过经济体制改革，经济迅速发展，效益倍增，工人收入逐步提升，如珠江包装公司、碧江中药厂职工人均收入 1500 元。1989 年，碧江职工人均分配收入增为 3440 元，1993 年飙升到 8786 元，年均增长 26.4%。90 年代后期，随着企业产权改革的推进与完善，1999 年职工人均分配收入达 10279 元。

进入 21 世纪，碧江居民银行存款利息、出租房租金等非工薪收入逐年增长。2007 年，碧江地区职工人均收入 14966 元，比 2000 年增加 41.36%；人均经营净收入为 2445.05 元，人均财产性收入为 1312.49 元。2016 年，职工人均收入 60693 元。

二、农民收入

中华人民共和国成立后七八年，碧江农民年平均收入大约为 100 元，基本生活水平维持温饱。1959 年，碧江农民集体分配收入人均 119 元[①]。

1963 年起[②]，调整生产结构，恢复经济作物耕作，加大集体经济收入，农民年人均纯收入增至 152 元，其中彰义大队 179 元、坤洲大队 150 元、泮浦大队 144 元、中心大队 143 元、都宁大队 142 元。1964 年，碧江生产大队集体分配人均收入 81.7 元，

---

① 据查 1957—1959 年，每 50 公斤大米市场价 12 元，每 50 公斤猪肉市场价为 85 元。农民人均年分配收入 119 元，可买大米 1000 斤。

② 据国家发展改革委员会价格司成本处数据，1962—1965 年，每 50 公斤粮食市场价 8—10 元。

粮食分配 500 斤。全大队 35 个生产队，其中分配 101—150 元的 1 个队，76—100 元的 19 个队，50—75 元的 15 个队；粮食分配 500 斤以上的 23 个队，451—500 斤的 12 个队。

1966 年 5 月，"文化大革命"开始后，碧江生产仍然稳定，1967 年碧江大队集体分配人均收入 130 元，粮食分配 587.5 斤。但是，随着运动深入开展，严重影响生产开展，造成以后几年农民收入增长缓慢。至 1977 年，碧江大队农民人均分配收入为 186 元。

20 世纪 80 年代起，全面推行落实"三包"生产责任制，激发农民生产积极性，农村商品经济有较大发展，农民收入逐步提高。1984 年，碧江地区农民人均纯收入 436 元。1985 年，国家取消农副产品派购任务，碧江种植业由低值作物向高值作物调整，大规模种植花卉、香（大）蕉、柑桔橙，当年人均收入达 600 元。1988 年，人均收入上升至 1378.7 元，其中集体分配人均 722.7 元、社员自营人均 656 元。

90 年代，碧江地区农业社会化服务体系日趋完善，形成种苗、饲料、农副产品加工三大基地，大力发展鳗鱼养殖业。1992 年人均收入 2499 元，其中：坤洲管理区 2242 元，都宁管理区 2155 元。而 1997 年和 1998 年农村人均年收入均出现负增长。2000 年，经过调整产业结构，建设畜禽养殖小区、优质水产区、花卉苗木绿色产区，促进收入增加，其中碧江人均年收入 6011 元，坤洲 5020 元，都宁 3782 元，分别比 1992 年增长 140.5%、123.9%、75.5%。

2000 年后，重点发展水产养殖业、花卉业和农副产品流通加工业，农村人均收入以 5% 左右的幅度增长。2003 年，碧江人均收入 5423 元。2006 年人均收入上升至 7918 元。1998 年起，村中土地由集体转租经营，工资收入，村集体经济分红、房屋出租等构成村民收入来源。2016 年，碧江社区农村人均收入 17428 元，比 2006 年增长 120.1%，年均增长 8.2%。碧江股份社人均集体分红 3365 元/年，坤洲股份社 2400 元/年，都宁股份社 5460 元/年。

第二节　消　费

一、服装

清末、民国时期，碧江人穿着式样较为单调。女性穿大襟衫，普遍男性穿唐装衫裤，布料多为大盛蓝布、土布、乌布等。当时流行薯莨汁液涂染丝织物，制成香云纱服饰，清爽透风又耐穿易洗，深受村民的喜爱。富裕人家男性穿长衫马褂，布料有丝绸、粗茧绸、黑胶绸等织物。

为适应多雨潮湿的气候，碧江人习惯穿草鞋、木屐，既耐水又防滑。部分农民则长年赤脚，只是晚上洗浴后方穿木屐。有钱的男性则穿绒面毡鞋和皮鞋，富有的妇女喜穿缎面绣花鞋。

中华人民共和国成立后，碧江人 50 年代以中山装为主，冬天穿棉衣。70 年代化纤布取代棉布，款式以恤衫、中山装、军干装为多；出外以解放鞋、宽紧鞋为主，家中穿泡沫塑料拖鞋。进入 80 年代，衣着渐趋多样化，从过去单一的棉麻织品发展到棉、麻、毛、绦以及各种化纤等衣料，成衣的款式更是日新月异、绚丽多彩，有喇叭裤、牛仔裤、直筒裤、萝卜裤、夹克、裳姿装、衬衣、T 恤、运动装等。青年人兴起穿球鞋、运动鞋，机关公务员、企业老板和技术人员流行穿皮鞋。80 年代末 90 年代初，随着港澳时装的大量涌入，碧江人的穿着逐步与国际潮流同步，各类款式具备。进入 21 世纪，穿着打扮的消费不断增大，新颖款式的服装不断推出，色彩和款式日趋时尚。

二、饮食

碧江地处广府饮食文化圈，地处富裕珠江三角洲，素有"好食、会食、杂食"。1949 年前，碧江多数村民生活条件低下，一日两餐，农忙季节才进三餐。以自种、自产、自养、自捕、自舂的大米、杂粮、蔬菜、干鲜鱼虾、咸鱼、腌咸菜等农副产品为食。1949 年后，以米饭为主食，烹制各式家常小炒为副食，喜爱吃水产、蛇、狗肉。由于炎热潮湿，碧江人常以汤水、凉茶、糖水、炖品补充水分，调理身体。春冬菜偏重浓郁，以滋补营养为主，天寒时多"打边炉"（吃火锅）；夏秋菜力求清淡，以消暑祛湿为主。食物讲求"火候""鲜活"。烹制技法包括煲、蒸、炆、焯、炖、煮、烩、炒、浸、煎、炸、焗、滑等。常以姜、葱、蒜、蜜枣、陈皮等调味，辛辣刺激类调料极少。

早在清代，碧江地区居民就有"饮早茶"的习惯，民国时期更为盛行，许多村民更有饮下午茶、夜宵的习惯。碧江地区有 20 多家茶楼，其中颇具规模的有德珍、德月、流霞、碧云、胜利茶楼。

20 世纪 90 年代，鱼肉蛋等肉类所占比重增加，水果、奶制品、西式面包、糕点等消费日益普及，汽水、果汁、啤酒、葡萄酒的消费不断增加。村民早上去茶楼饮茶，年轻人去粥粉面店和面包屋吃早餐。节假日，多数家庭到食肆聚餐。婚嫁生日等喜庆多到酒楼、饭店设宴，招待亲朋好友。

碧江特色菜式有云吞面、烧鹅、香芋夹肉、钵仔禾虫、水底芽菜、桑拿鸡等。

三、居住

明清时期，碧江区域民居以祠堂为村落中心呈"梳式"分布，民居多集中在河涌、堤畔两岸，成带状串连聚族而居。富人住宅主要是"三间两廊"式布局，坐西向东，平脊瓦面、硬山顶、青砖墙，或封火山墙。整座建筑平面呈规矩的长方形，一列三开间，由正屋（明间）、两廊和朝回组成。正屋为厅堂，两侧次间为居卧室，墙上开猫儿窗，后墙普遍不开窗。屋前留有天井，或有水井，墙上设砖雕天官神龛，墙

楣上饰以雕塑、壁画。天井两旁为廊屋，开门一侧作门房，多设土地神位，与街道相通，回字街门或设木趟栊；另一廊用作厨房。相当部分村民住棚寮、茅寮，这些茅寮沿河堤而建，每间面积一般在10—20平方米，以竹木作柱椽，以禾草、蔗壳盖顶，用泥浆混合稻草间墙或用树皮作墙。

中华人民共和国成立后，钢筋混凝土结构民居逐渐普及。特别是20世纪60年代后，逐步改由砖木构筑。70年代，推行砖屋化，全体茅寮户住上房屋。80年代中期，兴起建房热。初时建成的住宅较为简陋，一般采用砖木结构金字顶、外墙石灰批荡，富裕的则采用"石米"批荡装饰外墙。1990年起，楼房多采用钢筋混凝土框架结构，用马赛克装饰外墙。1995年后，楼房多采用打水泥桩建地基、瓷砖装饰外墙，楼高普遍为两层半高，厨房、卫生间等设施齐全，部分住宅建有院子。2000年后，新建楼房普遍为别墅式设计，高级瓷砖或花岗岩铺设地面，客厅、房间装有空调。2016年，碧江社区建成钢筋混凝土楼房的住户有6058间，达到全社区的90%，户籍居民人均居住面积达到75平方米。

四、出行

20世纪50年代前，碧江河涌交错，道路狭窄，陆路靠步行，水路靠摆渡，出省城乘坐客轮。60—70年代，部分村民用上自行车、三轮车。80年代，道路交通改善，交通演变为以陆路公共汽车为主，开始使用摩托车。90年代，小汽车开始进入部分家庭。2000年后，公交车逐年增多，大部分村民出行乘坐公共汽车。2016年，碧江社区户籍居民拥有汽车3400多辆，85%以上的家庭拥有1辆或以上的小汽车。

五、用品

民国期间，碧江地区村民消费水平差别较大。洗涤用品方面，贫穷人家多用茶麸、草木灰、皂夹子等，稍为富有的家庭则用肥皂。照明多用煤油灯，部分穷人使用松香竹照明。家具方面，有钱人家用酸枝、坤甸、花梨等红木家具，普通家庭则用杉木或竹器家具。燃料主要用禾秆、蔗壳、芭蕉叶、树叶、木柴等。

水电方面。20世纪60年代初，碧江地区村民逐步用上电灯照明。80年代中期起，逐步转用液化石油气。1990年、1992年和1995年，碧江街道、坤洲管理区、都宁管理区安装自来水管道，村民相继饮用上自来水。

家庭耐用消费品种类也发生较大变化。60年代普遍家庭购置裁缝车（缝纫机），70年代普及电风扇、手表、收音机、电唱机等，80年代有收录机、鸿运扇、电饭煲、黑白电视机、照相机等，90年代，彩电、冰箱、空调、热水器、高级组合音响、微波炉、电脑、家庭电话等现代化家用电器日益普及。

2016年，碧江社区城镇居民家庭每百户拥有摩托车77辆、小汽车85辆、洗衣机109台、电冰箱110台、彩色电视机179台、电脑127台、组合音响56套、微波炉78台、空调280台、热水器146台、固定电话89部、移动电话275部。

第九章 艺文杂记

第一节　诗文选

一、序文和祭文

碧江苏氏家谱凡例（节录）

明·苏兆鳌

古者因生□□赐姓，而民族之兴有自来矣。此谱牒之修，所以重一本之义也。夫始也，由一人之身而传至二三世，至亲也；由此而至于十百千万世，则情以渐而疏、恩以渐而杀，是可惧也。君子道存焉，使之远而不遗，疏而不怠者，存厚之道也。吾家苏氏自唐以来不可得而考，尚存七世嘉议大夫天锡翁之序有可稽矣。吾初祖肇基（绍箕），绍兴间闽泉之晋江人，少遭兵乱，避地入广因家焉……八世曰显、曰融……显本精择地理，自捐税地使商建始祖太尉三公庙于市后……成化中年，十二世孙子章、穗伦、彦蕴、道受诸公复建初祖祠宇，广设祭田，垂裕无疆。检讨白沙陈先生为题"种德堂"，取道种德之义也，至今《县志》纪焉……是故以春秋享祀则不忒、以骏介献奠则有礼、以荐尝新品则有情、以合族厚伦则有爱。以秩远近，以联亲疏，以敦和睦，以崇礼让，使十百千万世如一身，皆气本太尉公一人所自来也。鳌故鄙贱不足徵者，岂可纂修谱牒夸名钓誉哉！第思家谱不得七世天锡公、十二世彦蕴公嗣修继补，则宋派至今，安知其不懵然千古如长夜也……

〔节录于明嘉靖三十七年（1559年）重修苏氏家谱时撰写的《家谱凡例》〕

修谱小引

清·赵鸣玉

古称世家，家何言世也？诚以源远流长，世系分明，而礼教行乎其间，所以异于市井庸流蒙蒙聚族不识代序者也。吾家谱修自前代，祖宗明训十年一辑，非特以昭蕃衍，盖恐名讳不纪。遂有以先世之命名其子孙而不觉者。自鼎革来，吾家谱之不修近八十年矣，子姓日繁，命名日众，叠犯愈多，且熙熙攘攘，有皓其首而罔然于本支者类然矣。今拟将《天源积庆图》辑而续之，庶足以承先而启后。凡我子姓，请前代式，名单列册内，庶付梓人以垂不朽。

〔撰于康熙二十一年（1682年），赵氏重修族谱时的序言之一〕

劳孝舆《春秋诗话》序

清·苏珥

康熙甲辰，余应岁试，识孝舆场中。时罗履先同余寓仙湖，何报之、陈圣取朝夕相过孝舆，并缔交称莫逆。诸子皆学使惠公所赏识，同在师门，风义倍敦也。

孝舆性情笃雅类履先，风致潇洒类报之，志大则似圣取，惟圣取不修边幅，颓然自放，与孝舆颇异。余亦疏慵忄物，而孝舆反并爱之，与诸子共为耐久交，无异也。

岭南旧为诗薮，代有名家，惠公尝励及门人接武。余善病，不能工。履先天才独绝，超超元著，余尤喜其赠遗之作，颂不忘规。报之下笔蕴藉，欲言者无罪，闻者足戒，以合于风人之旨。圣取孤行己意，语多悲痛。孝舆则磊落英多，人谓其五言得王、孟风味。然孝舆不徒以诗鸣，思以其才见于世，所谓志大似圣取者。

圣取贡入太学，举优行，丞龙游。孝舆亦膺选拔，令黔。相继没，才士何多不永耶！

澳门司马张公，孝舆同年生也。分守佛山，访其孤，得所撰《春秋诗话》，梓之以传。属履先、报之及余为序。夫慈母于垂绝之儿，置怀以哺；任人于久荒之墓，树表以识。公于孝舆，不令言与俱没，其用心将毋同，愿公推是心于有政也。

呜呼！孝舆、圣取已矣。余与履先、报之虽幸存，而感念同门，悲深梁木。惠公墓棘，与孝舆宿草同湮，无复甄陶靡切，其伤悼何如？

惠公著有《春秋说》，孝舆此书，无乃渊源独得。微司马之力，孰知河汾之传？犹有瓣香未坠耶！余将与履先、报之合刻圣取、孝舆所自为诗，以不死吾友。

爰叙是书，以为乘韦先。

（为亡友劳孝舆遗作《春秋诗话》撰写的序文）

重梓易谱序

清·苏珥

先高伯祖承衮公积学好古，为诸生有名，棘闱不见售，仅以岁荐老。所著《易谱》，一生精力尽萃于是，同邑李司勋襄臣、梁侍御森琅两先生为之序，先高祖元模侣日公、曾祖司录广宇公同订助梓。迄今板内字已半灭，不可尽识矣。

予少就塾，先祖和玉公手授是篇命之玩索，惜余不才，无能涉其蕃篱，而犹藏之箧笥不使散失，盖历数十年于兹矣。

忆先祖暮年，恐是书久而或亡也，思重锓之。谋诸叔祖珠江太史，拟各为序以附李、梁二公后。俄而太史捐馆不果作，先祖序已成，书未及刻而没。家君循斋先生亦乐表扬家学，膺岁荐后，不复阅时文，惟日理旧帙，不幸先于祖没，所辑仅高伯祖承孟公《勾漏集》而止。

及余之身，每自惟不得抉《易》义蕴，犹欲继祖父志，使《易谱》一书著于世。爰与儿辈开雕。既竣，喟然叹曰：古人之书不必尽传也。刻书始于唐代，而唐之前未有付梓，其著之者，但藏名山以传其人，果遇其人，或手录之以为秘，人无与窥者。有窥之而或加轻薄、或生憎嫉、或擅攘窃与改窜，书遂不传，传亦非真。呜呼！古人亡而书与俱亡，有若斯也。重以束之高阁，饱及蠹鱼，载之重舟，没诸波浪，甚且世遭乱离，人甘寡味，有委诸地者，有挪诸火者，厄岂一端？良可浩叹！况《易》蓄造化之元妙，在昔夫子上承二圣，作十翼而雅言于《易》不之及，尝以授子夏、子木。子夏易传，人疑其伪，子木则无传。其后数家递相授受，易传始多。管辂谓"《易》安可注"，王通谓"述而不敢论"，诚自有见。一旦欲泄元妙之机，缄则若兹《易谱》一书，方如侍御序中所云：发前人所未发。即有如司勋所云：恐如王远知易，总为六丁雷电取去者矣。然大元潜虚，皇极经世，诸书今犹辉耀人世，天地鬼神不之妒，而反若有以护持之使不朽。古人论易之说，固多有存者也，所患后之人不念遗篇可爱而使之流布。夫古书之刻，有由于故旧、有由于及门、有由于子弟与侄并一切本宗之人。若同姓不以为家珍，他人又恶能悬以为国宝？余小子今日能无悚惧哉！

呜呼！余年渐老矣，半世蹉跎，滥邀岁荐，每嗟盛年不再，犹乐古人之共对，悲古籍之将湮。侍御《偶然堂集》尝与明府梁君崇一合刻之，于乡先辈不敢忘，于族先辈又宁敢忘耶？曩《勾漏集》之辑，余从先君子后，勤厥校对，今于此书，复不辞劳瘁，俾两高伯祖之著作并传于后，先祖暨先君一生未竟之愿亦借以慰，而小子得稍有报于地下也。

近邑侯石埭陈公奉旨搜集遗书，更修邑乘。余以两高伯祖所撰著者为献。而承孟公前志已立传，令承衮公侯复列诸儒林，拟以其书详请上宪献诸阙庭，此国宗族之幸、为家谱光，余亦喜过望也。若余力薄，不敢谓前人之书由我而显，盖不朽之业自在前人，书之能永，于小子实无有与。今杀青既竣，于诸公弁言外载先祖之遗序，余以言识于后，又恐赘附厥辞有乖体要。而一门数世之先人，已不可复起以开兹狂瞽，是又不禁歔嘘而太息也。

（为伦教郑氏重雕其高伯祖郑承衮所著《易谱》所撰写的序文）

苏氏种德堂永泽记

清·苏珥

人本夫祖，于是人皆思报其本，而本之先更有所本，此凡为子孙者，聚族而戴夫祖，必溯其所自始也。

珥苏氏出自己姓，帝高阳裔孙，封于昆吾。昆吾之子封于苏，其地为邺西苏城，后人因就国为氏。始居河内，后陟武功杜陵，又陟扶风平陵，又或居赵郡。而枝叶日蕃，且散处于天下，至宋时晋江一支称盛。而珥族始祖太尉晴川公，则亦本晋江人也。

公先世迁于南雄沙水镇珠玑巷。公举经术精通，备讲读科，授迪功郎，历官至太尉。后避乱广州。州城东北二十里有白云山，历数里，地饶幽致，名为月溪，公栖隐于是。由是广兴寺宇，招僧作伴，置田十顷以饭僧众。垂老欲归骨于山，后增田三百亩为子孙墓祭需。既卒葬焉。而公之后人迁居于南海之碧江。

　　碧江地今属顺德。当日远慕群申，爰建簪缨堂以祀，乃遭元季之乱而毁。历代诸墓祀事且难修举。洪武初，就乡内设望祭坛，日久苦于风雨，作亭覆之。宣德庚戌，就亭址建种德堂，仍祀太尉公暨始祖妣余氏夫人并二世至十世之祖考妣，景泰改元，又为盗毁。成化癸卯，东涧、北汀、宗徽、宋齐四祖共置尝业，随其所入，别择村北地建祠，工创于丙午，至丁未堂成。时虚斋祖适入翰苑，而与陈文恭先生有夙好，先生为书旧匾揭之堂，载于邑旧志。堂之联亦以迈种德为言，则文恭弟子李世卿所笔也。是堂为诸祖所陟降，亦举族所萃聚，人有二千余，于春秋及冬至祭日，尊卑长幼皆在此堂修礼。其有寓居邻邑邻乡，亦常归来瞻谒。惟在他省与边塞，以山川修阻，不能言旋尔，近市之地，复营一佑，颜曰苏氏旧祠，以祀始祖。若夫月溪山祠，始祖之像屡经雕塑，而堂构之肯，不稍有负于底法。至所遗田亩，则因时变而失。然今墓祭，尚年年丰洁，要谓魂无不之，则于彼于此皆以生其暖忾，将报本于无穷，而亲睦宗族之义，亦即互见于其间。

　　昔老泉作《族谱引》，谓："喜不庆、忧不吊则途人。吾所相视如途人者，其初兄弟也，兄弟其初一人之身也。"则今于祠内报本以祀初祖，群溯夫一人，以共联其骨肉手足。盖又老泉所谓："幸未至于途人也，使之无至于忽忘焉可也。"而即日对夫始祖一人之身以戴祖也。珥又览老泉《族谱亭记》，谓某人是乡之望人，而大乱吾族，因私以戒其族人，辄为之生感也。珥自弱冠后，糊口于外，见四方之友，有道某乡某族之善，有道某乡某族之不善，夫善者将以默导夫先人之喜，不善者将以阴至夫先人之威，而外人闻之，一则动容称叹，一则裂齿生叹，所叹其有不同也夫！或谓子孙之善不善，由于祖宗之所积有厚薄，是则积之宜厚，而德不可不种也。

　　夫种德之说，始于虞书，而种训为布，盖凡物之树，必布于疆野，以使之畅茂，义固如斯矣。先人种之，宛示后人亦种之，贺知章句云："但存方寸地，留与子孙耕。"诚有然矣。留耕惟在种德，种德即以贻谋，种德也、贻谋也，一以垂泽于永也。贻谋之云，诗以美武王，而自天子至于庶人，实皆有谋之可贻。昔虚斋祖以诗经成进士，王文恪公、梁文康公皆为房考，有师生之谊，故文康公为珥族先人爰作碑志。而虚斋祖官于外，文恪公曾作诗送之，且为书"贻谋"二字匾于祠之寝室，盖亦纪实也。

　　夫人于人，先代所积之薄，可以相忘，而先代所积之厚，欣欣为之表传诸笔墨，如东坡有《种德亭诗》、琼山有《种德堂记》。而珥为太尉公之后人，反不能彰公之平生，如晋宋之文人，或咏世德见于文，或述祖德见于诗，是可愧也。古云：先祖有美而不知，不明也；知而不传，不仁也。珥不敢为不仁，亦未大至于不明，故再三上溯，谓太尉公之泽能永而荫夫后人，但年已衰老，诗笔亦难续古，始祖之遗事，有不能尽志，而于一族之先祖，其行谊功业、文章学问、科名官职，亦不能排缵以悉录，盖不免数典忘祖之诮。异时当率族人，修族谱以备载于册。珥心力困瘁，终不胜任，祖有神灵，当隐令族内笃雅之士，以悉传厥美，珥其日俟之也夫。

〔撰于清乾隆三十一年（1766年）〕

祭刘铁笛文

清·苏珥

呜呼！余与君交二十年，而君今逝矣。夫人在世中，得一知己可以不恨，而失一知己宁不恨绝也耶？

溯君浙东名族，文学气节，累世相踵。君复异才天授，诗歌书画无不精绝，为名流所推让。而数奇命蹇，坎坷不得志，君亦安于所值而已。或谓君生无媚骨，故与世多龃龉，而使少贬其志，以诡随世俗，是君未完其故我而焉得为君也乎？自昔才士为众所欲杀，而英杰之辈宁受忌，不受怜，君是谓矣。今君逝矣，平日毁君者闻之转当誉君，盖世每不乐成人之美，至其已没，见其所传留者辄加珍赏，理不可解如此，而亦有固然也。

予长君一岁，自识君即与为莫逆，谊日相关。君于东西粤地多所游历，而家住羊城，每归过予馆为欢，而兹已作古人矣。君近古风，循古道，乃遂作古人耶。去岁冬半，君往长宁，又与余话别，孰知一别乃长别耶？君今岁中秋以病归家，过秋季遂逝，其病与逝时，余皆未悉。越数日，始闻之而往吊、涔涔泪下。近汪钝翁之哀，计甫草也。句云：泪痕点点衰翁血，不为穷交断不垂。其似此矣。

君之长子尝从余游，而自公车南还，终于无锡，次子又终于京邸。今所遗三子与四孙尚众而皆才。余无以谢知己，惟劝君之子孙更勤树立以无坠家声耳！君之子孙其自勉乎哉？

呜呼！君作古人矣。为文侑絮酒，悲怆之深，语无伦次，不遑自检。君在夜台，或知或未之知也。呜呼！君或知或未之知？

二、记述

聚琼堂记

明·黎秉延

草洲赵先生葬其太夫人、夫人暨二弟于莲湖山上，而寿藏亦卜于是，将使其后之人咸附焉。构堂山下，以为岁时墓祭之所，久未有颜。一夕，梦人与之名曰"聚琼"，且曰：昭常为昭，穆常为穆。既觉，以语秉延。

夫琼玉之美，能运动知觉者，多或未之肖。而谓枯朽者为之乎？含刚柔，具仁智，全礼义，或抑或扬，或敛或彰。可以礼天地，祀百神；可以交邻国，通信约。孰谓夜台岑寂，降魄遗骸为之乎？

先生为之戚然。

延曰：幼而孝弟忠信，壮而刚柔合德，或出或处，无往而不称于人。存则各琼其德，人将指曰伯某琼也，仲某琼也、殁而藏诸墓，人亦指曰某昭琼也、某穆琼也。总

而名之曰聚琼，不亦可乎？

先生又为之欣然。

延曰：自衰期以至功缌，袒免以至无服，族大且蕃，能必皆贤乎？荒于色，耽于酒，忘先人，废置祀事，悖于家，凶于族。生得不善名，死亦藏诸此，亦可谓之琼乎？

先生愀然，曰：此非我所能知，子其谓我筹诸。

延曰：侄请为之记，俾若后昆读吾文，思企其所以得名琼者，而惩其所以不得名琼者，庶几无负于先生与名堂者之意。

先生得之，遂为记。

〔撰于明正统八年（1443 年）〕

金精族谱序

明·叶春及

苏氏谱者，苏氏之族也。苏自昆吾得姓，代有显人，无论已。即如太尉、学士诸公，不以门户甲当年哉？入我明而筮仕公车，邑志祀乡贤不满二十人，而方伯（指苏葵）、宣城（指苏范）二公列鼎而食，文献之盛足征矣。

余初以谭永明见知苏定甫，每尚论其世辙，欲得观谱，因言首简，以附其名不朽。丙子，会定甫发愤下帷举春试，捐宾谢客，乃不果。近以志事受吾家君侯吴西公（叶初春）聘，抵邑，览诸家谱课，见苏氏如见定甫矣。

用僭言于首曰：日月星辰无心也，而皆丽于天，是以天为宗也；百谷草木无情也，而皆丽于地，是以地为宗也。谓人可忘其宗乎？必不然已。顾宗法之敝也，敝于本实之未敦。而本实之衰也，于族教之不立。不立则以仁义为赘疣，箕帚耙锄，是于辞色，何有期功强近？假使沿族不知其非，则后人之视谱，亦犹越人之视章甫耳！甚则如阮氏异籍范氏世家，其不增士君子之大息者？噫唏，苏氏之族，吾知其免矣。

嗟乎，士不必名世，要之贤良；农不必千钟，要之力本；商不必钜万，要之廉贾。是在司家教者责。

〔撰于明万历十三年（1585 年）〕

敬题忠义祠

明·陈绶

四海尘埃日，孤村保障功。万山身可窜，一死气何雄！
世代如流转，赢输只梦中。巍祠江浦外，食祀古今崇。

157

步陈绶韵敬题忠义祠

明·陈献章

古来多报国，今日更奇功，春秋诚逐虏，苗裔识英雄。
世事复云外，勋名向日中。诸君三叹后，华岳与齐崇。

南安太守行——赠梁昔莪先生

明·陈邦彦

南安太守矜而理，清昭南安江上水。不独南安人吏颂公清，自从里居已如此。以兹一清振殊俗，冰壶湛湛辉岩谷。州当孔道夫甲繁，悉心擘划皆造福。去年狂寇犯郴连，星衡袁吉各蔓延。长吏弃城氓庶走，寥寥贼骑遂无前。先生闻之发怒指，誓守孤城报天子。三扎请兵兵不来，勾画家书拚一死。编氓万户感精忠，效死不去与公同。寇闻悚息不敢动，坐令章贡皆完封。君不见吉安诸郡多名硕，昔人风节空陈迹。一时污贼假淤魂，转盼王师焚玉石。死寇死兵死则同，处死宁知分迪逆。南安山城大如斗，崇义上犹皆临口，章水东流节镇遥，不有先生谁与守？乃知寇氛恣横非寇黠，我自无人滋溃决。恋深生死胆智衰，民未抚循恩爱竭。繇来循吏即长城，惟有清蒸生义烈。我与先生夙昔未周旋，但闻南安城下语阗然。安得牧守如公数十辈，舒却朝廷百万饷兵钱！

游都宁山记

清·李殿苞

康熙乙酉，为登高会，或语近邻有都宁山，在"狮子背"，石色紫而文，嶙峋层叠，若斧劈然。罅无寸土，纤草不生，工画难为，犹独绝。循其平处，可直至顶，高不过三丈。可陟可睡、可咏可觞。

余遂登舟，须臾即达。酒半酣，停杯语二三子曰："若亦知都宁所由来乎？昔宋幼主为敌所迫，流迁至此而住，故号曰都宁，言所都则宁也。寨在山中，牡蛎墙犹存焉。父老至今能言，而史传不载。邑旧志曾记其事。近缉者辄出己见，讹'宁'为'粘'，何蔑古敢自恣乎？下数武即有三忠庙，盖当时大命既去，人心未忘，思其精忠，故并像而庙之，岂无因而设耶？"

遂赋诗以吊，歌毕，叶以湘管，和之者再。忽风起水涌，若不可留，遂揖三忠而去。

送苏未人游浙

清·李文灿

五陵游不易，宝马任经过。旧俗争词赋，新知薄绮罗。
春归苏小柳，恨满越人歌。为问岳坟树，南枝近若何？

春日送苏二瑞一之东泷

清·罗天尺

碧江芳草绿初匀，相送江船独怆神。辞诏本缘将母计，为贫翻作远游人。
看云冒险逢泷吏，立雪传经集峒民。安得粗酬身事了，庋鸡分饷白头亲。

春雨舟泊碧江哭苏德周先生瑞一尊人

清·罗天尺

为位情难已，孤舟冒雨行。星方沉处士，社欲祭先生。
业尚留三瓦，书堪付百城。传经今有子，不负假山名。

舟过碧江阻风寄苏瑞一

清·何梦瑶

大王风起走江烟，过客难停访戴船。水汇东南波卷地，雨连春夏势沉天。
脱罾通印长鱼美，压担辞房牡蛤鲜。归日定从司业饮，破除三百卖文钱。

都宁山下泛舟作

清·黎简

古时地久余气荒，石砦惨惨风云凉，白头神鸦语秋色，朽骨老松凄夕阳。年深泪
藓断碣字，山下田耕沧海尘。

望三忠庙风雨

清·黎简

云起大夫峰，灵潭上黑龙。雨过村口岸，海啸庙门松。
士气寒潮盛，山愁古黛浓。最传趋百怪，江县夜闻钟。

泊都宁

清·黎简

十年今夜忽都宁，柳直山横小驿亭。云脚电明分雨黑，涛头江厌饱帆腥。
花农晚渡时相值，渔女歌音近可听。转去他乡问家室，木棉村口送扬舲。

舟过泮浦

清·温汝科

日午才过泮浦前，如花白浪涌长川。树庵村上离支熟，风送蝉声落客船。

诗三首

清·陶睿宣

碧湾沙背海波涵，十里斜阳风物酣。绿满频婆黄满柚，未应秋色让江南。

回楼高起带云霞，海上仙山未许夸。牡蛎作墙萝作幔，鳞鳞满目走龙蛇。

天海南趋画晦冥，三忠祠宇峙都宁。不堪风雨鱼塘夜，犹有遗诗诵小青。

内弟藏书颇富，取而读之不觉忘归

韩文举

念念推迁感岁除，乃今回向意舒徐。愿亲有道相规友，补读平生未见书。
劝学自惭亏训子，无功应笑久劳儒，明知物物皆为累，何必纷纭判实虚！

楼上读书

韩文举

楼上清风飒飒凉，读书应与日俱长。床头书乱风随卷，为我开编尔许忙。

题赵伯则瓶梅图

韩文举

梅花时到自然成，坏汝生机住水瓶。空际随来还有影，依依仍傍水澄清。

碧江晓意　留为厚斋仁弟纪念

胡伯孝

鸡声霜迹板桥留，茗肆斜帘藉少休。残月低迷闻晓角，远山清瘦入深秋。
数家临水依龙目，一雨鸣榔涨鸭头。廿载襟痕重捡梦，碧江风物似杭州。

题边寿民芦鸭阁　时避乱碧江

胡伯孝

白雁南来事可伤，征鸿中泽几徊翔。冥飞网外仍风雪，相唤芦中共稻粮。
倦羽思林犹择木，贞禽□石拚沉湘。昌黎二鸟休深叹，碧海还容寄数行。

（1938 年随广雅中学避乱而流寓碧江）

三、诗抄

沧洲歌

明·梁济平

嶙峋海上青芙蓉，白云翠霭浮空蒙。野桥断岸问津处，松根潇洒苍苔封。
郊原霏露湿芳草，烨烨紫芝春末老。洲中结屋岁月长，江边放棹风光好。
个中自是神仙宅，岂比蓬莱杳无迹。云汉低垂缥缈连，银河倒挂三千尺。
长江滔滔飞弱流，携琴几度来追游。昔年曾作溪山侣，跨鹤飞上青云头。

风木图为丘长史赋

明·苏葵

俯仰蓬庐中，岁月驹过隙。念此劬劳恩，欲报天罔极。
生期禄养荣，禄养苦不及。所以孝子心，痛裂如被戟。
千古皋鱼悲，止不到狂籍。王傅其何如？三年自柴瘠。

舟行有感

明·苏葵

水流本无意，顺逆人自遭。我凭百丈牵，君但弄双桡。百丈行迟迟，双桡去滔
滔。莫笑逆流难，已置双足牢。莫夸顺流易，颓波有惊涛！难易不可测，仰看青天
高。风回入蒲帆，舡头近蘅皋。

语悲鸟

明·苏葵

时乡邻之妻有杀其妾之子者，后妻之子死，自哭之悲，因赋此警之。

哑哑野中鸟，雌雄日相呼。结巢向高树，伏卵成双雏。攫鸟给其食，意望将返哺，黄口翼未成，微生不容图。巨鸢入巢中，噬噬无余肤。雌雄远树悲，声断肠已枯。野鸟尔莫悲，今乃得返之。尔曾攫燕子，母燕无忘时；尔曾攫鸡雏，母鸡苦无涯。恶稔亮必报，造物岂有私！尔当惩尔愆，庶育后来儿。

望月行

明·苏葵

星斗森罗壶漏滴，有客仰天厌天黑。登楼望东殚目力，海波茫茫灭消息。
清辉不发神不伸，牵衣直摄天之垠。大呼白兔闻不闻，怒气上射大帝嗔。
帝令五丁走招索，五丁猝把虾蟆攫。腹中拯出玉嫦娥，捧出波心还此客。
此客见之心遽欢，直要清影归盘桓。披心历历夜岑寂，趣在不言千万端。
倒觞判饮百杯溢，醉后狂吟鬼神泣。桂花露冷誓深知，地久天长岂相失。

感事漫成

明·苏葵

秦皇焚书书不绝，儒生冒禁还矜说。可怜汉主重萧何，溺冠慢骂翻成劣。
少年哀之失鉴之，漫尔攻书不攻律。世情莫道古今殊，吏笔儒书仍甲乙。
往事空闻塞上翁，眼前地步分雌雄。春光满目醉人处，李花能白桃花红。
岂其物态各有定，谁将得失雠东风。放怀且吸杯中月，婵娟浩荡波溶溶。

静坐

明·苏葵

耽幽尘漫拂，习懒卷慵开。宇宙常舒豁，风花自去来。
括囊占偶值，隐几梦初回。欲与孙登语，无缘上啸台。

舟中即事

明·苏葵

旅常无寸业，白首愧江湖。不当奇男子，能甘贱丈夫。
道穷人觉惫，时在我忘蒲。霜月篷窗冷，篝灯看禹谟。

忆田园

明·苏葵

荒芜此日又陶园，南望愁怀共草繁。在禄且须粗事事，逢人岂敢尽言言。
山中异鹤曾惊矢，道上羝羊漫触藩。明日杖藜丘壑好，路头偏近杏花村。

喜召用遗贤白沙陈献章

明·苏葵

曾过江门拜此翁，何人风致可渠同？文章山斗唐韩愈，理数图书洛邵雍。
忘世昔曾疑荷蒉，济时今始兆飞熊。千年廊庙求遗栋，才到卢冈百尺松。

秋夜小酌

明·苏葵

影落疏梧玉鉴明，露虫寒雁各秋声。蹉跎尚觉孤怀壮，吟眺惟怜病骨清。
新酿百壶仪狄酒，旋调一味长公羹。眼前得失浑忘却，山鬼旁观笑不成。

丐妪叹

明·苏仲

北风气寒天雨雪，老妪向人频泣血。我心恻然一问之，收泪含悲来诉说：
妪身本是良家人，出门三十夫从军，夫遭瘴疠死逆旅，无何已作他乡魂。
自从夫没家窘索，有女无男自织作。养成小女二八年，颜彩明珠照秋洛。
富室有儿求为婚，我道前缘天作合。遣媒问我竟何须，愿言于我终生托。
眼中小女幸有孙，我拜皇天生死乐。岂期婿死孙承家，视我不顾如泥沙，
开门逐我出郊野，草眠露宿惊虫蛇。气疲力乏眼昏黑，道旁丐食无人嗟。
老夫闻说空叹息，母氏劬劳真冈极。母氏何从得此身？太母不是天涯人。
爱母不爱母之母，但知有干不有根。推恩至近乃如此，心肝岂死何湮沦。
木落犹能粪其本，兔悲狐死伤其邻，孙有太母不能养，岂徒义薄如秋云？
襟裾马牛不足比，直与袅獍为等伦。是儿是儿谁与群？我言可鄙终可闻。
万一天地能回春，收拾此妪多殷勤，桑榆竟可收余曛，未必李密专其仁！

醉中有感

明·苏仲

宇宙纷纷势利间，相逢冠盖尽朱颜。老夫自爱茅檐下，洗眼东风看雪山。

春日到农家

明·苏仲

豆秸檐前积，藤蓑屋角悬。竹篱驯犬睡，水草老牛眠。
儿壮添农具，年丰益社钱。县官颁历日，相率数流年。

有怀

明·苏仲

长悬乡土梦，景物副心情。五月熏风荔，三冬白雪橙。
子姜鱼作烩，藤菜蚬为羹。白石清泉外，无羁世利名。

锦岩

明·甘学

水帘封昼夜，石洞无春秋。好景心自醉，人间空白头。

游海珠寺

明·甘学

扶病强登江上台，芙蓉玉鹤共徘徊。三千世界杯中见，九万扶摇醉里灰。
前世苏公真佛祖，再来甘子野花魁。光阴遮没怜萍水，竹院寻僧忘却回。

游喷玉岩

明·甘学

息履岩头再振衣，千秋回首忆同谁？水声不似当年响，石壁犹存去日诗。

江舟七夕

明·赵崇信

七月浮槎秋未来，楚天摇落雁先哀。边涯已饬三城戌，江上初薄七月杯。
篱菊此时零落满，南冠何日对花开。美人心事他乡话，西蜀缄书手自裁。

渔人

明·赵善谏

浦口鸣榔急，清江水漫流。得鱼便沽酒，明月在扁舟。

无题

明·赵善和

江亭别酒尽变欢，一担行囊两样看。洙泗源头沾圣泽，斑烂膝下喜亲颜。
真卿不愧中书令，子固何渐内史官。爱日有馀寻旧迹，月明犹念倚问还。

葛仙亭

明·苏应旻

层云森古寺，返照静渔矶。山色水传去，溪声松助之。
听经孤鹤舞，采药一僧归。安得如来者，高谈慰所思。

凤城谒韩昌黎先生祠

明·梁亭表

远韵悬今古，雄文泣鬼神。从来香案吏，多作谪居人。
瘴疠江花冷，松杉庙貌新。眉山堪接武，莫惜共沉沦。

白下饮袁督府舟中

明·梁亭表

揽辔归来朔雪寒，剑光犹是旧登坛。玉关不数弃巾迹，白社宁教戴笠看。
千古旗常高战伐，几年湖海问悲欢。已闻圣主长虚席，肯许东山老谢安？

无题

明·赵鹤随

龙津风致富江春，万丈丝纶一葛巾。云影诸天归画幅，传家谁谓羡黄金。

感时

明·赵鹤良

北望自心惊，黄巾扰未平。材官充上国，车骑满边城。
处处输粮粟，人人苦革兵。妖氛如未扫，何以请长缨。

行路

明·苏景熙

行路何崎岖，讵识人心险。
归子念修途，单衣掩膝短。
烈风无时休，我心不可卷。

赠吕文在

明·苏景熙

两鬓白于雪，一冠高切云。巉岩余齿在，弃置少年群。
动辄虚千古，或时惊一军。酣来诗数首，不遣外人闻。

赠刘觐国龙山草堂

明·苏景熙

野筑成幽处，疏林入望低。卷帘看月上，扫石倚云栖。
静可翻书帙，闲应信杖藜。为余一隙地，留作浣花溪。

城南感怀

明末清初·苏士许

相逢素馨市，买醉荔枝矶。人并紫骝去，月随青雀归。
歌声空夜幌，花气艳朝衣。惆怅当年事，今来故故非。

人日梁敦儒过访

明末清初·苏士许

一春才七日，辄已半晴阴。冰雪仍余腊，莺花却早春。
盘蔬此日话，江上诘朝津。且醉杯中酒，看君南北人。

晓望

明末清初·苏士许

归怀不及寐，出户望前溪。树树落残月，村村闻曙鸡。
霜花拂剑白，雪岫映帆齐。莫以前途渺，江津尚未迷。

客中暮岁询胡颖孩

明末清初·苏士许

树树梅花逼岁除，年年江上未安居。穷途只见青山在，往事全销白发初。
喜仗故人频有信，羞弹长铗久无鱼。袖中新句难为报，密极心怀转似疏。

送蒋旷生同年还姑苏

清·赵鸣玉

暮年谁料见芝眉，同拜宫花忆旧时。一第喜君为仕早，十年愧我去官迟。
重携浊酒增惆怅，独上孤舟惜别离。此后相逢何处所？伫看青琐侍彤墀。

送李丹麓同年典粤试复命

清·赵鸣玉

河干相送半门徒，题柱先声遍海隅。蓟北久闻推哲匠，岭南今复见真儒。
千江春色随仙舸，一路文光接帝都。惭愧曲江同宴客，扁舟垂钓在江湖。

松朗即事（三首）

清·苏珥

北道相招酌旧醅，如泥醉倒竹林隈。主人扶我出门去，记得叮咛明日来。

何时酒债负邻家，帘上书来再不赊。客至莫嫌情意薄，友人新惠古劳茶。

旧侣飘零各一涯，愁来不忍唉鱼虾。菜佣知我惯尝胆，故故斋前卖苦瓜。

上惠牧夫子（二首）

清·苏珥

南桥北梓尽儒林，不数刘家有向歆。借得青箱书柳简，挑灯秉夜足披吟。

廉石归来远俗埃，旧游寻兴漫徘徊。贪泉可饮饶清况，记得曾分水一杯。

草萍道中

清·苏珥

未嫌百里苦间关，一片孤云共往还。最是舆夫真解意，劝吾得酒便看山！

瓜洲阻雨

清·苏珥

历尽江南第几关？瓜洲无那滞前湾。浮萍暂梗风翻浪，倦鸟难归雨暗山。
欲借鱼蓑寻客路，漫沽村酒破愁颜。醉中高卧来清梦，梦到高堂着彩斑。

抵家有作（四首）

清·苏珥

经年离却旧莓苔，阔绝音书总不才。今日堂前无别语，殷勤为数梦千回。

杜门聊且养天真，浊酒千杯尽入唇，醉倒暂眠三径里，小童刚报菊苗新。

知己频过水石间，传来怪事尽开颜。禀生不与东坡似，赢得人云归道山。

遥想风烟飘短陌，坐教岁月苦狂徒。谁人好事征新咏？驴背而今一字无。

赋荔枝赠友人北上

清·苏珥

自天产奇实，名重粤江滨。白玉中怀抱，明珠出水新。
梦魂劳北地，肝胆饫南人。会向长安去，红飞一骑尘！

城南水次汉川老友过访

清·苏珥

衰病疏朋辈，多君到旧林。相携一樽酒，共话百年心。
风暖春方到，灯红夜未深。兴来同剪烛，连榻事高吟。

燕齐久旱，麦田已荒，首夏道中感而有作

清·苏珥

冀州田旷又青州，太息田功夏不休，日永未应生计少，风薰如散旅人愁。
近闻圣主能忧旱，欣想农夫自有秋！归去我今慕彭泽，来春且欲共西畴。

谢介白同上官竹庄归罗浮（二首）

清·苏珥

暖风吹野绿成阴，唤起流莺度竹林。可是鹤群同老大？故山归去白云深。

南山颜翠映临汀，矗立争传似画屏。结屋定栽松几树，老龙鳞满岁长青。

舟中夜同友人赋

清·苏珥

相对宁须泣路穷？随时桂序半江东。布帆乍湿虽经雨，桂棹将停已送风。
海畔鹤眠心自洁，灯前客醉色添红。钟声夜到知何处？长啸江天彻远空。

赠凌贵卿汉亭

清·苏珥

九疑风雨暗崎岖，八节波涛险有余。世路合裁招隐赋，俗情催广绝交书。
传闻入市人成虎，亲见张弧鬼满车。旧约耦耕堂愿筑，平田龟坼又何如？

赠碧轩叔（五首）

清·苏珥

六十年来春复春，青松白鹤宅边邻。碧山如画谁添绘？绘出天然不朽身！

醉卧楼头乐自储，望云思入定何如。客来懒数家声旧，只道遗书少蠹鱼。

向平高愿旧曾夸，游览而今乐更赊，婚嫁此时虽未了，多年双屐已忘家。

生似东冈嗜独专，春芽新长记层巅，煎来更认山间瀑，好续《茶经》三两篇。

迹半冈州手共携，不须多感叹途迷。江门风月知无恙？两载输公未遍题。

暮春南还道中有作

清·苏珥

寻春暮更惜春穷，陌路徜徉景尽融。柳带恨情虽待雨，马驰轻足亦追风。
偶沾村酒颜应醉，自检奚囊调未工。好鸟美音能解送，快将归兴写途中。

春雨

清·苏珥、罗天尺

（与罗履先集鸡庋轩忆西樵联句，寄同游陈世和、何梦瑶、陈海六四十五韵时
世和以优行引见，发浙江候补。梦瑶公车北上。）

（尺）春寒雨雪黯，（珥）霏霏若撒盐。（尺）流莺未出谷，（珥）乳燕仍避檐。
（尺）小友浓同李，（珥）轻舟淡画阁。（尺）鸡庋未成孝，（珥）鹪栖不怕贴。
（尺）屋虚全冒舫，（珥）门缺半团兼。（尺）水浸鸡头石，（珥）波铺雉尾缣。
（尺）呼名多鸭鸭，（珥）折翼类鹈鹕。（尺）牡蛎蜗庐簇，（珥）红蛮海瓦粘。
（尺）树供枫人长，（珥）盘丁佛手掺。（尺）欲书仍咄咄，（珥）无酒亦厌厌。
（尺）话永同心臭，（珥）书传剔齿纤。（尺）愁城攻愈突，（珥）绮语戒难严。
（尺）话旧伤今雨，（珥）消闲赖古签。（尺）字奇贪互赏，（珥）韵险悍争拈。
（尺）因忆樵峰兴，（珥）却缘蒿里淹。（尺）山迎情忽发，（珥）船小客时添。
（尺）策杖恁甘蔗，（珥）携杯问小帘。（尺）洞穿猱足健，（珥）路失马首瞻。
（尺）茶田裂僧服，（珥）鹊鸟上花奁。（尺）涧水仄穿罅，（珥）山云直上尖。
（尺）大科楼对日，（珥）喷玉瀑众帘。（尺）占幽霞一洞，（珥）斗秀树千岩。
（尺）望睐邀柳眼，（珥）未老借松髯。（尺）花坞交加发，（珥）麦畦次第渐。
（尺）主情痴更密，（珥）村酿薄何嫌？（尺）倾尊似文举，（珥）晒发非王恬。
（尺）登峰步彳亍，（珥）联吟恣呫嗫。（尺）雪迥安道棹，（珥）梦隔晏婴苦。
（尺）游愆九秋约，（珥）人尚五山潜。（尺）苔钱贫士富，（珥）鸟语病夫砭。
（尺）逢人年懒问，（珥）欲对口先箝。（尺）冷波惊坠石，（珥）织锦耻飞钳。
（尺）塞翁凭失马，（珥）渔父念鱼□。（尺）悼亡三潘岳（谓圣取、海六、履
先也），（珥）问产半崔暹。
（尺）小酉书频凿，（珥）添丁帖屡觇。（尺）骆丞夸橄榄，（珥）水部赋恩沾。
（尺）学海千波砥，（珥）文峰一鼓歼。（尺）荐章黄再贴，（珥）珠卷印双铃。
（尺）飞鸟称仙令，（珥）牵船号孝廉。（尺）何时天府策，（珥）反尔黎首黔。
（尺）理棹观山市，（珥）诛茅了日崦。（尺）村村鸡犬熟，（珥）顿顿鱼熊兼。
（尺）输粮不到县，（珥）避客少张帘。（尺）遇合何能一？（珥）行藏不用占，
（尺）遄哉二三子，（珥）同去学腰镰。

梅岛吊史阁部

清·赵元德

墓门风在柳花残，建节当年国步艰。破碎山河方作镇，敝疲军旅始登坛。
矢遗叛引貔狱集，敌至群惊剑戟寒。一自誓师沉玉后，金陵谁复说偏安。

次陈晓岸见赠原韵（二首）

清·赵元德

荣悴无常是邵平，卜求季主不胜情。循环一语频相喻，何用家山太息声。

梦中空问相臣碑，摘下天星是少微。今日社南春水遍，却随鸥鹭订忘机。

瑶头步月

清·赵均

人影乱石梁，激溅泉声疾。览物忽怀古，花田变阡陌。
天山留草堂，至今亦萧索。学士与美人，生年不满百。
石火光中身，及时须行乐。沽酒入瑶头，惊犬吠剥啄。

偕张默迟、谢退谷同游是岸寺

清·赵均

一棹乘潮去，言歌彼岸登。石梁连碧草，松径罩红藤。
入画供倪瓒，谈禅访慧能。是谁空四大？清磬出云层。

珠江竹枝词（二首）

清·赵均

海幢宝殿法幢高，不贡昙花贡露桃。心愿未酬欹枕夜，钟声八百记偏牢。

雁翅城边日影低，濠东摇得过濠西。十千沽酒拼同醉，恼杀迎潮夜半鸡。

落叶（二首）

清·苏易

片片纷飞不待风，翩翩迎日作嫣红。枝离别后应难借，云倦庭虚月满空。

打帘波泛动清寒，新雁来时绿又残。影薄转添愁更重，西风声里怕衣单。

夜宿大良

清·苏易

残梦依依酒力惺，珠帘轻印月光明。凤城秋里篸篌怨，透入床前作雨声。

忆伯韶

清·苏易

畴昔清谈向酒边，忽来十有二三年。眼中尽是皆新俊，病里于今忆故贤。
门掩苔深花自好，楼空人去燕相怜。我亦西院旧宾侣，一度相思一惘然。
旧书曾约共同收，玉版缥湘今在否？残楮摩挲思往事，满城风雨不胜愁。

菩萨蛮·春日泛舟

清·苏易

船开棹进一回顾，花深忘却来时路。两桨渡芙蓉，断霞双额红。
倚舷罗袖卷，花外春山远。极目草萋萋，愁闻杜宇啼。

碧江廿四咏

清·苏鹤

碧江江水浸烟霞，春树浓阴一万家。最是去乡游子少，野塘绿竹半生涯。
碧江那有碧岗峰，客自讹传到伏龙。报道是龙人不信，云门深锁两三重。
旧寻仙洞泛江船，江断村南望渺然。一自跃龙飞渡后，水流三合聚人烟。
牛羊路落两山开，官使居民筑炮台。今日太平风雨好，菜花黄遍蝶徘徊。
青山十二间田园，九派春渠水绕门。数声读书相和处，五更声彻月明村。
凫履石前落日斜，白头闲坐说年华。织帘少妇炊烟起，巷口扶翁四五家。
姊妹花开结伴游，工夫抛下强梳头。阿侬愁绪千重纸，拈起愁来片片愁。
双峰连翠似屏环，家染云笺赛五蛮。借问浣花溪畔女：何如侬住碧江湾？
汀桥水接琵琶洲，妙济亭边石欲浮。岁岁祈神正月杪，卖花深巷过东头。
火树银花夜禁弛，女郎逐队踏灯时，白花偷取宜男兆，云市同登太尉祠。
圣水家家汲取多，纸灯郎买放清波，不知今夕灯还焰？流到天边照渡河。
尺九庙前江水清，尺九庙边山月明。妾似月明郎似水，年年水月照侬情。
狮石犹传旧海滨，半滩渔户杂商人。只今洋舶归三月，蛋妇相携拜水神。
千顷烟波业有余，鹅屯蓑浦任移居，晚晴晒网文昌渡，村里黄昏唤卖鱼。

172

慈菇下种叶纤纤，刈稻郎催伙伴添，踏竹溪头生计好，阿姨十五学腰镰。
昆岗沙口渡平阳，艇子招摇送客忙。问客买花还买竹？竹场四面卖花香。
猪头牛鼻隔湾溪，听尽鼚婆水拍堤。拨棹送郎新路口，半楼残蜡月沉西。
马峰海上叩禅关，豆树蝇花相对闲。夜半鸡声闻隔岸，短蓬孤月访僧还。
木船三路各停桡，猪团笼归澜岸挑。北道未开龙眼厂，荔枝红满德云桥。
无酒煎茶兴未枯，市头袖饼出红炉。自来牛乳称佳品，不及名传塞上酥。
青云路口朔风高，五石堂前斗酒豪。要识纸鸢谁第一，银牌丝线赠儿曹。
年年金粟作吟坛，夜夜归来漏欲残。笑问儿夫寻好句，谁怜风雪一身寒。
设围放犬大岗阴，日午荒亭野鬼吟。闻说瘦香成鬼物，夜阑出没绕人襟。
南北山头多鬼风，鬼风吹纸入云中。劝郎一一勤收拾，且待明朝见日红！

金楼韵味

林鉴松[1]

亦渔遗塾一番新，永嗣微音雨露频。壁画仰观星异彩，楼藏墨迹五才人。

眼儿媚·碧江金楼

程敬谦[2]

楼复新颜溢脂香，铜壁韵悠长。隽雕金漆，匠工精巧，壮举相彰。　　纵观发展新经济，旅业活农商。天时地利，人车络绎，集市荣昌。

四、童谣

月光光（二首）

月光光，照地塘，年卅晚，摘槟榔。槟榔香，买子姜（嫩姜）。子姜辣，买蒲达（苦瓜）。蒲达苦，买猪肚。猪肚肥，买牛皮。牛皮韧，买牛筋。牛筋长，顶屋梁。屋梁高，买张刀。刀切菜，买箩盖。箩盖圆，买只船。船沉底，浸死两个番鬼仔，一个蒲头（浮起在水面），一个沉底。

月光光，照地塘，年卅晚，摘槟榔。槟榔香，娶二娘。二娘头发未曾长，歇得三年（再过三年）梳大髻，的的打打娶番归（娶回家）。

---

① 林鉴松，南海人，碧江诗词学会创始人，20世纪50—90年代先后任中共碧江镇支部书记、北滘镇人民政府副镇长、中共北滘镇委副书记、中共勒流镇委书记、中共顺德市委统战部部长。

② 程敬谦，碧江都宁人，碧江诗词学会会长，中华诗词学会会员。

鸡公仔

鸡公仔，尾弯弯，做人新抱（媳妇）实艰难。早早起身都话晏，天都未光入下间（厨房）。下间有个金瓜仔，问过安人（婆婆）煮定（还是）蒸？老爷（公公）又话煮，安人又话蒸。蒸蒸煮煮都唔中安人老爷意，拍起台头闹（骂）三餐。三餐打烂三条格木棍，四朝跪烂四条纱罗裙。

团团转

团团转，菊花圆。炒米饼，糯米团。阿嫲叫我睇龙船。我唔睇，睇鸡仔。鸡仔大，捉去卖，卖得几多钱？卖得两文钱。

落雨大

落雨大，水浸街。阿哥担柴上街卖，阿嫂返归（回家）着花鞋。花鞋花袜花腰带，珍珠蝴蝶鬓边排。

嗳姑乖

嗳姑乖，嗳女大，嗳大乖女嫁后街。后街有乜卖？后街有鲜鱼鲜肉卖，又有鲜花戴，戴唔晒，挤落（放在）床头老鼠拉。

排排坐

排排坐，食果果，猪拉柴，狗烧火。猫儿担凳姑婆坐，坐埋一齐唱支歌。

麻雀仔

麻雀仔，担竹枝，担上山头望阿姨。阿姨梳只蹦沙蝴蝶鬓，摘朵红花伴鬓围。裙带又长脚又细，咁好姑娘嫁个烂赌仔。

叮叮当

叮叮当，叮叮当，洗埋（完）碗碟过碧江。碧江有个井，井边有间大祠堂。祠堂有棵青竹树，斩溶斩烂织筲箕。筲箕筛绿豆，绿豆换鹅毛，鹅毛变幅布。一尺布，二尺布，有剩做条狗仔裤。狗仔朝朝赶落渡，叫阿公返嚟食姜（回来吃姜），叫阿婆返嚟饮醋。

点虫虫

点虫虫，虫虫飞，飞去隔离荔枝基。荔枝熟，堆满屋，荔枝生，留番（留下）两颗敬先生。

点知波罗头

点知波罗头（膝盖），问你捉猪定（还是）捉牛？捉到黄牛三百两，马尾挑开第一头。头对头，鸡公扛（碰）石头，扛开三十二旧（块），你一旧，我一旧，有剩俾过（剩下给）乞儿头做枕头。

摘莲子

摘莲子，鎅（割）莲房，鎅开莲子做药方。药方药地主，东方东月黄。大海摇船过细海，细海摇船过木桥。木还木，金还金，打发小姐拜观音。观音饮醉蟠桃酒，九月九，齐齐戙起（竖起）菊花手。

卖懒卖懒

卖懒卖懒，卖到齐年卅晚。卖蟛卖癞，卖过隔离涌个白头老大。一年高，二年大，保望阿爸年年好世界。买鱼买肉返嚟晒，晒满一个大天街（天井），请街坊嚟食先至食得晒（请左邻右里来吃才能吃得完）！

唱支歌仔好新鲜

唱支歌仔好新鲜，灶虾（小蟋蟀）由甲（蟑螂）契同年，又同蜘蛛借线路，仲同蟛蟧（个头较大的蜘蛛）借盒添，叫个舂米公公担盒过，螳尾（蜻蜓）问佢担去边，乌蝇（苍蝇）拍手哈哈笑，大家唔见十几年。

阿单单

阿单单，阿单单，买砖豆腐食三餐，俾乌蝇担咗去一啖（叼去一口），一直追到上白云山。白云山有条乌肉蛇，咬死阿单两仔爷。

龙舟舟

龙舟舟，出街游，封封利是责（压在）船头。姐妹行埋（走在一起）莫打斗，

175

龙头龙尾多福寿，老少平安到白头。

第二节 歇后语

阿聋烧炮——散嗮

生锈刀——唔喝唔得利

棉胎命——唔打身唔松

湿水棉花——冇得弹

韭菜命——越割越旺

疍家鸡——见水唔得饮

掘尾龙拜山——搞风搞雨

床下底破柴——撞大板

床下底放鸢——高极有限

昌隆伙记——返屋企食饭

季皋养猪乸——自揾自食

马洲抉泮浦——终须有日

屎坑大关刀——文（闻）唔得武（舞）唔得

单料铜煲——一�就熟

姜多鱼少——冇声（腥）气

黄皮树鹩哥——唔熟唔食

跛苏卖黄皮——椤个生都冇

二妹老公——大把

火麒麟——周身瘾（引）

瓦荷包——有两个钱就当当响

玻璃荷包——几多钱都一眼见嗮

倒吊荷包——一个钱都冇得利

冇耳藤篋——靠托

冇耳茶煲——得把嘴

冇牙婆食汤丸——心中有数

茶煲煮汤丸——难斟

滚水渌猪肠——两头缩

绣花枕头——里头得包糠

生骨大头菜——纵（种）坏

刀切豆腐——两面光

墙头狗尾蒿——两边倒

麻骨拐杖——靠唔住

盐仓土地——咸夹湿

纸扎下巴——口轻轻

屋脊瓦狮——威到尽

水鬼升城隍——小人得志

食猪血屙黑屎——当堂见功

箩底橙——拣完拣罢

陆云霆睇相——唔衰揾嚟衰

大良斗官——败家仔

潮州音乐——自己顾自己。

三水佬睇走马灯——陆续有来

市桥蜡烛——假细心

沙湾灯笼——何苦（府）

北滘灯笼——辛苦（府）

陈村电灯——有着有吾着

第三节　民间传说

神仙大脚板　都宁岗上有一块形似脚印的大石，名为"神仙大脚板"。传说，吕洞宾云游四方，途经都宁寨边李家祠后山，在一块大石上歇息，观察是否适合留此修行。但鉴于此山气势不足，于是吕大仙就一只脚踏在大石块上，一跳就跳到西樵山（传说西樵山上有一块岩石也同样留下吕大仙的大脚印）。自此，清明时节均有不少游人来到都宁岗上一睹大仙的脚板印，沾一下大仙的福气。

三忠臣　相传南宋末年，元军先锋（宋降将）张弘范攻崖山，宋将张世杰率军苦战。陆秀夫等拥宋帝昺投海。张世杰至海陵亦自溺，君臣上下相率蹈海殉难。尸首随海潮回流至都宁岗边，当地人民将三具尸体埋于都宁山脚。为了纪念他们的爱国精神，明代期间乡绅筹款建起"三忠庙"，清嘉庆十六年（1811年），知县周祚熙倡同乡绅重修。咸丰元年（1851年），知县郭汝城倡乡绅重修。春秋祀礼照贤良祠，委都宁司巡检恭诣致祭。赵族后人也在旁边建立"念宋亭"，年年定期拜祭。至清光绪年间，由朝廷拨款拜祭。

尺九庙　原位于碧江下村岗。相传古代，一位坐船赴考书生遇上狂风巨浪，危急中诚求天后娘娘保佑脱离险境，并许愿若能脱险，就在此地建造一座"一箭之地"大的庙宇来供奉天后娘娘；天后娘娘竟真的显灵，一下子风停浪静。事后书生金榜题名，便派书童带着银子到此建庙还愿。谁知那书童动了小心思，取巧曲解主人意愿，按照一根羽箭的长度，请石匠在崖上凿建出这座微型小庙来，把余下银子挥霍掉了。后来主人回乡省亲路过这里，找了半天也不见有什么天后庙，叫来书童一问，才知这一尺九寸见方的石窟里供奉的正是天后娘娘，"一箭之地是老爷亲口说的，小人已依足尺寸!"事已至此主人对书童也无可奈何,只好罚他留下当庙祝,想不到竟叫书童慢慢打理出一处名胜来。当年此处江阔水急,山崖上的尺九庙成了航标,庙前的香烛指示着船家夜航,所以船家十分信奉这里的天后娘娘,而该处悬崖藏风聚气,于是又吸引附近的陆上居民,香火十分鼎盛。后来尺九庙历次重修和扩建附属建筑,都没有扩大石窟和平台,只在石窟的楣额上加刻"尺九古庙"四字;尺九庙损毁时间已不可考。

慕堂 相传,碧江苏姓大户兴建住宅,取名慕堂。慕堂建成后,不知何故,诸事不顺,新居总不能顺利入伙。后来,屋主请来风水师。风水师考究一番,问屋主是否有功名在身,屋主摇头说否,风水师便点出谜底:此屋门前有两只石狮坐镇,必须有功名在身之人,方能镇住石狮,才好入屋居住;一并点拨屋主找人假扮传圣旨,在石狮前大喊:"圣旨到,敕封某某(屋主名字)功名"。屋主一一照做,果然顺利入伙。

南平石板桥 有一财主带着丫鬟参拜寺庙,因河流湍急,船只颠簸,丫鬟不慎落水溺亡,财主建此桥来纪念她,取名杏花桥。

九龙入洞 碧江河涌众多,分别有灰口涌、泮浦涌、隔涌、琵琶洲涌、上涌、下涌、新涌、聚龙沙涌、都宁西桓涌9条河涌。汇合德云圩大埗头,故称为"九龙入洞"。

五兽把关 碧江有狮岗、象岗、猪头岗、羊山岗、睡牛岗5座山岗。坐落村周围,形势险要,故有"五兽把关"之说。

碧江十大奇 民间流传有"碧江十大奇"的历史典故,其内容反映碧江的风土人文,说法有二:一种说法是"当今天子钓蟛蜞;正宫娘娘刷花纸;铜香炉出木耳;有祠堂无土地;千亩池塘无养鱼;有庙无地;山大士吊颈死;家公媳妇同埋一张被;一品大臣骑马,塘边落马落地行;会龙里:九龙入洞、五兽把关、三墟六市、九头八尾",此说法在民乐公园东侧长廊彩绘壁画有绘述;另一说法内容大同小异,区别是以"国舅爷卖神衣"代替"会龙里:九龙入洞、五兽把关、三墟六市、九头八尾"。

第十章 名人与名村

第一节　历史名人

苏绍箕（1070—1140）　福建晋江人。又名澄，字嗣良，别字湛然，号晴川。青年时代在广州白云山月窖庵读书。北宋元祐九年（1094年）举"经术精通"制科，获授迪功郎，宣和年间出任太尉，官至武阶正一品。金兵入侵，苏绍箕主战，受到"主和派"的中伤和诬陷，抗敌处处受到掣肘，长子苏世量在"靖康之变"中牺牲。南宋建炎元年（1127年），苏绍箕以老病为由告老，获赐绿袍象简及右丞相官阶，辞归南雄。绍兴元年（1131年），苏绍箕随珠玑巷居民南下迁徙。到广州后，捐资扩建白云山月窖庵，后改为月溪禅寺，为寺院购置13顷田产，以供寺僧补给。晚年，又增购寺后300亩山地作为身后地，交由寺院代管。二子苏定矩定居碧江，苏绍箕成为碧江苏族始祖。绍兴十年逝世，葬于寺后一处名叫"渴骥奔泉"的山坡上。

苏之奇（生卒年不详）　碧江人。字文雄，号峨峰。自幼聪敏，"学博文赡"。乡试中举后，登南宋隆兴元年（1163年）中进士，获授宣义郎官衔，曾任选监丞、著作郎、左正言、右司谏、起居舍人等职位。任知制诰期间，疏陈当世大务，直言不讳，深得宋宁宗信赖。后晋升为朝奉大夫礼部郎中，又转任朝散大夫、直秘阁，提举为江南西路常平茶盐公事，提拔为秘阁修撰，后改集英殿修撰，又任命为御营使司，参谋军务。在任广西、福建、川陕、江浙等地官职期间，平反冤案，查处强占民田的案件，致力整治军政，对徇私纵容重囚的现象严厉追究责任。后被派遣监管绍兴钱法盐场，改革盐业积弊，解禁令、轻赋税，保护合法经营，增加当地税收。他辞官归里后，热心教育事业，在广州建置供乡中学子进城读书和应试用的"试馆"。后在碧江闭门读书，教育儿孙，闲时与客人饮酒赋诗，谈论天下时事，抒发不能报国之郁。

苏刘义（生卒年不详）　碧江人。字执之，号揆庵，又字宜之。苏之奇曾孙、碧江苏氏南房六世祖。恩贡出身，南宋宝祐六年（1258年）授右迪功郎，任常熟主簿。元兵入侵，宋恭宗下诏天下勤王，他起兵入卫。祥兴二年（1279年），少帝赵昺被元兵穷追南迁，苏刘义任殿前指挥。新会崖山决战一役，身先士卒，领部下与元兵日夜鏖战。二月初七，苏刘义在混战中与军队失联，其17岁儿子苏会孙在战斗中壮烈牺牲。宋军崖山兵败，苏刘义幸免于难，后带领宋军残部一千余人到都宁岗，拥立一位叫赵旦的宋宗室孩子为帝，在山上结寨以图复宋。事败后，苏刘义更名为苏由义，回到碧江隐居。

梁曾甫（？—1360）　泮浦人，泮浦梁氏西房七世祖。元至正年间，举江西行省，任满后回乡。当时顺德碧江、番禺沙湾一带海寇流贼横行，乡民联名举荐梁曾甫剿贼寇，任命他为番禺沙湾巡检。梁曾甫上任后重创海寇，海寇转而去侵扰泮浦。他根据泮浦地形，在镇土岗和羊星岗两座小山的险要处筑建石垒，又在魁口至泮浦一带的河滩上修建排栅，成功截断贼寇进犯之路。外逃的村民纷纷回乡，梁曾甫又倾其积蓄协助村民重建家园，勤力耕作，指挥他们组成防卫队伍，加强训练，抵御贼寇。贼寇派人招降，他怒斩差使，后遭贼寇阴谋杀害。泮浦建有忠义祠纪念他。

梁鱼（生卒年不详） 碧江人。字克龙，明成化七年（1471 年）中举人，任广西平乐县令。其间，蠲免田赋，善抚瑶僮，还大胆改革税制，严禁滥加火耗税，免除各种罚金，减轻百姓的负担。弘治十四年（1501 年）后，任宾州知州，重修宾州城，发动各乡筹备，调动工匠人员，亲力指导、监督，历时四月，完成东城门（楼）、南城门（楼）和城衙正堂的修建。弘治十七年思恩府士官岑濬起兵反叛朝廷，遣兵攻打侵夺宾州、上林、武缘（今武鸣）等州县，梁奉命前往劝解，陈述利害，岑濬不听，反以大量金银财物贿赂他，遭梁严词拒绝。因为人耿直，两袖清风，不阿谀奉承、拉帮结派，受保守势力排挤，遂辞官归隐故里，宾州百姓在文庙的名宦祠设有牌位纪念他。

苏葵（1450—1509） 碧江人。字伯诚，号虚斋。碧江苏氏南房十三世祖。明成化十三年（1477 年）中举人，成化二十三年中进士，选庶吉士，试辄前列，授翰林编修。弘治九年（1496 年），担任会试考官，拒收贿赂，遭权贵们中伤，被贬到江西出任佥事，管理地方教育。在任期间，以身作则，每月初一、十五亲自到课堂中与诸生研究学问。弘治十年起，主持中国四大书院之一的庐山白鹿书院扩建工程，重建明伦堂，建先贤祠，改大成殿为礼圣殿；聘请闲居在家的原兵部郎中、知名学者娄性掌教授课，并与巡抚陈拴等人购置学田用作助学基金。

苏葵一身正气，遭宦官董让造谣陷害，朝廷派江西司法官员盛洪审讯苏葵，欲动私刑，幸得一位衙役偷偷向外透出消息，数百学子闻讯从学宫和书院赶来，撞开栏栅冲进衙门，救出苏葵。后诸生又联名上书，方得平反。其后，升为四川学政。在四川，修建大益书院，培养出一批品学兼优的学生。

晚年升为福建右布政使，卒于任上，享年六十。逝世后，江西、四川两省为他修建"名宦"坊表。碧江也修建"柏台敷教"牌坊予以表彰。提学副使李梦阳在江西庐山白鹿洞刻碑撰文高度评价苏葵："公昔省方视学，衿佩作气，抗折权贵，威武不屈。兹洞之兴，公实有力德功，祀并有之。"著有《吹剑集》十二卷存世。

苏仲（生卒年不详） 碧江人。字亚夫，号古愚。苏葵堂弟，碧江苏氏大石街房的十三世祖。明弘治十四年（1501 年）举辛酉科第七名，翌年连登壬戌科进士，留京任户部主事。当时宦官王瑾弄权，但凡奉旨出巡的官员返京后要送厚礼"孝敬"他。苏仲到天津、湖广等地督查粮饷，返京后没有送礼给王瑾，由此得罪王瑾，被贬岳郡。适逢当地饥荒，苏仲四处奔波，力促各方捐赈，拯救数万灾民生命。又遇平江流贼劫掠焚毁，他制定妙策，指挥官兵，将贼人击退。

再后苏仲贬谪广西象州任职，到职不修官邸，在简陋的小亭子办公。其间，率兵歼灭土匪。他十分注重与瑶族、僮族人民搞好关系，倡导公平交易，和平稳定。御史舒晟得悉苏仲的政绩后，向朝廷举荐其为"治行第一"。堂兄苏葵得知此事后，给苏仲寄诗"往事模棱堪鉴戒，暮年完璧是行藏"，暗示他激流勇退，苏仲听其劝告，遂辞官归里。著有《古愚集》四卷传世。

苏范（生卒年不详） 碧江人。字景贤，号平轩。碧江苏氏北便房十四世祖。明弘治五年（1492 年）中举，任广西博白县教谕。为官期间，大力兴教，激励士子苦读，使该县民众文化不断提升。后调任宣城知县。适逢当地水灾，他积极赈灾，把俸禄拿来救济灾民。水退后，他削减费用，用于修筑堤围，因此得罪太守，被调任陕西华州知州，卒于任上。官民深感其德，把他奉为名宦乡贤，设立牌位纪念他。史载他"厚重有器量，孝行尽伦，敦睦兄弟，爱友兼至，持正不阿"。

苏瑶（生卒年不详） 碧江人。字朝珍（举人榜载为"汝珍"），号裕斋。碧江苏氏北厅房十四世祖。年轻时受业于龙江进士黄著，深受其器重。明弘治十四年（1501 年）中举人，弘治十八年中明通榜进士，授全州学正。时值督学姚鹏开创五经书院造士，荐他为苏州府教授。任职期间，他提倡移风易俗，纠正婚丧费用奢侈的风气，以礼申禁水葬的陋俗。后擢升为河间府宁津县知县，他减免赋税，兴修农业。不久因丧去职。明嘉靖初，苏瑶服丧期满，起补福建长汀县知县。当时长汀县守方议拓建郡城，苏瑶为民请命，上书缓建，以免劳民伤财，县民闻之，欢呼罢役，他亦因此受到排挤，辞官归里。苏瑶为官严明，学风勤奋，作风节俭。《顺德县志》称其：生平历官教士，一本曲台训，至今八桂、三吴、河间、汀州传其业者，尚称苏先生礼。

赵善鸣（生卒年不详） 其父为碧江赵氏三世祖，后入赘龙江。字元默，号丹山，名儒陈白沙学生。明弘治十四年（1501 年）中举人。历官澧州知州、中军都督府经历、南京户部员外郎、郎中、云南曲靖府知府。博学工诗，著有《朱鸟洞集》。善真、行、草书，宗法颜真卿、褚遂良、米芾诸家，能书大字，有书名，时人誉其书为"神品"。香港中文大学文物馆藏有他写的《行书诗页》。《岭南书法史》刊载他写的《行书李商隐七言诗轴》。龙江里海乡大金和二金山交界处山岩上曾刻有"龙蟠、虎踞"摩崖大字，题款为"丹山"，现已损毁；碧江彰义曾建有丹山赵公祠，20 世纪 70 年代中拆毁。

甘学（生卒年不详） 碧江人①。字于盘，别号范叔。博学，负才识，一生郁郁不得志，在家乡吟咏自适。

《五山志林》载有《甘学高节》——甘学少年时与湛若水、方献夫、霍韬、何鳌兄弟读书于西樵山，相互砥砺。后来霍韬等人科场得意、官运亨通，唯甘学一人默默无闻。甘、霍二人尤为交好，明正德十四年（1519 年），霍韬在向朝廷推荐甘学前致

---

① 清咸丰《顺德县志·列传三》载为甘村人。

信劝他出山，却没得到回信。后来霍韬官升兵部主事，直接上书皇帝特荐甘学，得到恩准，但甘学还是拒不任命。几年后霍韬丧父回乡，乘着官轿带着随从专程到碧江拜访甘学，沿途引来围观，却吃了甘学的闭门羹。霍韬知晓甘学性子，换上便服，支开随从，步行进村才得以进甘学家门。甘学家徒四壁、墙颓瓦漏，妻子早丧，父女相依为命，以教习学童为生。霍韬惊异于甘学的清贫程度，甘学则认为读书人不一定非得风云际遇驰骋科场，安贫乐贱地研究学问也是人生一大好事。甘学的女儿听从父亲吩咐，将一捆从未启封的信札及盖有关防的委任文书专用封缄归还霍韬。霍韬恍然大悟，越发敬重这位高风亮节的同学，当即提出请求，希望甘学将女儿许配给儿子霍瑕。经过多番诚请，终于得到甘学的答应。霍韬回京后，甘学去信告知女儿因眼疾失明，不能尽妻媳的责任，要求退婚。霍韬坚持婚约，择吉日令儿子到碧江迎亲。过门后才发现甘学的女儿没有失明。

甘学能书。香港中文大学文物馆收录有甘学的行书诗页，所编《广东书画录》和朱万章编著的《广东传世书迹知见录》均有其著录。著有《甘氏吟草》。清乾隆年间，梁善长纂辑的《广东诗粹》收录有甘学咏锦岩山的一首绝句："水帘封昼夜，石洞无春秋。好景心自醉，人间空白头。"

林挺春（生卒年不详） 都粘人。字洋谷，又字少和，一字元育。幼年事亲至孝，受藩臬表彰，获赐题门额。明嘉靖二十二年（1543年）乡荐举人，任仙游教谕。在职期间，自奉廉洁，用自己的津贴费资助贫困学子。后迁任零陵知县、南靖知县。适逢战乱，官署、民舍荆棘丛生，遍野荒芜。又遭水灾，城郭全被冲毁，他在木筏上办公，深入民间巡视，率乡人重建家园。一些劣绅企图借连年灾变、田地归属不清之机浑水摸鱼，侵吞自肥，林挺春勤于监督，推行有力的措施加以防范。后升迁云南沾益知州，林挺春以侍奉双亲为由，辞官回乡。

梁典（生卒年不详） 都粘人。字惇伯。梁典家贫，靠讲授经书支持生活。明嘉靖三十一年（1552年）中举人，授上林教谕，给诸生授课，因此上林多出文学士。建昌学府被河水淹没，梁典疏浚重修，并建斋舍。后升南京国子博士，出任南康府通判，历署星子、都昌、建昌三县。县民多拖欠赋税出逃，梁典放缓赋期，帮助县民恢复常业。他清正廉洁，长兄问及家产，他从容答道："已比授读时丰厚。"卒于任上，百姓修祠纪念。

赵汝广（生卒年不详） 碧江人。字存贞。为诸生。因丧父而哀毁成疾，遂弃举业隐居耕作，闲暇惟好吟咏，恭敬奉伺两位兄长。以孝友著称，性格率直，与人无争，常为乡族解决纷扰；出资帮助没有能力办婚葬族人。明嘉靖三十二年（1553年）饥荒，倾其所有全力赈灾。被推举为乡宾。

梁亭表（生卒年不详） 字无畸，号昔莪。孩时能记诵诗文，有过目不忘的天赋；妻子苏氏变卖嫁妆首饰供他购买书籍。明万历三十四年（1606年）中举，日事著作，以廉节自砺，士子多从其学。曾八次赴京会试不第，后选任为大埔县教谕，修编《大埔县志》，被称为"史才"。后升迁北监助教、台司务，调至吏部任职。在任期间，拒受买官者的贿赂，上司知其过于廉苦，暗示他为何久无所举荐，他以自己"寡交"为由拒绝受贿。后转为兵部员外郎，多次向皇帝力陈时弊，提出改革方案。

晚年出任南安知府（今江西大庾一带）；时值政局动荡，社会积弊甚多。梁亭表到任后，致力拨乱反正，推行多项改革，大力倡修学校，奖学恤贫。不久，张献忠农民军攻陷湖广，南安府西面为其占据，梁亭表施计堵塞隘口，固守南安府城。农民军以授官诱降县令，梁亭表对僚属慷慨陈词："'君父重，则身家轻'我等读书明志，现在正是舍身报国之时！"勉励众士誓死奋战，保住南安，获朝廷嘉奖。"岭南三忠"之一的陈邦彦为此赋诗《赠南安太守梁昔莪先生》："我与先生夙昔未周旋，但闻南安城下语阗然。安得牧守如公数十辈，纾却朝廷百万饷兵钱。"南明政府建立后，任荆南兵备兼抚蛮副使，上任十天后去世。

梁亭表生平忠孝廉节，一介不苟，当官以来，没有增置田产和房产。公务之余，手不释卷。著有《昔莪集》《临池课》《松谡山房集》等。

李廷龙（生卒年不详）　字勷臣。龙头人。少年聪颖过人，好博览群书。18岁为诸生，明万历四十年（1612年）乡荐举人，天启二年（1622年）登进士，被派至民风强悍浮薄、素称难治的宁都。刚上任，李廷龙便治理得井井有条，政平讼息。时值朝廷大兴土木，国库日益蹙缩，他不忍杂税扰民，捐垫俸禄和积蓄。又遇流寇逼近，人心惶恐，李廷龙制定策略，储备粮草，身先士卒。贼人侦知，不敢进犯。他悉心栽培士子，倡明理学，置学田赡养奖励贫士。天启四年出任江西主考，慧眼识才，发掘名士雷谷、赵光祚等人。任期满后，召为南吏部主事，不久改为北吏部主事，历司稽勋验封，负责考核官吏政绩，转为文选员外，晋升郎中。每次考核官员，均以公正谨慎自持，绝不徇私，获得皇帝嘉奖，赞曰"力定如山，心清似水"。卒年五十六，被祀为乡贤。著有《毛诗翻疑》《纲鉴翻疑》《可亭集》。

梁栋隆（生卒年不详）　字洛文。泮浦人。家贫力学，明万历四十年（1612年）中举人，授郁林州牧。郁林州四周环山，多有绿林出没。梁栋隆用妙计歼灭寇首，肃清萑苻之盗，百姓立祠颂其功德。后迁为吉安府丞，旋迁蜀府长史。退休归里后，所置产业平分给同族后辈，受乡人敬重。

赵恂如（生卒年不详）　碧江人。字侯圣。少时聪慧过人，善撰文，潜心经术。明万历四十六年（1618年）举乡荐，四十七年进士，授中书舍人，分校京闱，称得士凡三。出使闽、楚、吴、越等地，皇帝念其劳累，升为吏部主事，历任四司，转郎中，为官肃然，受人敬惮。不久托病引归，杜门隐居。后被朝廷起用为西蜀宪使，他以病请辞，但不被允许。当时诏书有"奉三无以甄叙，怀四畏以得人，又凤采早腾，于使节清通，遂彻于冰壶"，表明其过人的才智。卒年七十，生平孝友，不疾言厉色，厌恶浮夸，甘于平淡。崇祯年间被祀为郡邑乡贤。

梁若衡（生卒年不详） 碧江人。字简臣，一字包山。梁亭表子。事亲孝，少年时读书废寝忘餐。明崇祯三年（1630年）中举，崇祯十三年特赐进士，授广西永福知县。永福县是少数民聚居之地，梁若衡实行安抚政策，解决欠赋的积弊，处理不法事情，擒治作乱的不法之徒。永福县毗邻六郡孔道，梁若衡不取民库和兵饷，在县城设立帷幔和食物提供给过路人。当时，靖江王有异心，暗地与岩峒群盗勾结，经常强行为被擒获的盗贼请释，梁若衡均依法惩办。有人盗用民田献给靖江王，靖江王派手下凭伪券索印，梁若衡即使受胁迫也继续严厉打击此种行为。征蛮总兵是靖江王党羽，"移县文如檄其属"，梁若衡当场撕破。流寇来袭湖广，桂林戒严，梁若衡决心誓死保卫，与母亲泣别，并斥责让他避走山野的下属。后擢升为左州太守，未赴。清兵下广州，梁若衡变卖家产资助南明，与陈子壮密谋举兵，事泄，被清兵擒获，英勇就义。清乾隆时追谥"节愍"。

梁佑逵（生卒年不详） 泮浦人。字佑新，号纪石子。自幼居住广州，15岁便通读《春秋传》，精通史学，求同存异，持论精审，辑录成书，读者为之震惊。袖示邑令，县令招罗之，不应。成为诸生籍后，谒令索前书，被告知无副本，实为县令不予还之，他慷慨道："你奈何要敝寻千金呢？"崇祯十二年（1639年）举贤书。明亡后，弃儒冠为僧。著有《史眉》《私案书》十卷。

苏汝贤（？—1650） 碧江人，字凯禹。碧江苏氏北便房十八世祖。明天启初年，游幕辽东青莱，作为守备跟随孙承宗，迁为都司，历任游击、参将等武职。明亡后，跟随永历帝，积官至总兵、左都督，与瞿式耜扼守桂林。清顺治七年（1650年），清兵追剿永历帝，苏汝贤从桂林率兵支援全州而阵亡。著有《篆法考订》《醉翁斋集》。

苏公辅（1627—1722） 碧江人。能书。有《题梦想罗浮诗》。

梁任（1643—1722） 泮浦人，字往三，号郁盘。清康熙十一年（1672年）举人。任善化县令期间，革陋规，抑强横，缉盗贼，劝开垦。湖南田自明万历年间增筑新堤，湖水逆流入田，无法耕作，梁任清厘豁除积压的田赋。藩司初到任，故事署墙分修于两县，梁任以百姓重新投入耕作无暇为由拒绝，因而激怒了他，藩司想揭发梁任，巡抚告知其清苦才罢休，久而久之知其政绩，更与之深交。康熙二十九年，分校文武闱，时值茶陵州民骚乱，皇帝亲自派遣梁任巡察此事。上任后，州民相继前往拜见，诉前州牧苛政。梁任诚为开导，咸受约束，州事定。奉檄清丈、督办疏浚月河，未尝丝毫扰民，官民相安。政绩卓越，升为礼科给事。早赴畅春园，将陈弹牍指学臣某，突然暴毙，唇、指皆黑，最终也不知死因。宦囊如洗，门人为之殡殓送归。

苏士许（生卒年不详） 碧江人。字末人。擅才名，为诸生。家贫好施，为饥者提供饮食。倡众疏浚乡间淤塞河道。工书画，善诗，尚竟陵体。著有《相以居集》。

苏朝宪（生卒年不详）　碧江人。字永清。捐资赎回被大族所据的宗族尝田，代族人偿还赋税，又设义仓、备小宗祠，赈济饥荒。资助丧葬不举者，为外祖择后，以田供祀贷资者，不向贫者索取赔偿。县令徐勋彰之，旌表其闾。

赵德（生卒年不详）　碧江人。号劬园。聪敏好学，考试皆获优。清康熙五年（1666 年）举人。任猗氏县令期间，清廉俭约，招抚流亡，百姓皆感动得落泪。康熙二十七年，因计谋出众，擢知邓州。以俭朴和平树立教化当地盛行的奢侈好斗之风，称道"猗氏鬼且畏公，民敢犯科耶？"康熙二十六年、二十九年分校文武科举，三年后以眼疾告归。

苏明守（生卒年不详）　碧江人。字元之。先世多藏书，苏明守读书不倦，博闻强识。清康熙二十三年（1684 年）举人。自幼丧父，讳日伤心废食。事母孝谨，母卒，泪尽至泣血致失明，幸得道人治愈。长兄苏喜之久病，尽心照顾，调养治疗，七易寒暑也不怠倦。仲兄冲之遭无妄之灾，不畏艰险，代为上诉才得以清白。从侄不恤教严，劝诫反遭怨恨，被其伙同贼匪掳去，几乎丧命，76 岁卒。

苏珥（1662—1795）　碧江人。字瑞一，号古侪，晚号睡逸居士，"惠门八子"之一，被誉为"南海明珠"。碧江苏氏北厅房二十一世祖。7 岁能文，博览群书。13 岁，拜学于督学惠士奇门下，不久得廪生，入幕与罗天尺、陈海六、何梦瑶襄校阅，合称"惠门四俊"。

清朝的制科条件最为苛刻，全国范围凡有学行兼优、文词卓越之人，不论已仕未仕，须经三品以上的官员保荐方可应试，苏珥却三次不应荐举：清雍正八年（1730 年），督学邓钟岳以"优行"荐举苏珥，荐举文牍上盛赞其为"南海明珠"；乾隆登基特设"孝廉方正"，巡抚杨文乾荐举他；后加设"博学鸿词"科，刑部侍郎杨超曾又保荐他，诏书也下了。同被举荐的南海劳孝舆约苏珥同行赴京，苏珥以母老为由放弃了廷试。

清乾隆三年（1738 年），苏珥以全省第 5 名中举，在母亲敦促下上京赴会试。下第后，苏珥豁达道："富贵功名，不如眼前一杯酒。"活跃在文士圈，与沈德潜、夏之蓉、上官周等诗坛、文坛、画坛巨擘唱和甚欢。适逢惠士奇因事被削籍归里，随后又复官，苏珥带头率广东士子筹钱赎回老屋红豆斋。乾隆十年，苏珥南归乏旅费，靠沈德潜资助才能成行。

苏珥以教书所得购书万卷，闲时以著述自误。记忆力强，读书时常摘记要点和体会，写成文章，汇集成札记。行文光怪陆离，著有《宏简录辨定》《笔山堂类书》《古侪杂钞》《明登科入仕考》《安舟遗稿》等。

工书法，与文章并称二绝，皆见重于时。行草宗法王献之、苏东坡，舒拓秀媚，超逸高旷，如春云出轴。隶书古拙浑厚。尤其擅长榜书。《岭南书法丛谭》评论："其书峭劲拔俗，下笔不苟，每作一点一画，皆尽一身之力以送之，笔笔镇纸，力能扛鼎。"龙元任称其书法"骨气清挺，其真能瘦硬者"，梁蔼如称"圆劲秀逸，殆规抚晋人"，林召棠认为"往时见苏古侪书，皆自用我法不袭前人。此卷小书此复古质生硬，比之平沙鸟迹，疏树霜华，仿佛得其意趣，岂屈子奇文当以奇笔书之耶？"

苏珥性脱略，不修边幅，不愿与官吏应酬。重情义，生平最笃友谊，听闻何梦瑶死，他即挐舟前往，开棺对尸恸哭。刘铁篷是浙东名门之后，其子刘思甫却不听管教，在外面为非作歹，刘铁笛认为有辱家门，想将其置之死地。苏珥知道后，暗中把刘思甫接回家中悉心调教，几年后刘思甫中举，刘家父子感激不尽。刘铁笛逝世时，苏珥撰写《祭刘铁笛文》一文，文采为一时传诵。

苏珥嗜酒，骨瘦而癯、体羸善病、口吃、近视，但"读书饮酒至老不倦"，因此晚年"心手亦颤，不能事笔砚"。

李晚芳（1691—1767） 龙津（陈村）人。碧江梁永登妻。少时跟随姐姐学经。出嫁后，严守礼节，以圣贤之学自期。虽生活贫苦，但事姑舅，相夫子，生事死葬仍能尽礼数。中年守寡，悉心教导其子梁炜自立。家境稍富裕，即置祖尝，分数百亩田赡养亲族，并影响儿子发动救荒、养老、恤孤等善举。远近成为"女宗"。晚年，好学不倦，潜心著述，坚持研读经史著论，写出很多前无古人的著作。晚年命所居为"棻猗园"，自号"棻猗老人"。

著有《女学言行纂》《读史管见》《乡俗居丧辟谬》《续女诫》等书，并刊行。其中，《读史管见》被传到日本刊行，名声远播。1856年，日本学者陶所池内为浪华书林群玉堂翻刻的《读史管见》校订并作序，序中盛赞李晚芳审视历史时，灵心准确像一架天平、眼光雪亮如一把火炬，其明晰的论断和超卓的见识，即使把司马迁从九泉下请出来，也会对这位敢于批评《史记》的妇人心服口服。

苏正学（生卒年不详） 碧江人。少聪颖，文思敏捷。清雍正元年（1723年）举人，授石埭县令，体恤民情，以清正耿直著称，不催收租税扰民，不滥用刑罚。按季考核士子的学业，以文就质，立为点论。每月资助贫困者米钱，深得民心。改为德庆州学正，与文士赋诗论文，殆无虚日。死后不能殓葬，士子集资为其办理丧事，才得以运棺回乡。著有《宦游草》《陵阳言别》。

苏渔（生卒年不详） 龙头（碧江）人。字允贤，号芸轩。性孝友，喜北宋五子书法，至废寝忘食的地步，得到广东巡抚朱宏祚赏识。在弱冠年被学使臧大受延请为襄校。清雍正二年（1724年）举人，无法负担会试费用，有人劝他通谱别宗，他认为举人古称"孝廉"，冒宗"非孝"，贪财"非廉"，拒绝了提议。赠遗之物皆不接受，认为"士不可轻受人恩"。途次节俭，往返自如。授徒必悉心教诲启迪，以"杜门自爱，毋逐名利"训门人。

梁炜（生卒年不详）　碧江人。字震科。国子生。幼时受教于母亲李晚芳。孤贫，读书不成，改作买卖，奔波于豫章、吴会间，遂致富。儿子三赴科场不第后，建宗祠，置尝产，按亲属关系的远近分田产，并赠予儿子恩师梁景璋二十亩良田，捐产过半。未几，店铺遭火灾，家道中落，他仍分其子田地为义祠祀费，且预为四邻避荒，其事迹被梁景璋编录为《分田》，印存于县档案。守母丧，哀毁尽礼，在墓旁搭屋守墓三年。

苏以衡（生卒年不详）　碧江人。入资为县发湖北。清道光十三年（1833 年），监管赈灾石首县，施摄令，筑堤竣，告老归乡。著有《续宦游草》《绣林言别》。

赵均（生卒年不详）　碧江人。字平垣。聪敏有才干，精通数算，善于以开方法测量。清嘉庆十三年（1808 年）为副榜贡生，历罗定、饶平、丰顺、揭阳教官，学识才干为总督阮文达所赏识。曾创学海堂，延入学长司校阅，为首选。初借用西城文澜书院为公集所，不久迁往越秀山，均经他建筑。贡院原本狭窄粗陋，为众多士子诟病，他下令修葺扩建。广州考棚坍塌，工役繁重，他费尽心力监修，一时为大官们倚重。著有《自鸣轩吟草》。

吴全美（1820—1884）　字碧山，原籍碧江聚龙，世居广州番禺龙溪乡（今属海珠区南华西街）。清道光二十九年（1849 年）入广东水师团练，学习水战，屡立战功，咸丰元年（1851 年）晋升为龙门营都司。后因战功，被朝廷封赏"迅勇巴图鲁"称号，授升福建水师提督。同治四年（1865 年）8 月，抵厦门凡塞港，修筑炮台，组建联防。光绪六年（1880 年），任广东水师提督，改建虎门各水路炮台。光绪九年调任琼州镇总兵，当时法国派船深入琼州海峡测量海况，侵犯领海主权。吴亲督水陆兵勇巡逻，昼夜严防。光绪十年 10 月染时疫医治无效逝世。

苏廓宇（1889—1959）　碧江人。清光绪三十三年（1907 年）参加海军培训服役，民国 17 年（1928 年）任中山舰（原称"永丰"）舰长。抗日战争初期，曾于珠江口击落 1 架日军战机，并在番禺水道与顺德水道河滘口一带布水雷抵御日军，后遭到日军通缉。1956 年，协助省政府研究通往台湾的水路与水文情况。

苏朝伟（1890—1930）　碧江人。清光绪三十四年（1908 年）加入同盟会，民国元年（1912 年）于广东军官讲习所毕业。先后参加护国、护法、讨（伐）龙（济光）（支）援桂（系军阀）、讨（伐）陈（炯明）、讨（伐）刘（振寰）、讨（伐）杨（希闵）、北伐等数十次战争，历任连长、营长、上校、团长，后调任防顺德。1930 年，在围剿番禺县鱼窝头土匪战斗中英勇牺牲。

赵百则（1894—1952）　又名藻宪、百曲，碧江人，画家温其球弟子，毕业于广东高等师范学校。热心教育事业，民国时期于陈村新圩创办普育学校。民国 20 年

（1931年）"九一八事变"后，组织师生成立抗日救国会，抵制日货。民国21年2月，任国民党顺德县党部常务委员。民国30年冬，赵百则追随民主革命家周之贞，借地广宁县荆让乡佛仔堂，创立青云儿童教养院，先后抢救、抚养和教育800多名难童。民国34年12月，返回顺德，不惜变卖家产，支持教育事业，创办联德乡（碧江）第二中心小学，重建陈村普育小学，任两校校长，亲自授课。后任陈村青云中学副校长。

苏应权（1922—2018）　碧江人，抗日战争爆发后从广州知用中学肄业，借读迁校于碧江的广雅中学。1938年10月24日，其父苏松发（义勇壮丁队员）惨遭日军杀害，父亡家破，不得不四处流浪，幸得从军的姑父收留，并在国民党军队中谋得文职工作。民国32年（1943年）参加中国远征军赴印度、缅甸抗日，民国33年任中国驻印军新六军22师65团战车防御排排长。民国34年4月远征军反攻缅甸胜利后回国，他稍作休整又奔赴东北地区参与抗日，获中尉军衔。民国37年初，他不愿参与内战，毅然与10多名广东战友离开军队，飞往台湾，定居高雄并在当地创办糖厂。

苏翁（1932—2004）　原名苏炳鸿，碧江人，粤剧编剧家、剧评家。民国37年（1948年）就读于广州大学，后转入岭南大学。1954年到香港从师著名粤剧演员何非凡。从事编剧工作，主要粤剧有《铁马银婚》《章台柳》《宇宙锋》《摘缨会》《杨枝露滴牡丹开》《江湖恩怨侠鸳鸯》《白龙关》《张仙传》《一支红杏未出墙》等，主要粤曲有《重台泣别》《花蕊夫人》《琴心记》等，填词粤曲有《相似泪》《新禅院钟声》《分飞燕》《天涯孤客》《八仙过海》等。

梁伟明（1934—2016）　泮浦人，著名企业家。早年父母双亡，12岁辗转广州、澳门、香港谋生。1960年成立香港兴伟海产公司，1972年成立兴伟冰冻厂有限公司，1979年成为东南亚最大的冰冻厂家。1987年起，与北滘镇政府合资兴办兴顺食品发展有限公司，总投资5000万元，年加工农副产品能力达1.6万吨。90年代中期，为顺德牵线引进香港合和实业有限公司，建设广深珠高速公路顺德路段及顺德的"八路五桥"，总投资达40亿元人民币。

梁伟明热心家乡公益福利事业，先后为家乡建设事业捐资1200多万元。其中：1981年捐资300.8万元兴建北滘（伟明）医院；1983年捐资25万元修建泮浦入村大道；1985年捐资80万元兴建泮浦托儿所和幼儿园；1986年捐资83万元兴建坤洲颐老院；1987年捐资50万元助建（旧）碧江中学礼堂；1990年捐资30万元助建顺德体育中心；1991年，捐资100万元助建北滘中学，捐资30万元兴建北滘（伟明）医院员工楼；1993年捐资20万元给北滘中学成立奖教奖学金；1994年捐资20万元给顺德市教育基金；1995年捐资300万元助建顺德市老干部活动中心；1996年捐资10万元给北滘镇教育基金。每年岁晚，回乡举办离退休老干部慰问活动。1992年、1995年分别获"顺德市荣誉市民""佛山市荣誉市民"称号。

苏耀明（1934—2008） 碧江人，中华人民共和国成立前夕，孤身离开家乡到香港谋生，80 年代创立香港联益珠片有限公司。1986—2000 年，累计捐资 198 万元兴（修）建碧江荫老院；1987 年捐资 25 万元兴建碧江中学（旧）礼堂，捐资 20 万元修建碧江旧市场；1988 年捐资 45 万元建碧江医院，捐资 12 万元建碧江风雨亭（即念宋亭）；1990 年捐资 50 万元助建碧江幼儿园，捐资 50 万元建碧江儿童乐园；1991 年捐资 50 万元重建北滘中学；1995 年捐资 46.3 万元建新碧江中学；2005 年捐资 30 万元建北滘医院。此外，还捐资顺德市教育基金、北滘镇教育基金、北滘镇社会福利基金、宝林寺、陈村医院、勒流医院等，捐资逾 500 万元。1992 年、1995 年分别获"顺德市荣誉市民""佛山市荣誉市民"称号。

程应江（1913—1997） 都宁人，热心家乡公益事业，1981 年捐资 16.8 万元建生产大队办公大楼（应江楼），1984 年捐资 24 万元建都宁入村大道，1990 年捐资 54.8 万元建都宁小学，1994 年捐资 10 万元建都宁小学。

第二节　人物表

一、佛山、顺德授予碧江的荣誉市民

1992—2002 年佛山、顺德授予碧江的荣誉市民名录

表 10—2—1

名称	授权机关通过日期	荣誉市民名单
佛山市荣誉市民	1995 年 1 月，佛山市第十届人民代表大会常务委员会第十二次会议通过	梁伟明、苏耀明
顺德市荣誉市民	1992 年 11 月，顺德市第十届人民代表大会常务委员会第二十三次会议通过	梁伟明、苏耀明

二、革命烈士名录

碧江革命烈士名录

表 10—2—2

第一、二次国内革命战争时期			
姓名	出生年份	籍贯	参加革命时间、牺牲时身份及时间、地点、原因
苏量涵		碧江	共青团员。1927 年 4 月被捕解广州枪杀

续表

抗日战争时期			
姓名	出生年份	籍贯	参加革命时间、牺牲时身份及时间、地点、原因
罗汝成	1923	都宁	1941 年参加游击队,广游二支队独立第一中队战士。1941 年 9 月在番禺里仁洞作战中牺牲
苏瑞球	1915	碧江	1939 年参加游击队,广游二支队第二大队战士。1941 年 10 月在西海大捷之役中牺牲
黎淇	—	—	广游二支队战士。1941 年 10 月在碧江作战中牺牲
赵贯康	1917	碧江	1940 年参加游击队,广游二支队侦察员。1941 年在市桥执行任务时牺牲
黄巨中	1918	碧江	1939 年参加游击队,广游二支队战士。1942 年在广州执行任务时牺牲
赵祐贤	1920	碧江	1939 年参加游击队,广游二支队新编第二大队战士。1944 年 7 月在番禺植地庄作战牺牲
冼衍松	1919	碧江	1941 年参加游击队,珠江纵队二支队顺德大队情报员。1945 年 4 月在陈村仙涌被捕遇害
李枝伟	1896	都宁	1944 年参加游击队,珠江纵队二支队顺德大队战士。1945 年 4 月在陈村被捕遇害
梁承球	1920	碧江	1943 年参加游击队,珠江纵队二支队顺德大队队长,中共党员。1945 年 4 月在都宁岗作战牺牲
苏雪银	1930	碧江	1943 年参加游击队,珠江纵队二支队顺德大队卫生员。1945 年 4 月在乐从新隆土狗尾作战牺牲
李耀滔	1925	坤洲	1943 年参加游击队,珠江纵队二支队顺德大队战士。1945 年 6 月在伦教被敌杀害
赵善冠	1910	彰义	1937 年参加革命,1940 年被捕入狱多年,出狱后在顺德病故
解放战争时期			
姓名	出生年份	籍贯	参加革命时间、牺牲时身份及时间、地点、原因
赵景宴	1901	碧江	1937 年参加游击队,1946 年在连县被捕入狱遇害
社会主义革命和建设时期			
姓名	出生年份	籍贯	参加革命时间、牺牲时身份及时间、地点、原因
程镇武	1926	都宁	1948 年参军,中国人民志愿军战士。1951 年在朝鲜战场牺牲
梁景福	1928	碧江	1948 年参军,中国人民志愿军某部副班长。1953 年 7 月在朝鲜金城川作战牺牲

三、国民革命军抗日牺牲官兵名录

碧江籍国民革命军抗日牺牲官兵名录

表 10—2—3

姓名	参加革命时间、牺牲时身份及时间、地点、原因
潘材楠	一五六师九三五团特务连中尉排长。1937 年 12 月在江苏牺牲
赵友	顺德抗日自卫团第二十大队中队长。1938 年 10 月在大良牺牲
张日耀	一五七师九四〇团上尉军医。1939 年 7 月在粤北牺牲
梁成新	一八七师五六〇团七连上士班长。1939 年 12 月在粤北牺牲
苏坚	一五七师四七〇团中士。1944 年 9 月在湖南牺牲

第十一章 要事纪略

南宋开村

汉代，碧江就有人居住。据 1985 年考古，在象岗和蟹岗发现的汉代墓群及出土陶器，表明了汉代以来碧江是一个居民聚集区。

大规模建村，始于南宋初年，主要姓氏有甘、丁、马、刘、仇。北宋末年以来，建炎南渡（指宋高宗南迁建立南宋政权事件），元兵入主，大批中原人渡岭南来。据苏种德《金精族谱》记录，北宋靖康二年（1127 年），宋太尉苏绍箕（字晴川），因力主抗金被议和派中伤，辞官到广东南雄定居，5 年后粤北兵乱，又举家继续南迁，成为碧江苏氏家族的始祖。随后，梁、李、程、黄等姓人家陆续迁到碧江定居。他们带来中原和江南的先进生产技术，和当地居民相结合，开拓荒野，兴修水利，塞垫为塘，叠土成基，渐渐形成了稻田、果基、鱼塘综合耕作模式，并沿着伏龙岗东侧南北走向，依着交错的河涌建立屋宇。元代，苏氏建起家庙。明洪武年间，赵氏族人从南海大沥迁入碧江，开始种植荔枝、龙眼、柚子以及蚕桑等作物。嘉靖年间，形成一个名为"江尾"的圩市，一旬三圩。随着农业的发展，村民充分利用丰富的竹子资源，在上村和下村一带建起大批造纸工场。乡中富民远渡南洋，购回大量木材，建起祠堂。明代中后期，村心的苏家，壮甲的李家，上下村、坝头、泮涌的梁家，西外坊的赵家等氏族，分别在河涌别聚族而居，形成小桥流水、宅舍相连、士农工商、人烟稠集的乡村。

都宁建都

南宋祥兴二年（1279 年），宋帝赵昺在新会崖山投海后，宋军殿前指挥苏刘义率残部 1000 余人，从水路突围而出，拥立一位名为赵旦的宗亲为帝，回到家乡碧江后，在西山安营扎寨，改年号为"旦"，就地建都，称"都宁"，意为"赵帝所都，永安宁也"，意图继续匡扶宋室，反攻中原。一个月后赵旦病故，加之元军追剿，苏刘义壮志未酬。清朝，赵族后人建起"念宋亭"，纪念此事。

梁曾甫抗击海盗

元至正年间，珠江口一带海盗猖獗，袭击沿江圩镇，掠夺钱财。泮浦位于碧江南端，首当其冲，村民深受其害。梁曾甫，泮浦人，至正年间中举，在江西省任县丞。其时梁曾甫已卸任回乡，村民纷纷向广州府台举荐他出山抗击海盗。梁毅然受命，他出面向邻乡的黎姓富户借贷，而且倾尽个人的积蓄，带领村民，在泮浦村南的沙坦上筑起水寨，组织民兵，日夜训练，抗击入侵海盗。元至正十九年（1359 年），梁曾甫被海盗杀害。村民在村口建起一座"忠义祠"，纪念这位为民献身的英雄。

乡族自治

清康熙年间，碧江日渐繁荣安定，百业俱兴，形成一个居住群体，分别有苏、梁、赵、李、冼、陈、仇、黄、黎、何、谭11姓20多个大小家族，建起苏氏种德堂、梁氏绍述堂、赵氏流光堂、黎氏允远堂、冼氏仰德堂、陈氏德馨堂、仇氏聚德堂、黄氏碧元祖、黎氏锡类堂、何氏裕后堂、谭氏八世祖等祠堂。乡中治安、兴修水利、调节村际纠纷等公共事务，往往通过各姓氏族老协商解决。至乾隆年后，建立起"合乡衿老会议"制度，规定：乡中公共事务，"通乡签助公用银两""签题银两不得藉端浪费"；乡中重大问题，"通乡绅乡联名禀究""通乡议罚""闻官公办""闻官究治""不得徇情"。并制定乡规民约，规定：制止私买"笋竹"（造纸原料）；不准聚赌；倡导和睦，不准欺压客商和"疍家"（水上居民）；发生在乡内窃盗行为，重则报官立案，轻则由乡中议罚。为乡村经济文化发展，提供有力保障，出现110多年比较安定的社会局面。

兴建稻谷碾米厂

明清时期，碾米使用人力磨。清咸丰年间，碧江成为珠江三角洲重要的稻谷加工转运地。光绪年间，蒸汽机开始传入中国。碧江人办起机动碾米厂。他们不仅加工来自沙田地区的稻谷，而且从越南、缅甸等国购入大量稻谷，日夜不停地生产，销往广州、佛山等地。每年进口稻谷"值银500万两"。至民国初年，碧江岗北长堤一带全是"米机"（碾米厂），并设立行业组织——行有恒堂，会员达2000多人，还设有米市，专营大米销售业务。当时苏贻谋堂是顺德最大的米业商家。

抗日救亡活动

民国20年（1931年）9月18日，日本侵略军侵占沈阳后，顺德人民掀起抗日救亡活动。当年10月，顺德乡村师范、县立二小、三桂小学高年级学生，组成10多个宣传队，分赴陈村旧圩、勒竹、碧江等地宣传抗日。碧江商界"抵制日货"。民国26年8月，碧江组建义勇壮丁队，以备抗敌御侮，成为顺德第一支民众的抗日武装。

民国26年（1937年）秋，广州广雅中学迁到碧江，一批进步学生在乡中开展抗日救亡宣传活动。郭沫若、茅盾、李六如、江馥泉等人曾到碧江高桥头讲演。民国27年5月5日，八路军参谋长叶剑英在振响楼向800多名师生作题为《把握住抗战胜利的基本条件》的演讲，号召全体爱国学生："努力于中华民族的解放事业，求得中华民族的自由，努力前行！"极大鼓舞碧江民众团结抗日、争取胜利的信心。

日本侵略军对碧江的暴行

民国27年（1938年）10月，日本侵略军向广州发动进攻。日本铁蹄所到之处，杀人放火，奸淫掳掠。当年10月2日，日军空军六七架轰炸机分批盘旋在碧江（达德乡）上空，投放燃烧弹五六十枚，炸死2人、伤1人，焚毁长堤一带的码头、米机、谷仓、杉铺、陶窑、火水仓等店铺132间，上村、下村亦被炸成一片瓦砾场，侥幸逃脱的村民、厂商无家可归，流落各地。10月23日，汉奸苏德时带领日本侵略军入村，烧（炸）毁长堤9间店铺。流落各地。10月28日，日军向陈村进军的途中，对沿途的民众肆意杀戮。在陈村新圩碧江一带的鱼塘边，被子弹打死和刺死的小孩、妇女在内群众近百人。12月6日，日军再次窜犯碧江，杀（烧）死16人，货物损失80.52万元及银两2000元，损失资本74.95万元。沦陷期间，日军通过伪县政府对学生进行歧视性同化和奴化教育，增设税捐，名目有土地税、烟酒税和筵席、娱乐捐近20种，钱庄全部由日本人控制和操纵，全面推行伪币。广大民众处于水深火热之中，碧江经济急剧衰退，人口锐减。民国34年9月抗日战争结束，碧江常住人口从3万人锐减至1.2万人。

夜袭泮浦

全面抗战时期，顺德沦陷后泮浦由顺德伪警察大队长梁润（绰号"山顶润"）部署中队占领。民国30年（1941年）开春后，梁润以保护开耕为名，强迫乡民交纳"开耕费"，乡民非常气愤。为打击日伪嚣张气焰，中共南番中顺中心县委和广游二支队决定，消灭驻泮浦的伪警察中队。4月30日晚上，独立第一中队在谢立全（时任广游二支队司令部教官）的指挥下，分为突击、掩护、警戒3个小组，向敌人发起猛烈攻击，毙敌18人，俘虏12人，缴获步枪、手枪30支，弹药一批。夜袭的胜利，使得伪警、汉奸地主不敢向农民征"开耕费"。

土地改革

1950年6月，中央人民政府颁布《中华人民共和国土地改革法》，废除地主阶级封建剥削的土地所有制，实行农民的土地所有制。碧江土地所有制的特点是地主阶级掌握着大量的土地。大地主苏舜臣一家，就有土地3.5万亩，年收租8.7万多担谷（每担50公斤）。其中一家名为"怡堂"的庄园，占地面积40余亩，家中婢女达30多人。他的孙子苏桂高在顺德沦陷期间，任碧江乡乡长，先后强占大涌、上下涌一带的土地。

1950年7月，顺德县成立土地改革委员会，决定以泮浦、都宁等6村为土改试点，按照"依靠贫农、雇农，团结中农，中立富农，有步骤地有分别地消灭封建剥削制度，发展农业生产"的方针，进行试点工作。试点工作从1951年1月20日开始，5月3日结束，采取四个步骤进行：一是宣传发动，工作队访贫问苦，宣传政策；二是组织斗争恶霸；三是划分阶级；四是没收、征收土地加以分配。接着，1951年7月起，碧江等其他村，按照县的部署，开展土地改革。首先是"清匪反霸，减租退押"（当时称为"八字"运动），发动贫、雇农，团结中农，从经济上反对地主阶级的土地剥削，追缴地主、富农枪支320多支，退租稻谷50万公斤，在一定程度程度上减轻了农民所受的经济剥削。1952年5月开始，没收地主的土地、耕畜、农具和多余的粮食及其在乡村中多余的房屋，还征收公偿土地，对富农则说服其将过多的肥田抽肥补瘦。由村的"没收分配委员会"主持，进行土地分配，首先是满足贫雇农的要求，同时也照顾其他阶层，地主家庭也按人口分配一份，使他们成为自食其力的劳动者。每个农民分得土地2.2亩。

1953年3月，碧江土地改革结束。广大农民有了土地，生产积极性大大提高。当年农业取得丰收，出现了欣欣向荣的景象。粮食亩产量达275公斤，比上年增长10%。

农业生产合作化

1953年12月，中共中央发出《关于发展农业生产合作社的决议》，要求进一步加快农业合作化的发展步伐，引导农民走集体化道路。

早在当年上半年，碧江农民就响应县委的号召，组建起一批互助组，通过劳动互助、互通有无、取长补短，较好地解决了土地改革后分到土地的贫困村民的实际困难，互助组比单干时增产。1955年春，在中共三区党委的指导下，碧江建立起9个初级合作社，分别是坤洲社，3620人、3080亩地；隔涌社，380人、390亩地；中心社，1820人、1570亩地；东成社，370人、360亩地；都宁社，1000人、3000亩地；南平一社，230人、500亩地；南平二社，500人、1000亩地；彰义社，1300人、1800亩地；东北社，500人、1100亩地。初级合作社实行劳动报酬为主，土地和生产资料入股分红为次的分配制度。由于发挥集体力量，开展技术革新、推广良种，建立生产管理、财务管理、仓库管理等制度。尽管1955年发生严重的旱灾，碧江合作社仍普遍获得好收成。

1956年9月，中共广东省委发出《关于农业生产合作社升级、并社、整社的指示》后，碧江把9个初级社进行升级和合并，成立4个高级合作社，分别是：坤洲社，4730人、4970亩地；碧江社，2690人、3030亩地；彰义社，1300人、1800亩地；都宁社，1000人、3000亩地。虽然高级合作社在一定程度上侵犯了农民的利益，实行土地集体所有制，对农民入社的耕牛、农具没有折价补偿。但是，仍然实行按劳报酬制度，社员仍保留一定数额的自留地，村民房前房后的果树仍归属私人，入社果树可保持分红三年，保护农民的生产积极性和应得的经济利益。当时，农民家庭普遍饲养家禽、种植香蕉。彰义的香蕉远近驰名，大批运销广州、佛山等地。《南方日报》还作专题报道。1957年，碧江农业集体生产和家庭副业有较大增益。农民集体收入人均达240多元。

放 "卫星" 和刮 "共产风"

1958 年，碧江和全国各地一样，开展轰轰烈烈的所谓 "大跃进" 运动。为了实现 "高产"，当年夏耕，在水稻生产推行 "密植"，禾苗的株行寸距从 8×8、7×7 改为 5×4、5×3，每亩插上 60 万苗以上。1959 年春种，推行 "蚂蚁出动" 的密植，每亩秧苗达到 150 万株以上。由于过分密植，秧苗密不透风，许多苗根腐烂死亡，造成严重减产。为了放 "卫星"，碧江搞了一块高产试验田，将即将成熟的几亩水稻，拼到试验田上，创造了亩产万斤虚假成绩。

1958 年 10 月，碧江到处敲锣打鼓，宣布实行 "人民公社" 化，一夜之间，将 4 个高级合作社合并一个营，下设连、排，合作社的土地、农具、耕牛、公共积累和基本设施全部归人民公社，取消社员的自留地，个人拥有的猪舍也归公社所有，自养的生猪也折价入社，推行大兵团作战的方法从事农业生产，实行供给制，分配平均主义，办起 26 个公共饭堂，一日三餐干饭不要钱，包孩子学费、包理发、包看戏（电影）等。1959 年，大办 "万头猪场"，都宁在山岗挖山洞养猪，坤洲村拆了许多公屋，建了一个大母猪场，彰义规定每个村都要办猪场。但是，由于配套设施未能跟上，加上粮食紧张，缺乏饲料，许多生猪饿死，造成大幅度减产。

至 1961 年，碧江水稻、甘蔗、塘鱼、生猪全面减产，许多村民口粮不足，以番薯、木薯、粗粮、南瓜、菜蔬充饥，餐粥餐饭，有不少群众缺乏营养患上水肿、肝炎、妇科疾病。

恢复农业经济

为了克服人民公社化所带来的经济困难，1961 年下半年开始，碧江根据县委的部署，从各方面进行不懈的努力，恢复农业经济的正常发展。1961 年 6 月中共中央下发《农村人民公社工作条例》（农业六十条）之后，碧江实行以生产队为核算单位独立核算，自负盈亏，改变供给制分配比例，社员可以不在公社食堂吃饭，允许在家开伙，建立严格的生产负责制，划分固定或临时的作业小组，划分地段的包工，责任到组，按劳动的质量和数量，计提报酬，克服分配报酬上的平均主义。

根据国家的计划和生产生活需要，统筹兼顾，全面安排粮食作物和经济作物的生产，彰义村将不适宜种水稻、甘蔗的田地，改种茨菇、莲藕和中药材泽泻，都宁则在五边地种植冬瓜、苕菜、茭笋，出售给县对外贸易公司出口到香港。

积极开展多种经营，寨边生产队办起砖瓦厂，农闲时，组织 30 多名社员集中生产，年底为生产队增加 2 万多元的收入，东成、甘境、增基生产队分别开办轻木厂，产品销往全国各地，每个厂每年为生产队增加 1.5 万元的收入。新路、聚龙生产队发动社员，捕捉蛤蟆，加工晾干卖给药材公司，每年为生产队增加收入 5000 多元。

鼓励家庭副业发展。落实社员自留地的政策，允许社员利用屋前屋后、田间零星闲置土地栽种果树、竹树，鼓励社员大养禽畜。到 1962 年中期，全碧江的猪、鸡存栏量开始回升。至 1962 年下半年，碧江形势好转，农业生产开始恢复。1963 年，社员年人均口粮 261 公斤，人均集体分配收入 182.2 元，超过 1957 年的水平。

"四清"运动

1965 年 8 月，按照中共佛山地委部署，碧江开展以"清政治、清经济、清思想、清组织"为主要内容的社会主义教育运动（简称"四清"运动），以阶级斗争和两条道路斗争为纲，发动贫下中农，组织阶级队伍，解决"社会主义和资本主义的矛盾"。

运动开始，工作队把生产大队、生产队干部和财务人员 200 多人，集中到振响楼祠堂集训，学习阶级斗争理论，解决走社会主义道路的问题，开展政策教育，进行所谓的"攻心"，促使交代问题，将一些干部"多吃多占"作风问题说成阶级斗争在党内反映。在没有查证的情况下，"大胆"怀疑干部，强迫干部交代问题。集训班结束后，将 60 多个所谓对象，强送到公社绣花厂进一步审查，不准回家，还动员家属"规劝"，捕风捉影，要他们交代贪污公款、侵吞救灾粮的问题，造成一批冤假错案。某村党支部副书记为退赔所谓的"多吃多占"的款项，被迫卖掉儿子结婚用的大床棉被；某生产队长房屋被查封，一家五口只好住在仅有 10 平方米的厨房。

1962 年碧江重新开放农贸集市时，生产队普遍实行"包产到户"或"包工到户"形式的生产责任制，但是"四清"工作队认为这是"走资本主义道路"，强令停止，推行所谓的"民主评分"。运动结束后，有一批干部躺倒不干，再不愿当干部，"民主评分"搞平均主义，做多做少一个样，严重挫伤农民生产积极性，碧江农业生产进入一个长期徘徊发展的阶段。

"破四旧""立四新"

1966 年 8 月，"文化大革命"进入高潮，各地开展"破四旧"（旧思想、旧文化、旧风俗、旧习惯）运动。北滘中学学生成立红卫兵组织，在碧江圩贴出大字报，号召群众迅速投入"破四旧"革命行动。接着，广州红卫兵闯来碧江，以粗暴、蛮横行为，毁去慕堂苏氏宗祠的砖雕和门前的一对石狮。慕堂大照壁上的兽头花朵浮雕和李氏大宗祠精美的龙船瓦脊被铲去，镌刻在清嘉庆年间的德云桥栏石上的桥名被水泥涂掉。各村的祠堂、牌坊上的木雕、石雕、砖雕和灰雕，也遭到不同程度的破坏。由于当时金楼成了私人住宅，才幸免于难。

养鸡致富

1979 年 6 月，公社畜牧兽医站在碧中大队办起一间简易鸡场，饲养良种鸡雏 1700 只，喂养混合饲料，饲养 75 天，成活率达 90%，平均毛重 1.15 公斤，每长 0.5 公斤，仅消耗混合饲料 1.35 公斤，获得纯利 1500 元。村民看到养鸡的好处，家庭饲养鸡群很快发展起来。如碧中大队党支部副书记陈生，1980 年养鸡纯收入 1700 多元，占家庭收入 29.7%。碧江养鸡致富的示范，带动起北滘全公社养鸡业迅速发展。1981 年全社饲养量从 1979 年 19 万只发展到 41 万只，许多农民因此脱贫致富。

规模经营

随着农业生产责任制的落实，碧江镇、乡扶助生产专业户得到发展。1983 年起，办事处梁尧基承包 1 间机制砖厂、3 个轮窑。1989 年，他扩大投资，在塘边养鸡，当年上市 4 万多只，经营效益显著。1990 年继续扩大经营，投资 3 万元转包别人承包的 60 亩塘，加上自身承包的 30 多亩、砖厂开发的 10 多亩，形成 110 亩鱼塘经营规模；投资 7 万元在塘边扩建鸡棚猪舍，分别饲养鸡 3 万只、猪 80 多头，另外，雇请工人 13 人综合利用。1990 年，梁尧基上市塘鱼 80 吨、肉鸡 9 万只、猪 208 头、砖 100 万块，总产值达 130 多万元。

一些村民开始承包集体企业。碧中乡办有多间轻木厂，从事轻木生产的有二三百人。企业实行承包责任制后，一部分农民合股承包，一部分农民凭着在集体办厂学来的技术、掌握的门路私人办厂。全乡承办轻木厂的专业户多达 20 户。规模经营为碧江经济注入了新的活力。至 1995 年，全碧江共有各类专业户逾 300 户。

碧江设镇

改革开放后，随着经济的发展，为进一步推进城镇化，1983 年 6 月，顺德县陆续恢复乡镇建制，全县设 14 个乡镇。1984 年 6 月，撤销碧江街区，改设碧江镇。1985 年 10 月，碧中乡、彰义乡并入碧江镇。当时，全镇 8 条街道，铺户密集，人口 8313 人；有 30 多个企业单位，职工 2300 多人；商业门店 100 多间，个体小商贩 180 多户，碧江市场繁荣兴旺，是附近四乡农副产品的重要集散地。

碧江设镇后，市政建设成绩显著。投资 150 万元，新建了 4 条贯通全镇的马路，长达 3.6 公里，对原来 8 条大街、60 多条巷进行不同程度的整修。在马路和大街、河涌两旁都种上花果树木。投资 100 多万元，在镇区铺设自来水管道，接上陈村镇水厂自来水。加强文化教育卫生事业建设，兴建荫老园和碧江医院，新建碧江中学和碧江幼儿中心，被全国爱国卫生运动委员会定为广东省"世界卫生先进村"两个试点之一。充分利用原有的产业技术条件，做大做强镇工业。至 1989 年，有中小型加工和外向企业 40 多间，形成纸箱、五金、电器、玻璃、轻木、音响、药材加工、综合加工等行业，工业总产值 3875 万元，从事工商业人口占全地区总人口的 15%。与此同时，设立银行营业所、邮电所、税务所，城镇化初具雏形。

首批港资企业

1986 年 5 月，碧江首家港商投资企业——碧江华兴鞋厂正式投产，建筑面积 360

平方米，员工 64 人。

1988 年 2 月，居港乡亲苏耀明返乡开办耀铭塑料五金有限公司，从国外引进生产设备，主要生产珠片（服装装饰品），产品出口。开办时，厂房面积 700 多平方米，为钢架生铁结构。90 现代中期，扩大至 8000 平方米，员工达 280 余人，年销售收入 600 多万元。此后，陆续有港商返乡投资。1992 年，梁鄂独资 2000 万元，兴办服装有限公司。1993 年，居港乡亲梁伟明投资 800 万元（人民币），与碧江联营兴办纸箱厂。至 1999 年，碧江港资企业共 7 家，投入金额 4500 多万元，成为碧江经济发展的重要力量。

创建文明村

1990 年，碧江开展创建文明村活动，成立由党总支书记、办事处主任、民兵营长、城建办主任、妇女主任、团支部书记、居委会主任组成的领导小组。制订工作标准：（1）实现自来水；（2）村前街巷沟渠硬底化；（3）推广冲水式三格化粪池卫生公厕和户厕；（4）禽畜饲养圈养化；（5）大街小巷日日清扫；（6）定期行动灭鼠、灭蚊和灭蝇；（7）卫生之家达 20% 以上；（8）绿化美化村容村貌；（9）常态化开展健康宣传教育。

在创建活动中，以整治村容村貌为主，大力加强卫生基础设施建设。投资 105 万元，铺设水泥路及下水道 4290 米，80% 街巷实现硬底化；投资 280 万元，建设自来水管网络，90% 以上村民用上自来水；投资 120 万元，新建幼儿园 1 所；投资 80 万元，改善学校环境；投资 4 万元，安装路灯；投资 5 万元，建设卫生公厕；投资 70 万元，改建高桥头市场。村容村貌焕然一新。

加强文化娱乐设施建设。办起中心文化室，设置图书室，建起灯光球场，组建醒狮队，逢星期三、六开展各类文体娱乐活动，村民文化生活活跃。

推进村民道德建设，提高村民的思想道德素质。村民爱国爱乡蔚然成风，按期完成国家下达的各项征购任务，邻里和睦，相互关心，尊老爱幼，遵纪守法。

1992 年初，碧江街区被评为"佛山市文明村标兵"。

申报"中国历史文化名村"

1990 年，碧江在创建文明村中，就注重对古建筑的保护。1991 年，金楼被列入顺德县第一批文物保护单位，开始对古建筑群的修复、开发与利用。

2001 年，北滘镇人民政府和碧江社区从传承和延续历史传统文化的高度，决定对碧江村古建筑群进行全面修复和开发，决定对金楼申报国家级保护文物单位和碧江村申报"中国历史文化名村"。按照"修旧如旧"的原则，镇政府聘请华南理工大学东方建筑文化研究所、禅城梁园和顺德的专业公司，制订修复计划。2002 年，镇政府把以金楼为核心的地区定为"文物古迹用地"，编修《碧江历史文化区保护规划》，保护区面积 541000 平方米；制定《碧江历史文化区保护条例》，强化文物的保护管理。2004 年，镇政府和碧江社区成立金楼物业管理公司，镇政府出资 40%，碧江社区出资 60%，负责对包括金楼在内的古建筑修葺和保护，从而形成政企合作保护开发文物和文化遗产的模式。

申报"中国历史文化名村"，得到社会各界和群众的大力支持。有 3 家厂企和 10 多户居民配合政府，从"文物古迹用地"搬出。侨居海外的乡亲捐出职方第大宅、泥楼等祖宅，有的还将古建筑无偿交给居民委员会代管，一些乡亲还捐出家藏的奇石盆景、书画、陶瓷、酸枝家具。通过五年的努力，共投入 3000 万元，初步修复金楼等古建筑。

在此期间，中共中央政治局委员、广东省委书记张德江，国家文化部部长孙家正，中共广东省委常委、省委宣传部长朱小丹，广东省副省长雷于蓝先后来视察，对碧江申报"中国历史文化名村"工作给予高度评价。

金楼古建筑群修复后，进一步提升碧江古村的知名度，每年有超过 10 万多的中外游客到访，尤其是节假日，接待游客超万人，且大部分是港澳同胞和外国人。

2004 年，佛山市文化局、建设局向省文化厅、省建设厅上报《关于推荐碧江村参加第二批中国历史文化名镇（村）评选的请示》，认为碧江村"是珠江三角洲地区的典型村落，是中国传统村落在沿途近代工商业文明影响下演变发展的代表"；"顺德祠堂又以碧江最盛"，集中了广东省文物保护单位碧江金楼等 16 处保存较好的明清历史建筑，占地面积 8215 平方米，建筑面积 5167 平方米，是研究珠江三角洲民居和祠堂的重要标本村落，为研究珠江三角洲传统宗族文化、近代工商业文化提供了重要的物证。

2005 年 9 月 16 日，碧江被建设部、财政部、国家文物局联合评选为"中国历史文化名村"。是年 11 月 8 日，举行命名庆典。从此，碧江成为全国 36 个历史文化名镇（村）之一。2013 年，碧江被住房城乡建设部、文化部、财政部、国家文物局评为"中国传统村落"，成为顺德区唯一拥有双国家级品牌的历史文化名村。2017 年 1 月 16 日，碧江古村落活化项目获省住房和城乡建设厅的"2016 年度广东省宜居环境范例奖"；同年，该项目获 2017 年中国（银川）都市景观大赛暨亚洲都市景观奖中国区选拔赛"城市文化复兴优胜奖"第三名。

设立行政服务站

2010 年 9 月，碧江设立村级行政服务站，实行行政一站式服务，方便企业和村民办事。

服务站设在社区居委会内，工作人员 29 人，设有电脑、复印机等设备，实行行政审批电子网络行政审批，承担镇部分行政管理审批事项，内容涵盖国土房屋、户口迁移、临时居住、工商企业登记、民政救济等民生事宜。过去，群众要办理这些事情，要跑到镇甚至区，有的要跑几个部门，很费事。实行一站式行政服务后，群众可以在家门口把事情办妥，省时快捷。基本实现五个工作日内上报申报资料，部门审核下发后两个工作日内通知群众，提高了服务效能。2015 年，共收到并送上级主审的国土事项1513宗，办结1422宗。办理工商营业执照开业申请证明2578份，环保评估证明89份，登记失业人员170人。经介绍，99%基本就业。工资监控企业280间，监控率达66%，成功调解劳资纠纷14宗。办理审批新农保910人，全社区参保达7751人。办理居住证6447份，出租屋登记2004份，发放临时居住证16143份（人）。流动人口入学查验证明424份，计划生育登记150份，计划生育服务证20本，流动人口婚育证明354本，户籍迁移236份，低保临界证明81户，老人证404人，残疾证35人，疾病救助58人，退伍军人登记和补助12人。行政服务站成为政府方便群众的服务平台。

后　记

　　为了留住历史，记住乡愁，2017 年 9 月，中共北滘镇碧江社区委员会和居民委员会决定编撰《佛山市顺德区北滘镇碧江志》，获得乡亲父老热烈响应，献计献策，提供资料。土地改革后历任支部书记，乡、队干部踊跃参加座谈会，接受采访，评议稿件。参加编撰小组的人员多是退休企业家、教育工作者、史志工作者，他们冒炎暑，顶寒流，深入民间，到档案部门，广泛搜集资料。原碧江镇党支部书记、北滘镇委副书记、顺德市委统战部部长林鉴松多次听取汇报，提出志书写作方向，并抱病参加终审会议。文史专家、碧江人士苏禹提供其自著《历史文化名村碧江》作为指南，并同意采用相关资料。

　　在成书过程中，中共佛山市顺德区委常委、时任北滘镇委书记周旭多次关心过问志书工作，顺德区档案局领导率相关干部深入了解指导工作，北滘镇地方志办公室、镇档案馆给予大力支持，提供方便。在此，一并表示万分感谢。

　　《佛山市顺德区北滘镇碧江志》的成书，对于弘扬优秀传统，促进文化发展，推动社会主义新农村的建设，必将产生积极作用。

中共北滘镇碧江社区委员会
北滘镇碧江社区居民委员会
2019 年 6 月